AF382419

FSC
www.fsc.org
MIXTE
Papier issu
de sources
responsables
Paper from
responsible sources
FSC® C105338

Dr Emmanuel Contamin

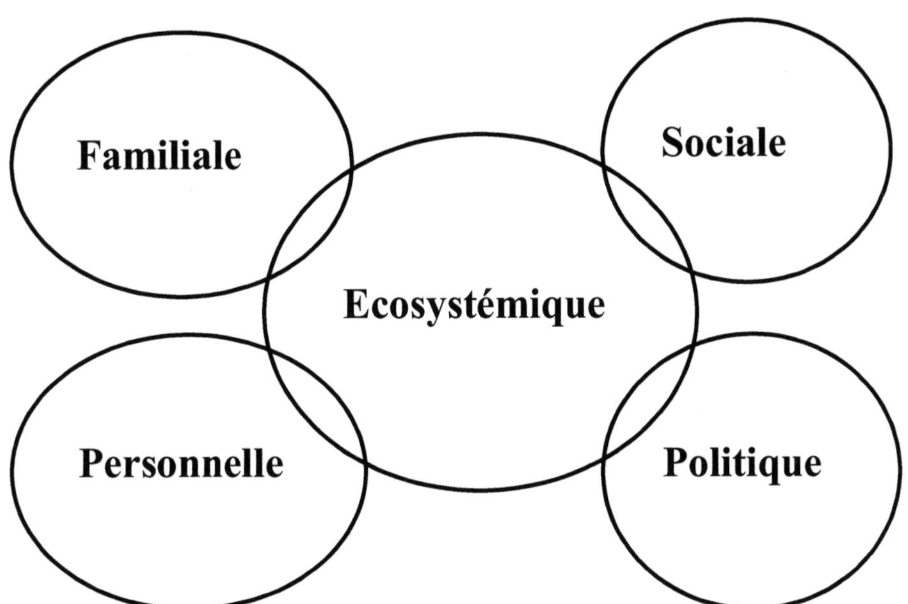

Les 5 cercles de la résilience

Prendre soin de soi, des autres et de la planète : tout est lié !

© 2024, Emmanuel Contamin
Edition : BoD - Books on Demand, info@bod.fr

Impression : BoD - Books on Demand, In de Tarpen 42, Norderstedt (Allemagne)
Impression à la demande

ISBN : 978-2-3225-4121-8
Dépôt légal : juillet 2024

Dessin de couverture : Frédérick Mansot

Je dédie ce livre

À toutes celles et ceux dont la résilience
m'a émerveillé et encouragé ;

À toutes celles et ceux qui s'engagent pour notre bien commun, et en paient parfois le prix fort ;

À toutes les figures d'humanité
qui nous inspirent et nous motivent,
nous donnent confiance et espoir :

C'est sur vos épaules, ou en marchant à vos côtés,
que nous frayons nos chemins de résilience.

Je vis ma vie en cercles expansifs,
étirés sur les choses.
Peut-être ne pourrai-je achever le dernier,
mais je veux essayer.
[…]
J'aime les heures sombres de mon être,
où mes sens peuvent s'aiguiser ;
j'ai découvert en elles, comme dans de vieilles lettres,
ma vie déjà vécue, et grande, et surmontée
ainsi qu'une légende.
Grâce à elles je comprends, je sais que j'ai l'espace
pour une seconde vie, plus vaste,
et libérée du temps.

Et quelquefois aussi je suis l'arbre chenu,
et frémissant, penché sur une tombe,
accomplissant le rêve de l'enfant du passé
(dans les chaudes racines il se tient resserré),
rêve qu'il avait perdu
à force de tristesses,
et à force de chants.

Toi, Dieu tout proche, si je te dérange parfois,
dans la nuit longue, en toquant vigoureusement,
c'est que j'entends ton souffle trop rarement,
et que je te sais seul dans la grande salle.
Et si tu manques de quelque chose, il n'y a personne,
personne pour te donner à boire alors que tu tâtonnes :
mais moi je demeure à l'écoute. Fais-moi un petit signe.
Je suis tout près.

Rainer Maria RILKE, Le Livre d'heures, Bruxelles, Le Cri, 2005

Table des matières

Introduction

La pandémie du COVID-19 a été l'occasion d'une brusque prise de conscience de notre vulnérabilité, à la fois personnelle et collective. À vrai dire, cette conscience était déjà bien présente, en particulier chez les jeunes qui se sont mobilisés lors des manifestations pour le climat ou qui s'engagent à construire dans des éco-lieux un autre modèle de vie sociale et de développement. Le thème de l'effondrement est de plus en plus présent dans nos représentations collectives, avec le risque d'effets dominos entre les impacts du réchauffement et du dérèglement climatiques, de la perte de biodiversité, des crises sociales et économiques, des conflits et des migrations.

L'éco-anxiété est rarement la première demande lors de mes consultations, mais elle est souvent là en profondeur chez beaucoup, augmentant le niveau de stress et la difficulté des jeunes à se projeter dans le futur.
Nous ne croyons pas toujours avec nos tripes ce que nous savons avec notre tête, et l'expérience du confinement d'une grande partie de l'humanité a créé un effet de choc. Nous anticipons d'autres ondes de ce choc, notamment économiques et sociales, et sommes à un moment majeur de notre histoire collective : continuons-nous sur notre trajectoire in-

soutenable pour les générations futures, ou saurons-nous saisir l'occasion d'un nouveau modèle de développement ?

Cette question est précisément celle de la résilience : c'est la capacité d'un système – individu, communauté, organisation, ou système naturel – à se préparer à des perturbations brusques, à récupérer de chocs et de stress intenses, et à s'adapter et se développer à partir d'une expérience perturbatrice[1]. Remarquons d'emblée que la résilience se joue à plusieurs niveaux : individu, communauté, société, écosystème. Un des objectifs de ce livre est de montrer à quel point ils sont en interaction : le renforcement de la résilience à un de ces niveaux va soutenir les autres, comme dans une spirale positive. Notons aussi qu'il y a trois phases dans le processus de résilience : la préparation, la récupération, puis l'adaptation où l'on reprend un nouveau développement.

Dans ma pratique de psychiatre, mes patients m'ont beaucoup appris sur la résilience aux niveaux individuel et familial. Je suis spécialisé dans la thérapie des troubles post-traumatiques, en particulier avec l'EMDR : cet acronyme signifie « *Eye Movement Desensitization and Reprocessing* », ou « désensibilisation et retraitement (des souvenirs traumatiques) par les mouvements oculaires ». C'est la méthode de choix, recommandée par l'OMS[2], pour traiter les troubles de stress post-traumatiques. Elle permet de guider les personnes traumatisées dans un processus de retraversée et de redigestion du souvenir, afin qu'il n'alimente plus de symptômes dans leur vie actuelle : sa charge émotionnelle est peu à peu désensibilisée, atténuée, et le sens de soi, l'image de la personne qui avait été atteinte par le trauma, est peu à peu restaurée. Ma pratique professionnelle en a été profondément gratifiée et renouvelée[3] : je suis émerveillé par les chemins de résilience que je vois s'ouvrir peu à peu chez mes patients, et grâce à eux j'ai appris (et continue à apprendre) tout ce qui peut les soutenir. Cela me donne beaucoup de confiance et d'espérance dans nos capacités de changement, et je désire de tout cœur nous encourager pour soutenir l'émergence du « monde d'après ». Mais cela ne sera possible que si nous mobilisons nos capacités de résilience à tous les niveaux de notre système socio-écologique : nous-mêmes et nos proches, les collectivités locales, les nations et sociétés, et notre planète. La bonne nouvelle est qu'il y a une profonde cohérence, et que les enjeux se rejoignent à tous ces niveaux !

Je décrirai donc successivement les différents aspects de notre résilience :

- D'abord, notre résilience personnelle, qui est notre capacité à traverser des chocs émotionnels, des épreuves et traumatismes, et à en sortir non pas comme des victimes impuissantes ou des survivants durcis, mais comme des « vivants », avec une profondeur et une richesse humaine plus grandes ;

- Puis notre résilience familiale, qui y est très liée. En effet, nos relations les plus proches, le plus souvent familiales, et nos liens d'attachement sont notre principale source de résilience personnelle. Or elles sont mises à l'épreuve par les chocs, et le système familial peut en sortir appauvri voire rompu, ou bien approfondi et enrichi. On le voit bien après un deuil ou un traumatisme majeur, et c'est aussi l'impact qu'a pu avoir le confinement ;

- J'élargirai ensuite la perspective à notre résilience collective ou « communautaire », à l'échelle d'un quartier ou de la solidarité de groupes locaux, comme le propose notamment le mouvement de la Transition[4]. La richesse de notre réseau social et de solidarité est en effet un facteur de résilience personnelle important ; et il est encore plus nécessaire si nos ressources familiales sont limitées ou si nos traumas viennent de notre famille. Il contribue aussi à préparer les collectivités à faire face à des perturbations brutales. Nous sentons l'importance de renforcer notre résilience collective, et on peut le faire avec des thérapies EMDR de groupe. Elles ont d'abord été développées pour faire face à des catastrophes d'origine naturelle (cyclones, tremblements de terre...) ou humaine (accidents industriels, attentats...), puis pour des personnes ayant vécu des traumas majeurs et ayant peu de ressources d'accès aux soins. Je vous partagerai l'expérience de cette pratique à Lyon, auprès de migrants et de femmes en réinsertion ; et lors d'un séjour thérapeutique en Colombie, pour des jeunes filles ayant vécu de nombreux traumas de l'enfance ;

- Nous continuerons à *dézoomer* : la résilience nationale est essentielle, c'est comme une base de sécurité dont nous avons bien perçu la nécessité pendant la pandémie. Nous avons pu continuer à nous nourrir, à nous soigner, à éduquer nos enfants, et avons eu un filet de sécurité financier grâce à un État structuré. Et nous verrons qu'il est possible de faire un parallèle entre les facteurs de résilience à l'échelle des individus et des nations. Les États sont eux aussi exposés à des chocs, et il est nécessaire que les régulations politiques orientent le projet de société, la finance et l'économie sur une trajectoire de résilience à la fois sociale et écologique ;

- Enfin, je montrerai que tout ceci n'est possible que sur le terreau d'un écosystème, d'un « système-Terre » suffisamment résilient, qui est la condition de notre survie.

Les pandémies mettent en lumière les failles de notre modèle de développement : leur origine est liée à la pression sur la biodiversité par la déforestation et le commerce des animaux sauvages[5] ; et leur diffusion rapide est dûe à notre hyperconnexion. Comme le souligne l'IPBES (*Intergovernmental Science-Policy Platform on Biodiversity and Ecosystem Services*, la Plateforme intergouvernementale scientifique et politique sur la biodiversité et les services écosystémiques), « Les changements dans la manière dont nous utilisons les terres, l'expansion et l'intensification de l'agriculture, ainsi que le commerce, la production et la consommation non durables perturbent la nature et augmentent les contacts entre la faune sauvage, le bétail, les agents pathogènes et les êtres humains. C'est un chemin qui conduit droit aux pandémies[6]. »

Mais ce n'est que la partie émergée de l'iceberg des effets de la dégradation de notre écosystème sur la santé et le développement humain[7] : comme nous y appelle l'OMS, nous devons de plus en plus raisonner en termes de « santé globale » ou « santé planétaire[8] », qui inclut la santé des hommes et des sociétés, des animaux, et l'état des systèmes naturels dont nous dépendons.

Figure 1 : le concept de « une seule santé » (OMS) ou « santé planétaire ». Santé des écosystèmes, des animaux d'élevage, des hommes et des sociétés : tout est lié !

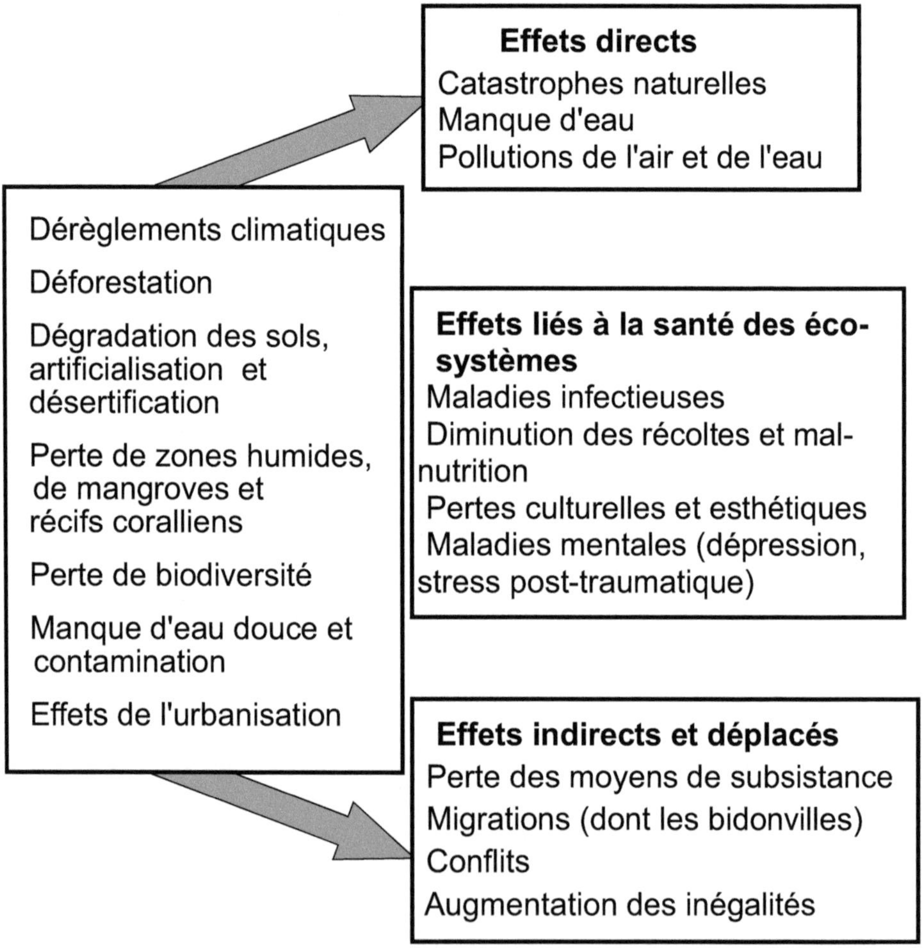

Dérèglements climatiques

Déforestation

Dégradation des sols, artificialisation et désertification

Perte de zones humides, de mangroves et récifs coralliens

Perte de biodiversité

Manque d'eau douce et contamination

Effets de l'urbanisation

Effets directs
Catastrophes naturelles
Manque d'eau
Pollutions de l'air et de l'eau

Effets liés à la santé des écosystèmes
Maladies infectieuses
Diminution des récoltes et malnutrition
Pertes culturelles et esthétiques
Maladies mentales (dépression, stress post-traumatique)

Effets indirects et déplacés
Perte des moyens de subsistance
Migrations (dont les bidonvilles)
Conflits
Augmentation des inégalités

Au fil de ce livre, je voudrais mettre en lumière cette perspective systémique du côté des problèmes mais aussi des solutions, et le renforcement mutuel de la résilience des individus, des familles, des communautés, des nations et de notre écosystème planétaire. Je vous propose l'image de l'arbre, qu'un forestier allemand a décrit de façon à la fois scientifique et sensible[9].

La vie d'un arbre est beaucoup plus riche qu'il n'y paraît au premier abord, et il a des liens très forts avec tout son écosystème, dont il est un pivot de résilience : la terre le nourrit grâce à la collaboration de champignons et de nombreux micro-organismes, et le climat lui apporte l'eau et la lumière ; en retour, l'arbre apporte des ressources permettant à de nombreuses formes de vie de s'épanouir, tout en influant sur le microclimat local et sur la capture du CO_2. Dans une forêt, les arbres communiquent entre eux et sont solidaires, notamment par les filaments des champignons qui relient leurs racines (le mycorhize) ; et la résilience d'une forêt grandit avec la richesse et la diversité de toutes ces formes de vie.

Nous sommes nous aussi des membres de notre écosystème planétaire, et les enjeux de la résilience se décrivent maintenant en termes de « socio-écosystème ». Tout est lié, et si nous agissons à tous les niveaux du système, nous pouvons espérer un renforcement des effets sur notre résilience !

Figure 2 : l'arbre de la résilience, les liens qui nous font vivre

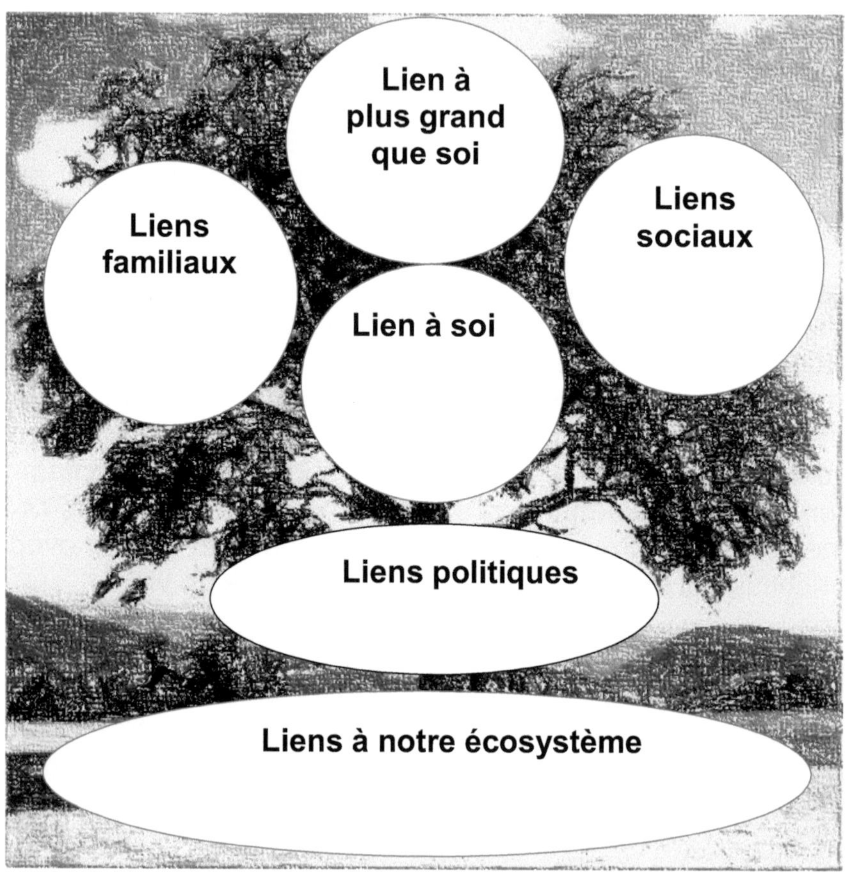

Chapitre 1. La résilience personnelle

Votre joie est votre tristesse sans masque.
Et le même puits d'où jaillit votre rire a souvent été rempli de vos larmes.
Comment en serait-il autrement ?
Plus profonde est l'entaille découpée en vous par votre tristesse,
plus grande est la joie que vous pouvez abriter.

Khalil Gibran[10]

La résilience personnelle est la capacité d'une personne à se préparer à des perturbations brusques, à récupérer de chocs et de stress intenses, et à s'adapter et se développer à partir d'une expérience perturbatrice ; en bref, à surmonter un traumatisme. Le psychiatre Boris Cyrulnik l'a approfondie au fil de nombreux ouvrages depuis 1999[11]. Il en est lui-même un exemple, ses deux parents ayant été victimes de la Shoah alors qu'il était tout jeune. Il nous propose cette belle image : « La résilience est un tricot qui noue une laine développementale avec une laine affective et sociale. C'est un maillage. » En effet, la résilience se tisse sur trois brins, ou trois ressources : non seulement ce que la personne a construit au cours de son développement, mais aussi ses liens affectifs et son soutien social plus large.

Intéressons-nous d'abord aux facteurs individuels, c'est-à-dire aux ressources caractéristiques[12] qui ont été observées chez les personnes les plus résilientes :

- Capacités cognitives : l'intelligence (telle que mesurée par le QI), mais surtout la capacité à prendre du recul et à résoudre des problèmes, la flexibilité mentale (adaptabilité au changement), l'humour et la créativité ;

- Capacités sociales : l'empathie, l'altruisme, les compétences sociales, et en particulier la capacité à repérer et mobiliser des personnes sur qui on peut compter ;

- Traits de personnalité, souvent décrits comme des « forces du Moi » :
  – autonomie, estime de soi, confiance en soi (sentiment de compétence et de contrôle),
  – capacité à gérer et réguler des émotions déplaisantes ; persévérance face à l'adversité ; expérience d'avoir déjà été capable de traverser des crises,
  – vision positive de l'avenir ; valeurs et objectifs forts ; courage, optimisme,
  – capacité à donner du sens à l'évènement,
  – adhésion à une religion.

La religion n'est bien sûr pas indispensable, mais elle est repérée comme facteur de résilience important par de nombreuses études. Ceci a tellement questionné B. Cyrulnik (lui-même non religieux) qu'il a consacré un livre à ce sujet, *Psychothérapie de Dieu*[13]. Il a notamment été marqué par la rencontre au Congo d'anciens enfants-soldats, qui lui demandaient : « Explique-moi pourquoi je ne me sens bien qu'à l'église ? » Il l'interprète comme un processus d'attachement, ce qui correspond bien à mon expérience de thérapeute : pour sortir d'un vécu traumatique, nous avons besoin de retrouver un lien sécurisant.

La religion apporte à la fois des ressources de sens, le lien à des figures d'attachement (Jésus, la Vierge Marie, le dalaï-lama, un maître soufi, etc.) et le lien à une communauté où on partage des rituels.

Toutes ces ressources de résilience sont liées, et beaucoup ont un point commun qui est le degré de sécurité du système de l'attachement (la qualité de nos premiers liens à nos parents). Cela va soutenir à la fois nos « forces du Moi » et notre capacité à développer des relations proches et un réseau social de qualité. Soulignons d'emblée que, même si notre enfance a été douloureuse, nous avons la possibilité de restaurer un « attachement sécure gagné », nous le verrons au chapitre 2.

La résilience est donc un processus dynamique, où ces facteurs personnels interagissent avec la qualité des relations proches (chapitre 2) et les soutiens sociaux plus élargis (chapitre 3). Il serait à mon avis assez vain de la considérer de façon statique, comme quelque chose qu'on aurait (ou non) la chance d'avoir. Le plus intéressant est d'étudier les processus de résilience et la façon dont nous pouvons les cultiver ! Nous partirons de notre corps, continuerons avec nos émotions, pour arriver aux forces du Moi, et nous conclurons avec les ressources spirituelles et les valeurs fondamentales.

Cultivons d'abord la résilience de notre corps, par notre mode de vie

On a souvent (et parfois à juste titre) reproché aux psychiatres de considérer leurs patients comme de purs esprits. Or il est de plus en plus évident que tous les facteurs d'hygiène de vie qui sont bons pour notre corps le sont aussi pour notre cerveau et pour notre vie psychique. Ils sont essentiels à la régulation de nos émotions, et participent à la phase de préparation de la résilience. L'enjeu est d'être libre par rapport aux multiples addictions consuméristes pour choisir la qualité, la sobriété, et de cultiver nos relations.

Notre santé est de plus en plus affectée par des maladies chroniques liées à notre mode de vie. Margaret Chan, ancienne directrice de l'OMS, l'affirme de façon pressante : « L'augmentation des maladies chroniques non transmissibles est une catastrophe imminente pour la santé, pour la société et surtout pour les économies nationales ». La fréquence de ces maladies – obésité et diabète gras, maladies cardiovasculaires, maladies respiratoires chroniques, cancers, troubles mentaux – est augmentée par l'urbanisation rapide non planifiée et la mondialisation de modes de vie défavorables à la santé, en particulier la mauvaise alimentation, la sédentarité, le tabagisme et l'usage nocif de l'alcool[14]. On peut y rajouter la pollution atmosphérique.

Ces maladies chroniques sont associées à un stress chronique et à des perturbations du système immunitaire, et nous avons vu que certaines augmentaient la vulnérabilité au COVID-19. Elles sont enfin plus fréquentes en cas d'expériences traumatiques de l'enfance et de difficultés sociales, nous le verrons au chapitre 3.

Les domaines de notre hygiène de vie que je vais évoquer vous sont certainement familiers : ils ont une efficacité bien connue pour prévenir les maladies chroniques, mais ils sont aussi très importants pour diminuer le stress et augmenter notre résilience psychologique !

Une bonne alimentation

L'alimentation est un enjeu majeur, et une commission internationale regroupant 37 experts de 16 pays a fait une revue récente sur le sujet publiée dans *The Lancet*[15] : 820 millions de personnes ne mangent pas suffisamment, alors que plus de 2 milliards sont en surpoids et exposés à des problèmes liés à la *malbouffe* : obésité, maladies cardiovasculaires, accidents vasculaires cérébraux, diabète. Le risque lié à l'alimentation est plus grand que les risques combinés de l'alcool, du tabac, des drogues, et des pratiques sexuelles à risque, et la transformation de notre modèle alimentaire permettrait de diminuer d'environ 20 % le nombre de décès prématurés !

En ce qui concerne les français, nous devons diminuer notre apport calorique global, notre consommation de protéines animales (surtout de viande rouge), de céréales raffinées et de sucre, et augmenter nos apports de fruits, fruits à coque, légumes et légumineuses, et d'acides gras essentiels (oméga-3). Intégrons cela dans des repas réguliers et pas trop hâtifs, sans grignotage entre les repas, et évitons les aliments industriels, qui ont trop de sucres, de sel, de mauvaises graisses, de pesticides et d'additifs.

Une alimentation diversifiée, riche en fruits et légumes colorés, nous apporte plus de vitamines et micronutriments. Elle nous permet enfin d'avoir un bon microbiote intestinal : il s'agit de tout l'écosystème bactérien qui habite notre intestin et collabore avec nous pour bien digérer les aliments ; il interfère aussi avec de nombreux autres aspects de notre santé, comme nos réactions inflammatoires et même nos émotions. En ayant une bonne alimentation, nous allons donc améliorer de très nombreux aspects de notre santé physique, mais aussi psychique, en diminuant notamment les risques de troubles anxieux et dépressifs et de maladie d'Alzheimer.

L'alimentation est un très bon exemple de la façon dont les enjeux de notre santé et résilience personnelle rejoignent ceux de notre collectivité locale et de notre écosystème : il est très important d'avoir une production alimentaire locale en cas de crise, et l'organisation de livraisons par des maraîchers en circuit court a été très précieuse pendant le confinement lié à la pandémie. Les circuits courts créent aussi des emplois essentiels et non délocalisables. Il y a enfin une profonde cohérence entre une production agricole respectant la biodiversité, et une alimentation respectant l'écosystème interne de notre microbiote…

À l'échelle de la planète, le rapport du *Lancet* a intégré les besoins de transformation des modèles alimentaires et ceux de la production agricole, pour arriver à nourrir 10 milliards d'humains tout en respectant les limites de la planète. En effet, un des principaux leviers pour limiter les changements climatiques est que l'agriculture devienne un puits et non une source de gaz à effet de serre. Il faut aussi arrêter de grignoter les espaces naturels pour préserver la biodiversité qui est indispensable à la production agricole (pollinisation, lutte contre les ravageurs, etc.) ; il faut préserver les sols, épuisés par l'agriculture industrielle, et économiser l'eau pour l'irrigation ; il faut enfin limiter les flux de nitrates et de phosphore, utilisés comme engrais, qui sont polluants (les fameuses « marées vertes » en Bretagne) et boucler leurs cycles pour qu'ils soient réutilisés.

Une « grande transformation alimentaire » est indispensable dans nos modes de production et de consommation. Elle sera bonne à la fois pour notre santé et pour la résilience de notre production alimentaire et de notre écosystème planétaire...

L'exercice physique

L'exercice physique est bénéfique pour de nombreux aspects de notre santé physique, et aussi psychique : il diminue notre niveau de stress et améliore notre résilience. Dans une clinique près d'Amsterdam, des collègues pratiquent des thérapies intensives des stress post-traumatiques : les patients ont une séance de thérapie d'une heure trente minutes, matin et après-midi ; le reste de la journée, ils sont invités à faire une sorte de parcours du combattant dans le parc de la clinique !

L'exercice prolonge l'espérance de vie en bonne santé[16] : la Sécurité sociale devrait prendre en charge l'inscription à une association sportive ! Toute activité est bonne, et l'important est de choisir celle qui vous plaît le plus, que ce soit un sport collectif, un art martial, la gymnastique, le vélo, la natation, etc. Une de mes patientes, figée dans un vécu dépressif à la suite d'un harcèlement moral au travail, a été très aidée par la boxe féminine, avec un coach très stimulant ; l'aïkido est très précieux : il renforce la capacité d'ancrage dans le sol et la confiance en soi pour affronter des rencontres conflictuelles.

Une activité aussi simple que la marche protège le cerveau et la mémoire ; elle diminue les risques d'accident vasculaire cérébral ou cardiaque, d'obésité et de diabète Plusieurs de mes patients, dans un moment d'épreuve de leur vie, y ont trouvé de belles ressources de résilience, notamment dans le pèlerinage de Saint-Jacques-de-Compostelle. Au-delà du bénéfice lié à l'activité physique, ils y ont trouvé une nouvelle relation :

- Au temps, en pouvant ralentir et être plus dans le présent ;
- À l'espace : le mouvement alterné de droite à gauche donne des sensations d'ancrage et permet de sortir de l'immobilisation, de la sidération dans laquelle le traumatisme peut nous plonger ;
- À la nature ;
- Aux autres : à la fois les proches, avec qui les liens sont retravaillés, et les rencontres humaines inattendues qui se produisent ;
- À leur dimension spirituelle.

Un sommeil de qualité

Le sommeil est indispensable à notre cerveau, au point que les mammifères marins comme les dauphins, qui doivent rester conscients pour revenir respirer à la surface régulièrement, alternent leurs périodes de sommeil entre l'hémisphère droit et l'hémisphère gauche de leur cerveau. Nos neurones sont endommagés par une activité très complexe pendant la journée : le sommeil leur permet une véritable réparation ! Il réorganise notre mémoire, en y intégrant les évènements significatifs de la journée : c'est en cela que l'observation de nos rêves peut être si intéressante pour comprendre les aspects de notre vie qui nous travaillent.

Pendant les confinements liés à la pandémie, il a été important de garder une structuration des temps de veille/sommeil, une activité physique malgré les déplacements limités (et une belle créativité a été déployée !) et des repas réguliers et de qualité pour éviter la prise de poids.

Le contact avec la nature

Pendant ce moment si particulier, nous avons aussi mesuré, à travers le manque, à quel point nous avions besoin du contact avec la nature. Et de fait, il ne nous apporte pas que du bien-être, mais aussi des bénéfices objectifs pour notre santé.

Ceci a été démontré scientifiquement à de nombreuses occasions, et la première est assez amusante[17] : dans une clinique chirurgicale, après la même opération (l'ablation de la vésicule biliaire), les patients des chambres paires récupéraient plus vite et avaient besoin de moins d'antalgiques que ceux des chambres impaires. Tous les autres facteurs étant identiques, la seule différence expliquant cet effet était que les fenêtres du côté pair donnaient sur le jardin, et celles du côté impair sur des bâtiments en briques.

On a aussi montré l'intérêt de grandes images de nature dans les salles d'attente, les crèches, les écoles, etc.

Mais le mieux est bien sûr le contact direct avec la nature, qui nous apporte des images, des sons, des sensations tactiles, des odeurs qui nous font du bien, et même des molécules qui améliorent nos défenses immunitaires. Au Japon, on pratique ainsi des « bains de forêt ». Voici tous leurs bénéfices pour la santé[18] :

- Diminution de l'inflammation, stimulation du système immunitaire et de protéines anticancéreuses ;

- Diminution du stress, de la fatigue, de l'hypertension artérielle ;
- Diminution des troubles anxieux et dépressifs, amélioration de l'estime de soi et de l'humeur ;
- Amélioration de la mémoire à court terme, de la concentration et de la créativité.

Il a même été montré que ces bénéfices étaient d'autant plus grands que la biodiversité était riche !

Les images de bébés animaux nous apaisent aussi, et on voit le succès qu'elles ont sur les réseaux sociaux ! Les animaux de compagnie rendent leurs propriétaires plus heureux ; ils améliorent leur santé physique ; et ils sont aussi des médiateurs qui soutiennent les relations sociales de voisinage. Nombreux sont mes patients qui, après des traumas graves de l'enfance, avaient perdu confiance en l'humanité et ont pu démarrer un parcours de résilience à partir du lien à un chien, un chat ou un cheval... Certains m'ont même témoigné, après avoir traversé des épreuves terribles, que ce lien au monde naturel, les arbres, la montagne, la mer, était parfois le seul ancrage qui soutenait leur désir de vivre. Vous trouverez un écho à cette ouverture dans la méditation d'autocompassion proposée un peu plus loin.

Sur le versant négatif, nous souffrons aussi des dommages causés à notre environnement naturel : la détresse psychique causée par les altérations d'un environnement familier a été étudiée, notamment en Australie dans le contexte d'exploitations minières, et nommée « solastalgie » par Glenn Albrecht[19]. Nous en reparlerons au chapitre 5 à propose de l'éco-anxiété, et en cherchant ce qui peut nous mobiliser pour changer notre modèle de développement destructeur pour la planète.

La réduction de l'exposition aux écrans et le discernement des sources d'informations

Lors du confinement, nous avons expérimenté combien les moyens de communication par les écrans ont été précieux, pour travailler comme pour rester en lien, et en même temps combien nous devions garder le contrôle de notre niveau d'exposition et sélectionner nos sources d'informations.
Certains patients ont fortement augmenté leur stress en restant presque en permanence exposées aux messages anxiogènes, et je les ai fortement encouragés à ne regarder les informations qu'une fois par jour.

Enfin la diffusion massive de l'information facilite sa manipulation au bénéfice d'intérêts privés, politiques, idéologiques ou commerciaux, et nécessite beaucoup de recul et de discernement. Des « chambres de résonance » ou « bulles de pensée » se créent très facilement sur les réseaux sociaux : il est tentant de rediffuser sans les vérifier les informations qui activent le plus nos réactions de peur et de colère, et ainsi des groupes s'auto-renforcent dans des *fake news* ou des théories du complot. Cette polarisation de groupes aux opinions divergentes et rigidifiées fragilise la résilience de notre société, nous y reviendrons au chapitre 4.
Michel Desmurget, chercheur en neurosciences à l'INSERM, a fait la synthèse de nombreuses recherches[20] : elles montrent que plus l'exposition aux écrans est forte, plus elle a des effets nocifs, en particulier chez les enfants, mais aussi chez les adultes et les personnes âgées :

- Elle perturbe le développement cognitif, le sommeil, et la réussite scolaire. Ceci est dû à la diminution des capacités d'attention, d'effort, d'imagination, ainsi qu'à la baisse des niveaux de langage et de lecture. Pour ne donner qu'un exemple, une étude néo-zélandaise[21] a suivi 1 000 enfants de la naissance à l'âge de 26 ans. En prenant en compte les autres variables importantes comme le QI et le statut socio-économique de la famille, chaque heure de télévision quotidienne en semaine, entre 5 et 15 ans, augmente de 34 % le risque de quitter le système scolaire sans qualification. Plutôt que de payer des cours particuliers à vos enfants, libérez-les de l'exposition aux écrans !

- Elle augmente les risques d'obésité, de tabagisme, d'alcoolisme, et de relations sexuelles précoces, du fait des modèles comportementaux transmis. La diffusion massive d'images pornographiques donne une vision distordue de la sexualité et perturbe souvent son épanouissement.

- Elle conduit à une tolérance progressive à des niveaux de violence de plus en plus élevés : il transmet la conviction croissante que le monde est hostile et dangereux, et cela augmente les niveaux de peur et d'agressivité. Les images violentes diminuent aussi l'empathie et les comportements d'entraide et de coopération.

Tous ces enjeux d'hygiène de vie sont bien connus et leur efficacité est démontrée, non seulement en prévention, mais même après des affections cardiovasculaires : ils permettent une meilleure récupération et une meilleure vascularisation du cœur, une véritable résilience physiologique !
Dean Ornish est un cardiologue texan assez étonnant : alors qu'il était encore étudiant, il a monté un programme de recherche en installant dans un hôtel 10 patients souffrant de cardiopathies sévères et en leur faisant suivre un programme

associant régime alimentaire, exercice physique, yoga, et groupes de parole. Je suis touché par son histoire et ce qui l'a inspiré : en première année d'études de médecine, il a fait une dépression liée à la pression scolaire ; il a alors été aidé par un professeur de yoga et maître spirituel, qui l'a aidé à chercher des ressources de paix à l'intérieur de lui.
C'est un bel exemple de ce qu'apporte la résilience : la réévaluation de nos valeurs, une plus grande profondeur d'humanité, et souvent une ouverture nouvelle et créative !

Son programme a été affiné au fil du temps, et de nombreuses études ont montré que 80 % des patients qui le suivent en reçoivent des bénéfices[22]. Il est proposé sur 18 modules de 4 heures, avec 1 heure pour chaque aspect : éducation alimentaire (mieux manger, de façon quasi végétarienne), exercice physique, yoga et méditation, groupe de parole et de soutien émotionnel. Son efficacité est bien sûr liée à l'engagement des patients, mais leur taux d'adhésion est étonnamment important (85 % au bout d'un an), car ils découvrent peu à peu plus de bien-être ; ils peuvent aussi commencer petit à petit, par exemple en supprimant la viande le soir. Ce programme est remboursé par l'assurance maladie, ce qui est rare aux États-Unis : il permet en effet des économies considérables pour le système de santé…

Le plus impressionnant est que Dean Ornish a montré, en collaboration avec Elizabeth Blackburn, qu'il allongeait l'extrémité des chromosomes (les télomères) : le professeur Blackburn a reçu en 2009 le prix Nobel de physiologie ou médecine pour sa découverte de la télomérase, l'enzyme qui régule la longueur des télomères. Ceux-ci sont des protections, situées à l'extrémité des chromosomes, qui s'usent à chaque division des cellules ; leur raccourcissement excessif multiplie le risque de maladies cardiovasculaires et de cancers, et diminue l'espérance de vie. Au bout de cinq ans du programme de bonne hygiène de vie, les télomères avaient rallongé de 10 %, alors qu'ils avaient naturellement raccourci chez les personnes du groupe témoin !

Ceci n'est qu'un des exemples des impacts de notre mode de vie sur l'« épigénétique[23] », c'est-à-dire le fait que l'expression de nos gènes change, même si la structure de l'ADN reste identique. Nous savons que nos gènes, hérités de nos parents, ne peuvent pas être modifiés, sauf en cas de mutation. Mais leur expression dépend de mécanismes d'activation ou d'inactivation, et nous pouvons agir sur ces sortes de « variateurs » pour renforcer l'expression de nos « bons » gènes et diminuer celle des « mauvais » (comme les oncogènes qui conduisent aux cancers). Plus encore, certains marqueurs épigénétiques, collés sur nos chromosomes, se transmettent à nos descendants sur environ trois générations. C'est ainsi par exemple que le tabagisme, la consommation excessive d'alcool, ou les réactions de stress post-traumatique, peuvent marquer non seulement la personne qui les vit, mais ses enfants et petits-enfants. La bonne nouvelle est que ce marquage est réversible, et je vous partagerai au chapitre 3 une recherche pleine d'espoir à laquelle j'ai eu la chance de participer !

Résumons-nous : pour être en meilleure santé et plus résilients, il nous faut grandir en liberté par rapport à toutes les addictions (à la *malbouffe*, aux drogues légales ou illégales, aux écrans, au sexe, à la logique générale de la surconsommation) ; et nourrir nos relations aux autres et à la nature. Et les découvertes de l'épigénétique nous donnent une responsabilité majeure pour nos descendants ! La façon dont nous mangeons, bougeons, régulons notre stress, développons des relations constructives et des émotions épanouissantes, est bonne non seulement pour notre santé et notre résilience, mais aussi pour nos enfants et petits-enfants...

Il est facile de le dire, mais comment arriver à se libérer de nos addictions ? Notre modèle de société pousse surtout dans l'autre sens, avec ses sollicitations publicitaires permanentes et de plus en plus ciblées. Leur message implicite est toujours que nous atteindrons le bonheur grâce à des objets et à la croissance permanente de notre richesse, de notre égo et de notre image sociale.
Les addictions sont maintenues par plusieurs facteurs :

- Un facteur important est le besoin de réguler des émotions qui débordent notre « fenêtre de tolérance ». On désigne ainsi la fourchette d'activation de notre système nerveux autonome[24] à l'intérieur de laquelle nos émotions (même intenses) ne nous empêchent pas de garder une capacité de recul et de contrôle sur nos actions. Si elle est débordée vers le haut (trop de système sympathique), nous pouvons avoir des crises d'angoisse ou de rage ; si elle est débordée vers le bas (trop de parasympathique), nous pouvons nous effondrer dans la dépression, la honte, ou le vide existentiel.

- Les personnes souffrant d'addiction ont souvent aussi du mal à investir d'autres sources d'émotions épanouissantes que le produit ou le comportement addictif ; et elles sont peu capables de se projeter dans une vision positive du futur.

- Enfin le renforcement de schémas de satisfaction immédiate dans le « circuit de la récompense[25] » du cerveau crée un véritable conditionnement.

Il y a donc plusieurs pistes pour en sortir : développer notre capacité à réguler autrement nos états émotionnels pénibles, renforcer nos ressources intérieures et nos ressources relationnelles, et développer une projection positive du futur vraiment motivante. C'est ce qu'a bien compris le mouvement de la Transition, dont nous parlerons au chapitre 3.
Alors nous serons capables d'aller vers la sobriété heureuse, chère à Pierre Rabhi, vers « moins de biens, plus de liens ». Ces expressions ne sont pas des slogans sans fondement, elles correspondent à un vrai programme de résilience personnelle et collective ! La pandémie du COVID-19 nous a donné l'opportunité d'une pause pour réfléchir à un changement de notre modèle de développement : commençons par le travail personnel que nous pouvons faire.

Le travail sur les émotions pour renforcer notre liberté et notre résilience

Il est clair qu'entre nos pensées rationnelles et nos actions, nous devons prendre en compte tout le domaine de nos émotions et motivations plus souterraines. C'est à ce prix que nous développerons nos ressources de résilience !
Il y a deux attitudes complémentaires face à nos émotions : les accueillir sans les juger, en écoutant le message dont elles sont porteuses ; et si elles nous débordent, utiliser des techniques pour revenir dans notre « fenêtre de tolérance ». J'ai repris dans un petit livre de poche tous les exercices qui

ont le plus aidé mes patients et qui peuvent être pratiqués en auto-thérapie[26].

Présentation générale des émotions

Quand nous travaillons avec des personnes traumatisées, la notion de fenêtre de tolérance émotionnelle est très importante. Nos émotions sont liées à l'état de notre corps, qui est régulé par le système nerveux autonome. Celui-ci comporte un accélérateur, le système sympathique, qui accélère le cœur, la respiration, etc., pour nous permettre, en cas de danger, de mobiliser de l'énergie pour fuir ou combattre ; et un frein, le système parasympathique, qui prédomine en phase de repos ou de digestion pour nous permettre de récupérer de l'énergie. La fenêtre de tolérance est la zone d'activation de notre système nerveux autonome dans laquelle, même si nos émotions sont intenses, nous pouvons garder du recul et contrôler nos actions.

La largeur de cette fenêtre de tolérance va être très importante dans la deuxième phase de la résilience, la capacité de résistance au choc : plus elle est étroite, plus nous subissons le choc de plein fouet. Quand un niveau de stress trop élevé nous en fait sortir, nous agissons en « mode réflexe » avec des défenses instinctives (sidération, fuite, combat ou effondrement), ou des compulsions, « c'est plus fort que nous ». C'est ce qu'on observe dans la phase immédiate après une catastrophe, ce qu'on appelle la « dissociation péri-traumatique » : certaines personnes sont figées, sidérées, d'autres sont paniquées et leur agitation désordonnée peut les mettre en danger, d'autres enfin ont des actions automatiques répétitives qui peuvent paraître surréalistes : par exemple, lors d'un reportage sur les inondations de Vaisonla-Romaine en 1992, on voyait une dame âgée balayer son balcon à quelques centimètres au-dessus de la rivière en crue qui risquait de l'emporter…

Il faut donc dans cette première phase éponger autant qu'on le peut l'excès de débordement émotionnel, réorienter les personnes dans le présent, les reconnecter au sentiment d'un monde un peu structuré et contrôlé par rapport à leur impression de chaos, et surtout les resituer dans l'appartenance à des liens humains, en priorité par le contact avec des proches.

Figure 3 : Fenêtre de tolérance (d'après D. Siegel, P. Ogden et K. Minton)

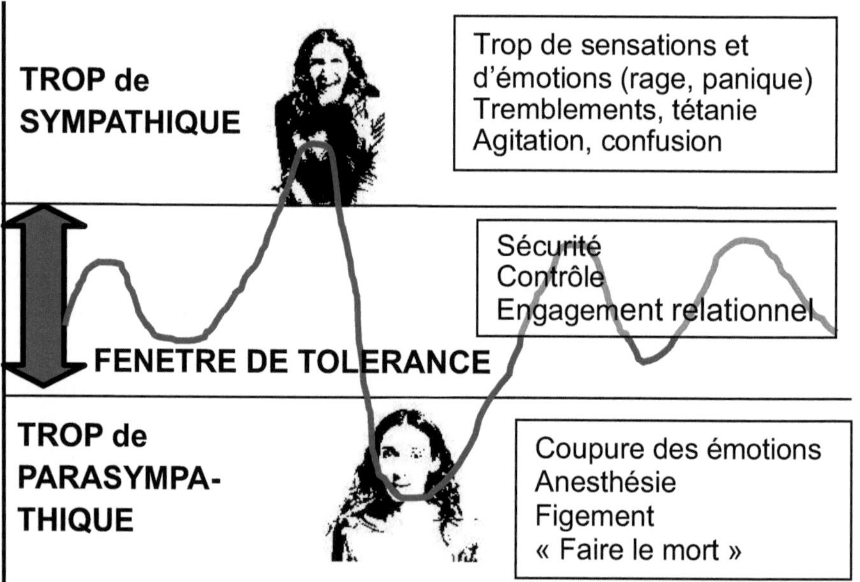

Si notre réaction émotionnelle est disproportionnée par rapport au danger immédiat, c'est très probablement que des souvenirs traumatiques anciens sont réactivés par la situation : certaines personnes ne supportaient pas par exemple le port du masque, qui réveillait des souvenirs d'avoir étouffé lors d'une laryngite ou d'une crise d'asthme dans l'enfance ; pour d'autres, la situation de confinement a réactivé des vécus terrifiants d'impuissance, d'être coincés, qui résonnaient avec des traumas de l'enfance où ils étaient coincés dans une famille maltraitante.

De fait, toutes les expériences de traumas du passé non digérés nous rendent plus vulnérables : la célèbre citation de Nietzsche, « Ce qui ne me fait pas mourir me rend plus fort », n'est malheureusement vraie que si le souvenir du trauma a vraiment été intégré : c'est ce que j'observe alors, avec beaucoup de joie, chez mes patients qui ont retraité leurs traumas avec l'EMDR !

Un autre aspect essentiel des émotions est qu'elles sont au carrefour des trois étages, ou niveaux d'organisation, de notre cerveau (cette description est une bien sûr trop schématique) :

le plus bas et le plus ancien dans l'évolution des espèces, le cerveau reptilien, gère la régulation de l'état corporel et les réactions instinctives de survie ;

le plus en haut et en avant, et le plus évolué, le néocortex, permet d'accéder à la pensée et de coordonner des perceptions et des actions complexes ;

le milieu de notre cerveau, qu'on appelle le système limbique, gère les émotions ainsi que la mémoire et les systèmes de motivation qui sont apparus chez les mammifères : le systèmes de l'attachement et celui du don de soin, et les systèmes d'affiliation dans les groupes sociaux tels que le jeu, la coopération, la hiérarchie.

Retenons au passage ce lien très proche entre les émotions, la mémoire, et les relations. Cette situation centrale des circuits cérébraux des émotions permet de comprendre l'importance qu'elles ont dans notre vie, et le fait que nous pouvons les réguler en développant aussi bien des ressources cognitives (« du haut vers le bas ») que corporelles (« du bas vers le haut »).

Le stress post-traumatique et son traitement

La thérapie EMDR[27], comme d'autres thérapies actuelles du psychotraumatisme, est fondée sur le modèle du « traitement adaptatif de l'information » : en cas d'évènement traumatique (où nous sommes de façon prolongée au-delà de notre fenêtre de tolérance), notre mémoire ne peut l'intégrer de façon normale, avec nos hippocampes : ces deux petites structures tarabiscotées au centre de notre cerveau sont comme un processeur qui organise l'indexage des souvenirs dans le temps et le contexte spatial, et le stockage de leurs différents aspects dans différentes zones du cortex. Quand l'expérience est traumatique, les hippocampes sont comme débranchés, et ce sont les amygdales, des petits noyaux situés en avant d'eux, qui prennent le relais : elles sont comme des sentinelles, ou des dispositifs d'alarme, qui associent toutes les perceptions de l'évènement à des signaux de danger.
Ceci nous a donné plus de chances de survie au cours de l'évolution, mais il y a une contrepartie : cela nous expose à des réactions de stress post-traumatique, car cette zone du cerveau n'indexe pas les perceptions dans le temps. Par exemple, après un accident de voiture, certains bruits

brusques, odeurs, images ou situations rappellent des perceptions de l'accident et déclenchent une peur intense, une sensation de danger imminent. Nous risquons alors d'éviter de remonter en voiture, et cet évitement peut même devenir de plus en plus extensif et nous faire perdre confiance en nous.

Le principe de l'EMDR est d'identifier les souvenirs traumatiques qui sont à la source des perturbations actuelles ; puis on les réactive en portant consciemment notre attention dessus pour les digérer, c'est-à-dire les réintégrer dans la mémoire ordinaire. Mais il faut le faire en restant dans la fenêtre de tolérance, et avec une attention double, « un pied dans le présent, un pied dans le passé ».

Pour cela, il y a une phase de préparation, où on apprend des exercices de régulation émotionnelle et renforce des ressources intérieures : cela rejoint l'idée d'une phase de préparation de la résilience.
Puis on invite le patient à porter son attention sur tous les aspects du trauma encore perturbants (images et perceptions sensorielles, pensées, émotions, sensations dans le corps) et à faire des mouvements des yeux de droite à gauche en suivant les doigts du praticien, tout en observant tout ce qui lui vient à l'esprit et tout ce qu'il ressent. Toutes les trente secondes environ, il fait une pause et indique où il en est, et le processus se poursuit : on observe alors une désensibilisation de l'émotion, qui diminue peu à peu, et le patient retrouve une image positive de lui-même que le trauma avait altérée.

Cette thérapie est très gratifiante pour le patient comme pour le thérapeute. Elle a surtout une validation scientifique très forte et est recommandée par l'OMS et les principaux organismes de santé nationaux comme la HAS (Haute Autorité de santé).

Ses mécanismes d'action sont étudiés sans qu'il y ait un consensus complet : une hypothèse séduisante est que les mouvements oculaires relanceraient le processus d'intégration de la mémoire qui se fait naturellement au cours du sommeil paradoxal ; on l'appelle aussi « sommeil à mouvements oculaires rapides », car à ce moment tout le corps est paralysé sauf les yeux qui bougent de droite à gauche, et le cerveau est très actif.

Figure 4 : La thérapie EMDR relance la résilience par le traitement adaptatif de l'information

 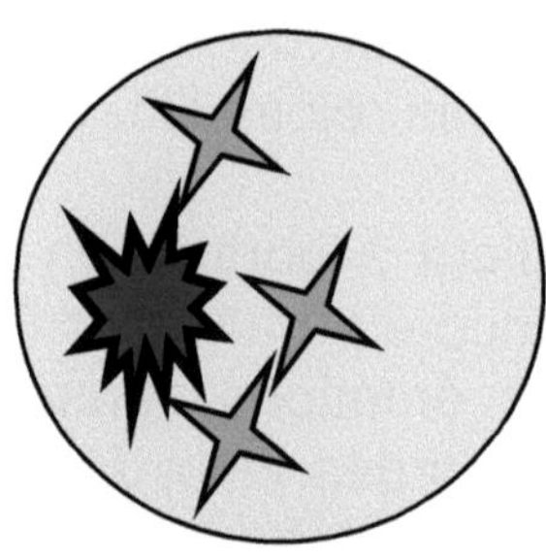 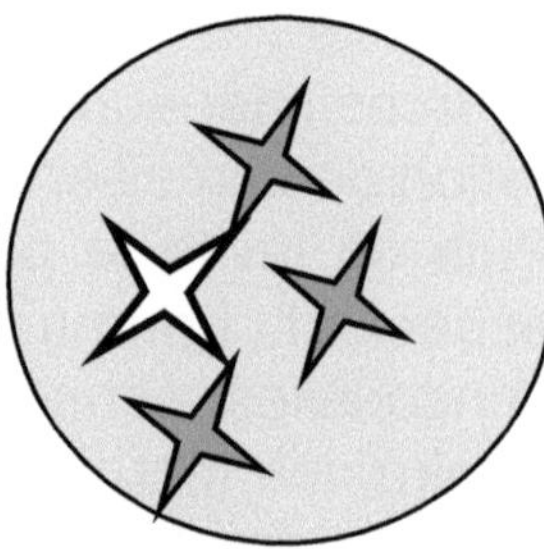

Préparation puis Réactivation du souvenir traumatique	Désensibilisation Des émotions perturbantes et Réassociations	Remise à sa place du souvenir dans le temps Installation d'un sens de soi positif

Ce schéma représente le cheminement au cours d'une thérapie EMDR : les étoiles grises symbolisent les ressources et l'étoile noire le souvenir traumatique : celui-ci est peu à peu désensibilisé (sa charge émotionnelle diminue), des associations se font avec des ressources intérieures, et cela permet de « retraiter » le sens de soi qui avait été altéré par le trauma.

Il est très gratifiant de voir alors se mettre en place la résilience dans sa troisième phase (adaptation et nouveau développement). Je l'ai symbolisée par une étoile blanche, car la phrase « ce qui ne me fait pas mourir me rend plus fort » devient alors vraie : je vois grandir chez mes patients l'estime de soi et la confiance en soi, une plus grande profondeur d'humanité et de compassion, et cela les conduit souvent à réévaluer leurs relations et leurs valeurs fondamentales.

Dans la pratique de EMDR, nous apprenons d'abord à nos patients à renforcer les ressources intérieures qui leur permettront de rester dans leur fenêtre de tolérance et de trouver une issue au vécu traumatique. Beaucoup de ces exercices peuvent être pratiqués de façon autonome, et c'est ce qui m'a conduit à écrire le guide pratique d'auto-thérapie évoqué ci-dessus[28] : je vous en présente brièvement certains qui pourront renforcer votre résilience.

La méditation de pleine conscience : développer un espace de recul pour accueillir nos émotions

Revenons sur l'importance d'accepter et d'accueillir toutes nos émotions : les réactions de déni, de refoulement, de phobie de certaines émotions, ou pire de honte ou de colère contre nous-même, ne conduisent qu'à cristalliser et durcir notre souffrance. Le problème n'est pas l'émotion que nous vivons, mais les comportements plus ou moins adaptés que nous avons ensuite.

L'émotion elle-même est toujours légitime et importante à accueillir, c'est un signal qui nous indique qu'il faut faire quelque chose, qu'un de nos besoins importants n'est pas satisfait. Les émotions jouent en effet un rôle essentiel pour nous adapter à notre environnement, et en particulier ajuster nos relations aux autres, qui sont l'enjeu essentiel pour notre sécurité et notre épanouissement. Elles sont associées à une mobilisation de toute notre façon d'être : elles modifient notre état physiologique et nos sensations corporelles ; elles colorent notre perception des autres et de notre environnement, et orientent nos pensées ; elles nous mobilisent (c'est l'étymologie du mot « émotion ») dans une posture et une préparation à agir.

Les exercices de pleine conscience (ou *mindfulness*) nous invitent à entraîner notre attention, avec deux consignes toutes simples : nous centrer sur le moment présent, et nous dégager des jugements de valeur pour être dans une attitude de curiosité bienveillante.

Ils viennent du bouddhisme (des formes proches de méditation sont présentes dans d'autres traditions spirituelles), et ont été « laïcisés » pour être ouverts à tous. Ils ont surtout été validés par de très nombreuses recherches scientifiques : leur efficacité est prouvée pour diminuer les douleurs, les troubles anxieux, prévenir les rechutes dépressives, retarder le vieillissement cérébral, etc.

Ils sont tout simples, mais je vous encourage au début à avoir un enregistrement audio pour être guidés, et pour que votre attention soit ramenée sur l'exercice quand elle divague trop :

vous pouvez en trouver sur Internet[29] ou dans le livre de Christophe André[30].

Au début, mieux vaut vous entraîner dans un endroit calme, où vous ne risquez pas d'être dérangé (portable éteint), et assis sur une chaise dans une posture confortable et équilibrée, droite et détendue (évitez la position allongée) ; puis vous pourrez étendre peu à peu cette pratique dans la durée, et surtout « tisser » des moments de pleine présence dans votre vie quotidienne : en prenant un café, en vous brossant les dents, sous la douche, en marchant, etc.

N'en attendez pas un bienfait immédiat : vous serez souvent apaisé, mais vous aurez parfois du mal à vous dégager de pensées, émotions ou sensations douloureuses, et c'est l'entraînement qui vous fera du bien, petit à petit.

Notre esprit peut être comparé à un océan agité par des vagues et des courants. Certaines zones sont comme des tourbillons vers lesquels nous sommes entraînés : ruminations obsédantes sur le passé, préoccupations et soucis pour l'avenir, réactivation de souvenirs traumatiques... Développer la pleine conscience nous permet de ne plus subir ces mouvements, comme une barque ballottée par les flots, mais d'avoir un espace de recul, comme une vigie en haut du mât, et plus de liberté pour orienter cette barque de notre attention vers d'autres horizons. En effet, quand nous sommes au creux de l'épreuve, cela nous aide de pouvoir sélectionner où porter notre attention, d'accepter ce que nous ne pouvons changer, et de choisir la vie en nous orientant vers ce qui peut nous faire du bien.

Voici les ressources précieuses que la pleine conscience nous permet de renforcer :

L'orientation dans le moment présent
Nos souffrances sont renforcées quand nous ressassons le passé, nos souvenirs douloureux ou nos regrets inutiles. Il est bien sûr important de tirer une leçon de nos expériences et de réparer nos fautes, mais quand ces réactions adaptées, elles ne nous « prennent pas la tête ». De même, quand nous pensons à l'avenir de façon trop anxieuse, nous souffrons en imaginant des catastrophes, qui pour la plupart n'arriveront jamais… Notre bonheur est dans le moment présent, dans des instants d'éternité, de rencontres, d'unité intérieure et de communion avec le monde : encore faut-il nous y rendre présents !

L'attention aux perceptions du corps et aux émotions
Nous n'avons pas toujours l'habitude d'observer ce que nous vivons intérieurement : or une expérience est vraiment unifiante, enrichissante, quand nous l'inscrivons dans notre mémoire en lien avec l'état émotionnel intense et les sensations corporelles qui l'accompagnent. Et si nous observons des sensations ou émotions désagréables, pouvoir le faire avec un espace de recul et de non-jugement est la première étape qui ouvre le chemin pour mieux les réguler. En effet, nous commençons alors à développer des connexions entre le cortex préfrontal et le système limbique.

La suspension du jugement et l'acceptation de ce qui est présent
Notre liberté intérieure est souvent parasitée par la peur du jugement des autres, et nos relations sont polluées par nos jugements sur les autres. Cela peut venir des avis négatifs ou des rejets que nous avons subis et intériorisés, ou d'une dé-

pendance au besoin de plaire, de séduire, d'être parfaits, les meilleurs...

Il ne s'agit pas de renoncer à s'améliorer ou à améliorer le monde, mais le bon point de départ est d'accepter le présent. Ce beau mot de « présent » signifie à la fois « maintenant » et « cadeau », il nous invite à accueillir la vie comme un don.

Apprendre à ralentir

Notre rythme de vie est de plus en plus rapide et nos séquences d'attention de plus en plus courtes, en particulier du fait de notre dépendance aux écrans, qui nous met en mode « réactif » : il est important de reprendre le contrôle pour choisir vers où nous orientons notre attention, quelles décisions nous prenons, et quelles actions nous engageons. Le sociologue Hartmut Rosa[31] a montré comment trois formes d'accélération s'entraînent comme dans une spirale : l'accélération technique, celle des rythmes de vie (la technologie nous promet de gagner du temps, mais nous en avons de moins en moins), et celle des changements des structures sociales. Cela entraîne une éthique et une politique de court terme, opportuniste, où l'urgence permanente empêche de gérer les priorités. Nous devons apprendre à ralentir et à prendre du recul, sinon notre liberté sera illusoire : nous serons en fait conditionnés par les stimulations des médias ou des réseaux sociaux, dont les moteurs principaux sont les recettes publicitaires et la promotion d'intérêts particuliers.

Cultiver des qualités

En nous entraînant à orienter notre attention sur certaines expériences, nous leur donnons plus de poids. C'est comme une musculation du cerveau : en effet, nous activons alors les connexions entre les neurones correspondant à ces expériences, et leurs connexions se renforcent anatomiquement (de nouveaux points de jonction, appelés boutons synaptiques, se créent). C'est ainsi que répéter des expériences de gratitude ou de compassion va leur permettre d'être de plus en plus spontanées pour nous, de devenir des habitudes, puis des traits de caractère.

Apprendre à réguler nos émotions douloureuses débordantes et à revenir dans notre fenêtre de tolérance

Plutôt que d'appeler « négatives » les émotions vécues douloureusement (la peur, la tristesse, la colère, le dégoût, la culpabilité ou la honte), cela nous aidera de les nommer « émotions protectrices » : elles ont en effet un rôle essentiel pour notre survie, c'est pourquoi elles ont été sélectionnées par l'évolution et sont universelles dans toutes les cultures, même si la façon de les exprimer est un peu différente. La peur nous mobilise pour anticiper ou percevoir le plus vite possible un danger et être prêts à l'éviter ou le fuir ; la colère nous donne l'énergie de combattre ce qui risque de nous détruire, de nous humilier ou de nous contraindre ; la tristesse, quand nous perdons quelque chose ou quelqu'un à qui nous tenons, donne une valeur particulière à certaines de nos relations ; la culpabilité et la honte nous permettent d'éviter les comportements qui risqueraient de nous exclure d'un groupe social.

Il est normal d'être parfois débordé par nos émotions ! Toutefois, si cela arrive régulièrement et perturbe notre quotidien et nos relations, c'est sans doute que ces émotions plongent leurs racines dans des traumas du passé non résolus. Nous n'avons pas forcément conscience du lien avec ces souvenirs, mais un aspect de la situation actuelle entre en résonance avec un aspect du souvenir traumatique : l'amygdale

déclenche donc les réactions émotionnelles et les comportements de défense instinctive associés au danger.

Le renforcement de notre résilience passera alors par le retraitement, la digestion de ces traces de souvenirs traumatiques qui étaient comme congelés dans le temps et parasi-
taient notre vie présente. Un autre aspect toxique de ces
traumas, en particulier les blessures des liens d'attachement
dans l'enfance, est qu'ils atteignent profondément notre
image de nous-mêmes et nos relations aux autres : nous y
reviendrons au chapitre 2.

Renforcer nos émotions épanouissantes

Les émotions agréables ou épanouissantes que sont la joie,
la fierté, la gratitude, l'admiration, l'émerveillement, la bienveillance et l'affection, le désir sexuel, la curiosité, sont très
précieuses mais n'ont pas le même enjeu de survie que les
émotions « protectrices » (si ce n'est le désir sexuel pour la
survie de l'espèce, et les systèmes de l'attachement et du
don de soin qui permettent la survie des enfants). Elles sont
donc moins prioritaires dans notre cerveau archaïque et dans
nos réactions instinctives : c'est ce qu'on appelle le « biais de
négativité ». C'est pourquoi il importe de les cultiver de façon
active pour renforcer nos ressources intérieures et être plus
résilients face aux difficultés.

Les personnes les plus résilientes ont, face à l'adversité, une
forte activation du cortex préfrontal gauche (qui est associé
aux émotions agréables) : elles ont de solides connexions
entre ce cortex préfrontal et l'amygdale, qui leur permettent
d'estomper les signaux liés aux émotions douloureuses[32].

On reproche parfois à la psychologie positive de nous centrer
sur nous-même, et d'occulter les problèmes sociaux et la né-

cessité de l'engagement altruiste. En réalité, c'est tout le contraire ! Quand nous sommes suffisamment apaisés et heureux, nous sommes plus ouverts aux autres et avons plus d'énergie pour agir. Nous sommes plus capables de tenir bon dans les épreuves, nous avons une vision plus large et plus créative. J'ai sélectionné deux ressources, la gratitude et la compassion, qui me paraissent particulièrement utiles pour la résilience : en effet, elles renforcent d'une part notre état émotionnel et notre confiance, et d'autre part nos liens aux autres, qui sont notre principale source de résilience. Elles sont très intéressantes dans un contexte éducatif, et leurs bienfaits ont été montrés dans des écoles de quartiers défavorisés, nous en parlerons au chapitre 3.

La gratitude

De nombreuses recherches[33] montrent les bienfaits de la gratitude : augmentation du bien-être et de la vitalité, amélioration de l'immunité, diminution des signes d'anxiété et de dépression. Pourtant, apprendre à dire merci n'est pas simple, les parents le savent bien, et il est bon de continuer à s'y entraîner régulièrement.

De nombreuses traditions culturelles et spirituelles la valorisent : je pense à la belle expression de « rendre grâce », de remercier Dieu avant chaque repas, et je suis frappé par la façon dont cette pratique est naturelle chez mes amis africains. De même, quand ils tuaient un animal, les Amérindiens le remerciaient de la vie qu'il leur donnait, et c'est une pratique qui persiste chez de nombreux peuples premiers, qui sont habités par la conscience de leur intime connexion à tout le monde animé.

Il est certain qu'accueillir notre vie comme un cadeau nous aide à la savourer. Pour cela, il suffit de s'arrêter quelques instants et de prendre conscience d'un « moment de grâce ». Celui-ci peut être tout simple : la beauté d'un soleil couchant, le sourire de complicité d'un ami, la douceur d'un enfant qui dort, la grâce d'un chat qui s'étire… Prenez alors simplement le temps de respirer en sentant vraiment ce que vous éprouvez, dans votre corps et dans vos émotions, et permettez à ces instants qui font le sel de la vie de « s'épaissir » dans votre mémoire.

La compassion et l'auto-compassion

La résonance empathique à tous les malheurs du monde risque de nous épuiser quand elle est associée au sentiment d'impuissance : c'est trop souvent ce que véhiculent les informations. Au contraire, la compassion associe à l'empathie la capacité à avoir du recul et l'engagement dans une action réaliste et à notre portée, ou au moins son intention : dans ces conditions, nous y trouvons du sens et de la joie !

L'estime de soi est une bonne chose, mais doit être bien dosée (un exemple de surdosage manifeste est Donald Trump !). L'auto-compassion est plus réaliste : nous avons tous des limites et des failles, nous ne sommes pas parfaits, et nous ne pouvons pas toujours être des gagnants. « Je dois être parfait pour être aimable » est d'ailleurs un schéma négatif qui vient de blessures dans les liens d'attachement… Plusieurs études ont montré que l'auto-compassion, plus que l'estime de soi, était associée à des traits de personnalité positifs, et nous rendait plus résilients face aux difficultés[34].

Le renforcement des forces du Moi

La psychologie positive explore les aspects du fonctionnement psychique qui contribuent au bien-être et à la résilience, en ayant toujours une démarche de validation scientifique.

Les forces de caractère

Une étude à grande échelle, menée dans une cinquantaine de pays, a identifié les forces socialement reconnues et valorisées dans différentes cultures, et donc considérées comme universelles[35]. Ces 24 « forces de caractère » sont très proches des forces du Moi. Quand nous utilisons les forces qui nous caractérisent le plus, cela augmente nos émotions positives, nos relations constructives, notre sentiment de compétence et d'accomplissement, et nos capacités de résilience[36]. Je vous les présente ci-dessous :

Focus. 24 forces de caractère sont réparties en 6 vertus

Sagesse (forces cognitives) : créativité ; curiosité ; flexibilité mentale ; amour de l'apprentissage ; perspective et sagesse.

Courage (forces émotionnelles mobilisant la volonté pour atteindre nos buts) : courage ; persévérance ; honnêteté ; enthousiasme.

Humanité (forces relationnelles) :
amour ; gentillesse ; intelligence sociale.

Justice (forces sociales) : travail en
équipe ; équité ; leadership.

Tempérance (forces qui protègent contre les excès) : pardon ; humilité ; prudence ; auto-régulation.

> **Transcendance** (forces qui favorisent l'ouverture à une dimension universelle et au sens de la vie) : reconnaissance de la beauté ; gratitude ; espoir ; humour ; spiritualité.

Sur le site www.viacharacter.org, vous pouvez remplir en ligne un questionnaire gratuit, qui vous permettra de hiérarchiser vos forces de caractère. Cela prend 20 à 40 minutes, et il est préconisé de le faire en une seule fois, sans être dérangé. Pour chaque question, vous coterez une échelle allant de 1 (« c'est très différent de moi ») à 5 (« ça me ressemble beaucoup »). Le site vous présentera alors vos forces par ordre décroissant : portez surtout votre attention sur vos cinq premières forces, dites « majeures ». Vérifiez que vous sentez : « c'est bien moi », que ces forces vous paraissent assez naturelles, spontanées et agréables à utiliser. Ce sont elles qu'il est conseillé de renforcer en priorité.

Le renforcement des ressources spirituelles et des valeurs fondamentales

La psychologie a longtemps été perçue comme se développant en opposition à la dimension spirituelle. Cette posture n'est pas tenable dans le champ du traumatisme, où la croyance religieuse ou la dimension spirituelle est un facteur de résilience important. Il me semble que c'est du même ordre que la reconnaissance des besoins spirituels des malades en fin de vie : face à une épreuve majeure ou à un trauma grave, la question du sens de l'existence est présente, et il est essentiel pour nos patients de sentir que nous pouvons les entendre à ce sujet.

La méditation, par laquelle j'ai commencé ce chapitre, ouvre aussi en nous un espace d'intériorité. Elle peut être vécue de façon laïque ou rejoindre une ouverture à la transcendance,

que chacun pourra vivre selon sa culture ou sa tradition religieuse.

Le lien entre la résilience et la relation à la transcendance a
plusieurs facettes :
    – elle nous aide à nous sentir en lien avec une communau-
    té. Il est important que celle-ci porte des valeurs de tolé-
    rance et d'ouverture aux autres communautés, j'en parlerai
    au chapitre 4 ;
    – elle nous aide à sentir un lien à une figure
    d'attachement ;
    – enfin elle nous aide à donner un sens à ce que nous vi-
    vons.

Le psychiatre Viktor Frankl a été un champion de la résilience : rescapé des camps de concentration, il a développé
une approche thérapeutique, la logothérapie, fondée sur la
capacité à donner du sens à sa vie : « Celui à qui un "pour
quoi" donne un but peut vivre avec n'importe quel "comment"[37] ». Les principales ressources qui lui ont permis de
tenir ont été le souvenir de l'amour de sa femme, cette dimension spirituelle (*Le Dieu inconscient*), la gratitude pour la
beauté de la nature, l'humour, la capacité à se projeter dans
le futur et le choix de garder une dignité et une liberté intérieure dans les petites décisions comme face à la mort.
« L'important n'était pas ce que nous attendions de la vie,
mais ce que la vie attendait de nous [...]. Notre responsabilité
dans la vie consiste à trouver les bonnes réponses aux problèmes qu'elle nous pose et à nous acquitter honnêtement
des tâches qu'elle nous assigne ». Il insiste sur le fait que
notre vie est toujours dirigée vers quelqu'un ou quelque
chose d'autre que nous-même, qu'il s'agisse d'un but à atteindre ou d'un être humain à aimer ; et chacun est appelé à

choisir de façon unique ce dont il veut être responsable. Le sens de la vie peut passer par l'accomplissement d'une œuvre, par l'expérience de l'amour, ou par la souffrance assumée.

Je suis frappé de voir les résonances avec ce qu'exprime une autre déportée, Etty Hillesum[38]. Cette jeune femme juive, d'éducation non religieuse, a développé au cours de l'épreuve une spiritualité hors de toute religion instituée, qui parle à beaucoup de nos contemporains : « Je vais te promettre une chose, mon Dieu, oh, une broutille : je vais t'aider, mon Dieu, à ne pas t'éteindre en moi, mais je ne peux rien garantir d'avance. Une chose m'apparaît de plus en plus claire : ce n'est pas toi qui peux nous aider, mais c'est à nous de t'aider et de défendre jusqu'au bout la demeure qui t'abrite en nous. »

Face aux risques d'effondrement, beaucoup de jeunes sont en crise de sens, vivent l'éco-anxiété ou ce que Frankl appelle une « dépression noogène » (par manque de sens). Pour quoi sommes-nous venus à cette vie, quel est le sens de notre passage sur cette terre, pour quoi travailler et lutter ? Pour quoi avoir des enfants si en tant qu'humains nous ne sommes pas capables de leur laisser une planète habitable ? Si nous acceptons de regarder la situation en face, nous ne pouvons éviter de nous confronter à ces questions du sens et de nos valeurs existentielles et spirituelles.

Faisons le point

Pour cultiver notre résilience personnelle, nous avons d'abord pris soin de notre corps et de notre hygiène de vie ; et nous avons vu que pour cela, il nous faut aussi mieux vivre avec nos émotions : la pleine conscience nous aide à les accepter, mais nous devrons parfois apprendre à réguler des émotions débordantes.

Si celles-ci sont trop fréquentes ou douloureuses, elles viennent sans doute de traumas du passé non digérés, et je vous encourage alors à ne pas vous priver d'une aide thérapeutique !

Quoi qu'il en soit, notre résilience sera renforcée par le renforcement de nos émotions épanouissantes comme la gratitude et la compassion, par le renforcement de nos forces du Moi, et par le renforcement de nos ressources spirituelles ou des valeurs fondamentales qui donnent du sens à notre vie et nous permettent de continuer à nous projeter positivement dans le futur.

Nous avons aujourd'hui une conscience aiguë des enjeux de résilience pour notre vie sociale sur notre planète, et du fait que tout est lié. Au fond, notre principale source d'inquiétude est notre relation aux autres, la crainte d'une régression vers la barbarie ; et notre principale ressource de résilience repose aussi sur nos relations, avant tout à notre famille : nous allons maintenant approfondir ce sujet.

Figure 5 : la résilience personnelle

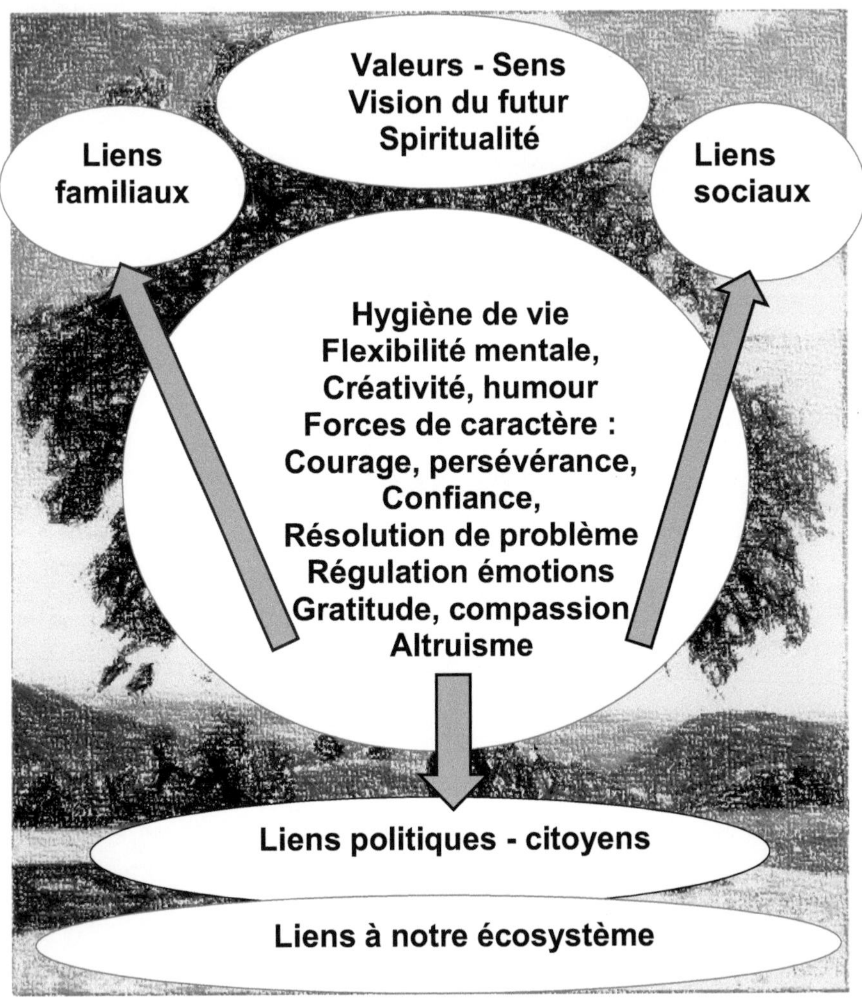

Chapitre 2. La résilience familiale

Il n'est jamais trop tard pour avoir une enfance heureuse.

Gloria Steinem

La résilience familiale comprend deux aspects : d'une part la manière dont les liens familiaux sont une ressource de résilience importante, d'autre part la capacité du système familial à résister et s'adapter aux chocs.
Il est très bon de renforcer nos ressources de résilience personnelle, mais c'est dans nos liens à nos proches que celle-ci peut le mieux se développer. Les amis sont bien sûr très précieux et peuvent être de bons tuteurs de résilience ; cependant les liens familiaux, quand ils sont constructifs, ont des caractéristiques spécifiques essentielles[39] : ils nous apportent une base familiale de sécurité, le sentiment d'appartenance à une lignée, des liens de loyauté, une complicité et des rituels, qui font partie de notre identité.

Notre résistance puis notre adaptation après un trauma se font grâce à des personnes sur qui nous pouvons vraiment compter, et notre premier réflexe, après un trauma, est de rechercher le contact avec des proches par qui nous nous sentons vraiment accueillis, compris, et réconfortés. On le voit bien après un attentat ou un accident, où un des premiers besoins est de téléphoner à ses proches ; ou dans les camps de réfugiés, où un service important est la recherche de contacts avec les membres de la famille dont on est parfois sans nouvelles. De façon plus quotidienne, un enfant qui tombe et a mal au genou est vite rassuré et sa douleur est calmée par un gros câlin de sa maman (ou de son papa, même si ce n'est pas toujours aussi puissant...).

Pour suivre le pédiatre et psychanalyste Donald Winnicott qui a introduit la notion de « mère suffisamment bonne », il ne serait non seulement pas réaliste, mais pas même souhaitable que les parents soient « parfaits » : cela pourrait rendre difficile la séparation et l'autonomisation des enfants. Il ajoute avec humour qu'il serait ensuite compliqué pour eux de faire mieux que leurs parents ! Néanmoins, si nous avons vécu des relations précoces[40] « suffisamment bonnes » et sécurisantes, nous avons intériorisé cette base de sécurité, et elle nous apporte beaucoup : de la confiance en nous, de bonnes capacités de régulation émotionnelle (nous avons une fenêtre de tolérance plus large), et des compétences relationnelles. Vous reconnaissez ici de nombreux facteurs de résilience !

Pendant la période de confinement, les relations familiales ont été mises à rude épreuve, surtout quand la structure familiale était vulnérable, ou quand les parents devaient télétravailler tout en soutenant la scolarité de leurs enfants. De nombreux collègues ont diffusé des outils pour soutenir les familles, comme nous l'avons fait avec l'équipe de Mon coaching PepPsy[41] : nous venions de mettre au point un parcours de coaching avec des vidéos et un programme d'exercices intitulé « Mieux vivre avec mes émotions ». Quand la pandémie est arrivée, nous avons senti important de partager gratuitement des outils qui pourraient aider. C'est ainsi qu'ont été développés le « guide du confinement en famille », puis le « sommet de la résilience », avec des conférences vidéo de plusieurs intervenants de qualité[42].

Dans ce chapitre, après avoir repéré les facteurs de résilience familiaux, je décrirai le système de l'attachement ; comment son degré de sécurité va structurer à l'âge adulte notre image de nous-même et de nos relations ; et comment cela influence notre résilience. Si nous n'avons pas développé un attachement sécure dans l'enfance, nous avons heureusement la possibilité de restaurer cette base de sécurité, d'aller vers ce qu'on appelle alors un « attachement sécure gagné ».

Je reviendrai ensuite sur la résilience du couple et de la famille face aux traumas, et proposerai aux parents des pistes pour gérer au mieux les moments de crise et de débordement émotionnel de leurs enfants.

Les facteurs de résilience des familles

Voici les facteurs de résilience des familles qui ont été confirmés par les recherches – je ne pense pas qu'ils vous surprendront beaucoup !

Certaines caractéristiques sont liées à la structure familiale :

- Présence des deux parents ;
- Enfants pas trop nombreux et pas trop rapprochés ;
- Avoir des ressources et un espace suffisants.

D'autres sont plus liées à la dynamique relationnelle dans la famille :

- Parents chaleureux et soutenants, cohésion et harmonie du couple parental ;

- Règles éducatives claires et cohérentes, résolution non violente des conflits, valeurs partagées et congruentes à l'expérience vécue ;
- Qualité du lien parents-enfants et de la communication (relation proche et de confiance avec au moins un des parents) ;
- Capacité à partager les émotions, à réguler les émotions douloureuses et à renforcer les émotions épanouissantes.

Je vous rassure tout de suite, il n'est pas nécessaire de remplir tous les critères ! On peut par exemple manquer de ressources et d'espace mais avoir des parents chaleureux et soutenants. Un besoin important est le temps, et lors du confinement, cela a mis certaines familles sous une forte pression : il fallait à la fois gérer le quotidien, travailler et faire l'école aux enfants… Cela n'est pas toujours facile en temps normal, mais cette pression supplémentaire a hélas parfois conduit à de la violence et à des ruptures.

Voici les grandes lignes de ce que nous avons proposé pour soutenir les familles, et ces conseils peuvent être adaptés pour tous les moments de crise, de difficulté ou de chamboulement :

- Garder une structuration du temps (travail ; repas ; activité physique ; repos ; jeu ; tâches ménagères) et de l'espace du foyer : même dans un appartement, il est important que chacun puisse apaiser ses émotions dans un espace personnel, et une « cabane » peut être aménagée pour chaque enfant. La régulation et le partage des temps d'écran a souvent été un autre sujet sensible.
- Rester en tant que parents un exemple pour nos enfants, en particulier en régulant nos propres émotions. Nous

pouvons aussi pratiquer avec eux des exercices comme ceux évoqués au chapitre 1, ou les inviter à partager avec nous des ressources venant de l'école : l'aînée de mes petites-filles, 6 ans, a ainsi donné à sa famille des petits cours de yoga appris à la maternelle.

- Encourager chacun à exprimer ce qu'il ressent, et des temps de « conseil de famille » sont précieux : il est souhaitable de commencer par un partage des émotions de chacun, exprimées en disant « je », avant de parler des difficultés et de réfléchir à la résolution des problèmes et au partage des tâches. Les enfants participent d'autant plus volontiers aux tâches ménagères qu'ils ont un sentiment d'équité et une marge de choix.
- Partager de l'affection et du soutien, des émotions épanouissantes et des bons souvenirs. Il est ainsi important, même dans des situations de grande tension, de garder des « rituels inviolables » qui sont sécurisants pour tout le monde : par exemple, tous les vendredis soir, on se fait livrer des pizzas et on fait ensemble un jeu de société.
- Développer, avec créativité et humour, des expériences enrichissantes malgré les limites de la situation, et des projets motivants pour « après la crise ».

Focus. Exemple d'une « soirée spéciale » préparée par deux de mes patients pour leurs parents.

Il s'agit d'un garçon de 11 ans et de sa sœur de 9 ans, très astucieux, mais qui n'arrivaient pas à faire quelque chose ensemble paisiblement. L'élaboration de ces soirées spéciales leur a permis de collaborer, de développer un espace d'autonomie et de contribuer au partage d'émotions agréables dans la famille. Il y en a eu d'autres, par exemple sur le thème de l'Espagne : préparation de tapas pour un dîner espagnol, flamenco, etc.J'ai gardé volontairement les fautes d'orthographe et maladresses d'expression.

Organisation dîner Police jeudi 9 avril 2020
18 h 00. Début de la soirée. Formation aux principes de base et explication rapide de la soirée. Un policier doit toujours être sur ses gardes il peut y avoir du danger de partout[43] alors faites attention !!! Ce soir vous allez apprendre les échauffements *phisiques* ainsi que l'entraînement de base d'un policier. Nous allons ensuite manger. Puis faire un jeu de société pour illustrer l'action des policiers scientifiques sur la scène du crime. Il y aura aussi 2 surprises. Et nous finirons par un debrief.
18 h 15. Mission 1 : échauffement *phisique* (corde à sauter, trapèze, élastique, passe avec ballon…).
18 h 45. Mission 2 : entraînement de policier de base (tir de fléchette, lancer de Kapla dans un espace délimité par trois ficelles, lutte : nous sommes sur les pieds et les mains face à notre adversaire le but est de le faire tomber sur le ventre en attrapant son bras…).
19 h 15. Rien de mieux qu'un bon repas pour reprendre des forces.
20 h 00. Jeu Cluedo tous les 4. Un simulateur de mission pour la police scientifique.
20 h 45. Bataille de polochon. Cela *cert* à s'entraîner pour les vraies batailles.
21 h 00. Apprendre une nouvelle identité. Un policier *come* un enquêteur doit savoir changer d'identité : apprenez la carte que je vous ai donnée dépêchez-vous vous n'avez que
3 minutes.
21 h 30. Il ne reste plus que le debrief.

L'impact des blessures de l'enfance sur nos relations et sur notre résilience

Le système de l'attachement

Nous naissons dans une dépendance prolongée par rapport à nos parents, et notre cerveau grandit et se modèle énormément pendant nos premières années. Nous sommes ainsi baignés dans une culture et un langage, une nourriture affective et des attentes, des stimulations et des soins. Ceux-ci sont plus ou moins bien ajustés à nos besoins complexes : besoins de sécurité et de protection, d'apaisement et aussi de stimulation ; besoin d'appartenance et aussi d'autonomisation ; besoin de valorisation et aussi de limites et d'apprentissage des règles sociales. Comme nous l'avons vu, ne rêvons pas de relations familiales parfaites, mais suffisamment bonnes : l'enjeu est surtout que les échecs inévitables de l'ajustement, de l'accordage entre l'enfant et ses parents, puissent être réparés.

Les interactions précoces construisent les styles d'attachement

Le bébé est, dès sa naissance, capable d'exprimer toute une gamme émotionnelle par le regard intense orienté, le sourire, les vocalisations, le tonus et le mouvement. Tous ces signaux poussent l'adulte à lui répondre en lui parlant, en souriant et en le touchant. Il est très beau d'observer une mère qui apaise son bébé en s'accordant à lui : c'est comme une danse où elle lui renvoie les rythmes de son activation émotionnelle, de façon atténuée et adoucie, en modulant la voix, le bercement, le regard, la mimique, etc. Cette synchronie des interactions parents-bébé est source de plaisir pour tous deux et enclenche un cercle vertueux de communication.

Le nourrisson s'attache aux personnes qui lui répondent rapidement, chaleureusement et de la façon la plus adéquate possible, mais aussi à celles dont il dépend pour sa survie. En fonction de toutes ces interactions, il construit une image de lui-même et des schémas relationnels : on appelle cela les styles d'attachement. Ce sont comme des filtres à travers lesquels se colore notre vision de nous-même et de ce que nous pouvons attendre des autres. Dans la suite de notre vie, ces styles d'attachement vont être un déterminant majeur de notre développement, de notre santé et de notre résilience. Ils influencent notre capacité à construire des liens de confiance, à demander de l'aide et à en recevoir.

Ce qui nous permet le mieux de récupérer après un trauma, c'est d'être pris dans les bras par quelqu'un qui compte pour nous et pour qui nous comptons vraiment. Avec lui, nous pouvons partager en sécurité nos émotions, nous sentir accueillis avec compassion et vraiment compris : alors nous pouvons revenir dans notre fenêtre de tolérance, raconter ce que nous avons vécu et l'intégrer dans notre histoire.

J'ai récemment traité avec l'EMDR une famille de réfugiés (la mère, une fille de 10 ans et un garçon de 8 ans) : à la suite de de grandes violences, tous avaient un stress post-traumatique majeur. Après que j'ai traité la maman, elle a été ma co-thérapeute pour traiter ses enfants. Le garçon a trouvé sur ses genoux suffisamment de sécurité pour retraverser les souvenirs et les émotions de terreur, et a terminé la séance avec un grand sourire et complètement relâché ; il a alors dessiné un cœur et écrit « maman je t'aime ». La fille, qui était mutique et effondrée, a pu poser sa tête sur les genoux de sa mère, et celle-ci lui a fait des tapotements alternés sur les épaules en lui disant « C'est fini, princesse » (en EMDR, ou peut remplacer les mouvements oculaires de droite à gauche par des tapotements alternés droite-gauche) : elle aussi a pu ainsi résoudre ses troubles post-traumatiques. La sécurité de l'attachement à leur mère a été une ressource clé pour que ces enfants puissent guérir.

La complémentarité des parents et l'attachement spécifique au père[44]

Pendant longtemps, on a étudié l'attachement en se centrant sur les relations mère-enfant : on considérait que le père était surtout un tiers qui ouvrait la relation mère-enfant et laissait ce dernier plus libre de s'épanouir en dehors de ce lien. Mais il apparaît aujourd'hui qu'il est aussi une figure d'attachement, avec des caractéristiques spécifiques très intéressantes pour préparer la résilience. Même si le père est capable d'apprendre à « materner », et que l'investissement des jeunes pères auprès de leurs bébés est important à encourager, le père et la mère n'apportent pas tout à fait les mêmes ressources en ce qui concerne l'attachement.

La mère sécurise son bébé en veillant sur lui avec constance et en apaisant ses émotions intenses : en présence des deux parents, les enfants en détresse se tournent d'ailleurs plus volontiers vers leur mère (même si c'est leur père qui les garde).

Le père sécurise plutôt son enfant dans sa découverte du monde, en lui montrant comment surmonter les difficultés : ses jeux sont plus physiques (lancers, chatouilles, « bagarres ») et représentent pour l'enfant une prise de risque. Il le pousse à expérimenter des choses nouvelles qui, à première vue, lui paraissent inquiétantes, mais dont le père sait qu'elles ne sont pas dangereuses. Il développe sa confiance en sa capacité à affronter le monde, ce qui l'aide à prendre son autonomie : des observations chez les bébés nageurs ont ainsi montré que le père est une meilleure « rampe de lancement » que la mère. Il apprend à l'enfant à réguler les interactions interpersonnelles, et c'est l'attachement au père (plus qu'à la mère) qui détermine sa sociabilité envers un inconnu. Il promeut chez lui un sentiment de confiance et d'autonomie, et cela va renforcer sa résilience de façon spécifique.

Globalement, on constate que le père est un partenaire de jeu privilégié, alors que la mère échange plus avec son enfant dans un contexte de soins. Il est important de noter que ces différences apparaissent même dans les familles où le père garde l'enfant pendant que la mère travaille, ou dans les kibboutz par exemple, où les parents interviennent au même degré.

Il ne s'agit pas bien sûr de revenir à des stéréotypes de rôles rigides, mais de reconnaître et de soutenir la complémentarité des fonctions maternelle et paternelle. L'enjeu est d'encourager les pères à s'investir auprès de leurs enfants dès le début, tout en gardant leur style de communication spécifique, et à maintenir ce lien en cas de séparation du couple.

L'influence de nos premières années sur notre développement, notre santé et notre résilience

Pendant nos premières années, les interactions entre notre potentiel génétique et nos expériences construisent les connexions nerveuses qui seront à la fois la base et la structure de notre développement et de notre résilience. Ceci met en place la capacité de notre cortex préfrontal à mentaliser et à réguler nos états émotionnels, notre fenêtre de tolérance ; et aussi, inscrits dans notre mémoire implicite, ces fameux styles d'attachement.

Pour compléter le tableau, nous savons maintenant que les traumas de l'enfance ont aussi un impact épigénétique, c'est-à-dire qu'ils modifient l'expression de certains gènes, notamment pour la régulation des émotions[45]. Un même gène, c'est-à-dire une même séquence d'ADN, peut ou non être actif pour produire des protéines qui modifient l'action de la cellule : cela dépend de facteurs d'environnement qui entraînent la fixation de petites molécules ou « marques épigénétiques » sur l'ADN. C'est ainsi que les descendants de survivants de la Shoah, ou les enfants dont la mère était en fin de grossesse lors des attentats du 11 septembre 2001 à New York, ont plus souvent des marques épigénétiques qui diminuent leur résilience face au stress.

On comprend alors pourquoi les expériences traumatiques de l'enfance sont des déterminants majeurs de nombreux problèmes de santé. Une très grande étude (ACE pour *Adverse Childhood Experiences*[46], ou « expériences d'adversité dans l'enfance ») a été menée sur plus de 17 000 adultes. Elle a trouvé une relation forte et proportionnelle entre le niveau d'exposition à des violences ou à un dysfonctionnement familial grave dans l'enfance et de multiples facteurs de risque chez les adultes (tabagisme, alcoolisme, toxicomanie, obésité, manque d'activité physique, tentatives de suicide, conduites sexuelles à risque, maladies physiques chroniques), conduisant à une diminution de l'espérance de vie.

Les différents états d'esprit concernant l'attachement influencent la résilience

Les recherches ont mis en évidence quatre styles d'attachement chez les nourrissons, et ceux-ci ont une forte continuité de l'enfance à l'âge adulte, où on les appelle « états d'esprit concernant l'attachement » : ils peuvent toutefois évoluer, grâce notamment à une relation de couple constructive[47] ou à une thérapie. On peut alors passer d'un style d'attachement insécure à un style « sécure gagné », et ce chapitre a pour but de vous aider dans cette direction : mieux vous prendrez soin de votre « enfant intérieur » et de ses blessures d'attachement, plus il vous sera facile de développer des ressources de résilience et des relations constructives.

Le style sécure résulte d'un accordage relationnel ajusté avec des parents suffisamment bons ; les styles insécures (évitant, ambivalent et désorganisé) sont liés à des parents débordés par leur angoisse, leur colère ou leur tristesse, et qui risquent de projeter sur leurs enfants ce qu'ils n'ont pas digéré de leur histoire. Par exemple, si leur enfant crie, au lieu de percevoir ses émotions et ses besoins (ce qu'on appelle la capacité de mentalisation), ils imaginent qu'il les rejette ou cherche à les manipuler.

Certains parents peuvent ainsi aimer très fort leurs enfants sans pour autant savoir toujours répondre à leurs besoins d'attachement, et des souffrances peuvent alors se transmettre à travers les générations. Je pense à un patient qui a subi des violences de son père à partir de 10 ans : il a construit une belle relation de couple et aime beaucoup ses deux filles ; mais à partir du moment où l'aînée a eu 10 ans, il a eu des cauchemars où il se voyait lui faire du mal. Cela était extrêmement éprouvant pour lui ! Heureusement, il a eu le courage de retraiter en EMDR les impacts persistants des traumas de son enfance, et a pu délier ce risque de transmission malheureuse.

Certains enfants ont aussi, pour des raisons génétiques ou d'environnement précoce (par exemple le syndrome d'alcoolisme fœtal), une petite fenêtre de tolérance émotionnelle et un tempérament qui les rendent plus difficiles à apaiser.
Nous allons décrire l'évolution de ces styles d'attachement à l'âge adulte, ce qu'on appelle les états d'esprit concernant l'attachement.

L'état d'esprit sécure ou autonome est le plus fréquent (60 %)

Ces personnes ont une image d'elles-mêmes positive et réaliste, et leur image des autres est *a priori* positive, sans naïveté. Elles recherchent les relations tout en pouvant être autonomes, sont capables de donner et de recevoir de l'aide, font preuve de flexibilité et d'une bonne régulation émotionnelle pour gérer les conflits.
Leur vécu intérieur peut être traduit ainsi : « Si je me sens mal, je vaux la peine d'aller mieux ; je peux supporter de regarder ce qui ne va pas et mettre des mots dessus ; je peux sans risque chercher de l'aide et du réconfort, on va trouver une solution ».
Vous voyez à quel point c'est bon pour leur résilience !

L'état d'esprit détaché (20 %)

Ces personnes ont une image d'elles-mêmes plutôt positive, mais sont sur la défensive et mettent à distance leurs émotions. Elles sont indépendantes, méfiantes par rapport aux autres et les maintiennent à distance émotionnellement.

Leur vécu intérieur peut être traduit ainsi : « En cas de problème, je dois me débrouiller toute seule ; je ne ressens pas grand-chose ; et je n'engage pas trop d'émotions dans les relations ».

En cas de trauma, elles ont du mal à accéder à des ressources de résilience relationnelles. Pour réguler leurs émotions, elles risquent plus d'avoir recours à l'alcool, aux drogues, ou à la recherche de sensations fortes ; et elles risquent plus de gérer les conflits par la rupture ou la violence.

L'état d'esprit préoccupé (10 %)

Ces personnes ont une image négative d'elles-mêmes et doutent qu'elles puissent être aimées. Elles idéalisent les autres et sont dépendantes d'eux, avec souvent une peur de l'abandon, des déceptions et des conflits qui s'accompagnent de réactions de détresse et de colère intenses. La distance à l'autre est difficile à ajuster, c'est souvent trop près ou trop loin : « Je te fuis, tu me suis ; je te suis, tu me fuis. » Le risque est de répéter des relations dysfonctionnelles et re-traumatisantes, des gestes suicidaires ou auto-agressifs, des troubles dépressifs et des addictions.

Leur vécu intérieur peut être traduit ainsi : « Je ne peux pas supporter d'être seule, je me sens abandonnée ; j'ai absolument besoin d'une figure d'attachement, je m'accroche et j'insiste mais je ne peux pas compter sur elle ; j'attends tout de l'autre, mais il ne me comprend jamais et me déçoit terriblement. »

En cas de trauma, elles ont du mal à accéder à des ressources de résilience personnelles : leur résilience dépend trop du lien à l'autre, et celui-ci est rarement à la hauteur de leurs attentes, ce qui réactive leurs traumas d'enfance non digérés.

L'état d'esprit irrésolu-désorganisé (10 %)

Ces personnes peuvent avoir un fonctionnement très adapté socialement ou dans le travail, mais basculer dans des réactions extrêmes en cas de trauma, notamment quand leur insécurité de fond est réactivée par des difficultés avec leurs proches. Leurs parents leur ont fait vivre de la violence, du rejet ou de la négligence, un sentiment d'angoisse et d'imprévisibilité : en tant qu'enfant, elles éprouvaient alors à la fois le besoin de fuir, de repousser, et celui de rechercher le lien à leur parent.

Cette situation, où des schémas contradictoires sont activés, entraîne un risque important de troubles psychiatriques : différents états du Moi portent des émotions et des réactions de défense qui ne peuvent fonctionner harmonieusement ensemble et se clivent, se dissocient les uns des autres.

C'est ce qu'on voit par exemple dans certains couples où il y a de la violence : le mari a le sentiment de ne pouvoir exister sans sa femme ; quand son angoisse de la perdre augmente, il utilise la violence pour garder le contrôle sur elle. Celle-ci finit par partir pour se protéger, mais cet éloignement amène une telle souffrance qu'elle recherche à nouveau ce lien, en minimisant son côté dangereux.

Le vécu intérieur de ces personnes est marqué par la confusion, la honte, l'impression d'être anormal ; et leur relation aux autres est marquée par beaucoup d'insécurité.

En cas de trauma, elles sont plus vulnérables et risquent plus de développer un stress post-traumatique.

Redisons cette bonne nouvelle : le style d'attachement peut se remodeler à l'âge adulte, à travers des relations affectives ou une psychothérapie[48]. Un attachement insécure peut ainsi se transformer en attachement sécure gagné, et j'espère vous donner des pistes pour cela[49].

Construire un attachement sécure gagné pour renforcer notre résilience

J'aime beaucoup cette phrase de Gloria Steinem[50] : « Il n'est jamais trop tard pour avoir une enfance heureuse ». Par cette formule paradoxale, elle souligne à juste titre que nous vivons dans le présent : nous pouvons ne plus continuer à souffrir d'une mauvaise image de nous-même et de perturbations dans nos émotions et nos relations, qui viennent de nos expériences malheureuses de l'enfance.

Les tuteurs de résilience

Les tuteurs de résilience réels

Le témoignage des personnes qui ont eu un beau parcours de résilience évoque toujours des tuteurs de résilience, des personnes pour qui elles comptaient vraiment et sur qui elles ont pu vraiment compter. Jacques Lecomte[51] décrit très bien les qualités de ces tuteurs de résilience :

- Ils manifestent de l'empathie et de l'affection.
- Ils sont modestes, respectent le parcours de résilience de l'autre, lui laissent la liberté de parler ou de se taire, et évitent les « petites phrases gentilles qui font mal », comme « on ne peut pas donner plus d'amour que ce qu'on a reçu ».
- Ils s'intéressent en priorité aux côtés positifs de la personne : les vrais regards d'amour sont ceux qui nous espèrent…
- Ils sont patients et ne se découragent pas face aux échecs apparents, comme en témoigne Tim Guénard[52], qui a un beau parcours de résilience après avoir été gravement maltraité par son père : « Au cours de nos vingt-deux années de vie commune, ma femme Martine ne m'a

jamais enfoncé la tête dans l'eau lors de mes petits et grands dérapages [...]. Elle a toujours dit qu'elle avait vu mon cœur en premier. Elle a discerné ce qui était bien en moi. Cela, je l'admire, car cela ne devait pas être évident. »

- Ils facilitent chez l'autre l'estime de soi et l'altruisme.

- Ils associent le lien et la loi : à la fois ils aiment la personne dans ce qu'elle est, au-delà de ses actes ; et ils la responsabilisent, lui donnent des repères, l'accompagnent pour réparer le mal commis. L'association du lien et de la loi de la part d'un adulte conduit l'enfant (et encore plus l'adolescent) à créer du sens. C'est aussi tout l'intérêt des mesures de réparation pénale ou de justice restaurative.

Nous ne pouvons pas lâcher un lien d'attachement même douloureux dans le vide, nous avons un besoin vital de nous sentir reliés, il faut « des bras pour nous accueillir ». Comme le dit le père Ceyrac, qui s'est occupé de nombreux enfants des rues en Inde, au-delà de la satisfaction des besoins primaires de sécurité, de nourriture, etc., l'important pour chaque enfant est de pouvoir se dire : « Il y a quelque part quelqu'un pour qui je compte vraiment ».
Même si notre histoire n'est pas aussi dramatique, et même si nous sommes reconnaissants à nos parents de tout ce qu'ils nous ont apporté de bon, il est toujours précieux de s'appuyer sur d'autres personnes-ressources. Je compare cela à plusieurs enveloppes successives : la première « enveloppe psychique » qui nous a accueillis, le plus souvent nos parents, a pu être trouée, irritante ou blessante ; au-delà de cette enveloppe, nous avons cherché d'autres relations, qui ont pu nous apporter de meilleures réponses à certains besoins ; et enfin nous sommes profondément touchés par certaines figures d'humanité, dont nous sentons qu'elles ré-

sonnent avec ce que nous aspirons à donner et à recevoir. Toutes ces personnes peuvent devenir des figures-ressources, comme des tuteurs de résilience intériorisés.

Les différentes figures-ressources

Il est bon que certaines figures aient une connotation plus maternante ou nourricière, d'autres une connotation plus paternante ou protectrice (quel que soit leur genre). D'autres figures, qui ont une connotation de sagesse ou spirituelle, sont aussi très importantes : elles nous indiquent que nous sommes reliés au monde, au-delà de nos liens humains, par nos liens au monde naturel et à la transcendance. Elles nous font prendre conscience d'un don gratuit, inconditionnel, et elles nous connectent au sens de la vie et renforcent notre base existentielle. Il peut s'agir :

- De personnes réelles, par qui nous avons été vraiment aimés, par exemple un grand-parent, un parrain ou une marraine, un enseignant, une éducatrice, un mentor sportif ou artistique, etc. Si elles sont décédées, il faut simplement que le deuil ne soit pas trop douloureux. Le chagrin de la perte est normal, mais quand le chemin du deuil est bien avancé, nous pouvons sentir un lien intérieur positif à la personne décédée : celui-ci fait partie de nous, personne ne peut nous l'enlever.

- Ou bien de nous-mêmes en tant qu'adultes, quand nous avons exprimé des qualités maternantes ou paternantes fortes, auprès d'un enfant ou d'une personne vulnérable, nous le développerons plus loin.

- Ou encore de figures symboliques ou imaginaires qui sont pour nous des modèles d'humanité, par qui nous aurions aimé être éduqués ou accompagnés : une figure du monde humanitaire (mère Teresa, Vandana Shiva), politique (Barack Obama, Simone Veil), un prix Nobel de la paix (Nelson Mandela), un scientifique (Françoise Dolto, Marie Curie), un artiste, un personnage de film ou de roman qui nous a ému aux larmes, etc. Pour certains, cela peut même être un animal totémique ou un élément de la nature humanisé, comme Grand-Mère Feuillage dans le film d'animation *Pocahontas : Une légende indienne* ;

- Ou enfin de figures spirituelles, comme nous l'avons vu au chapitre 1.

Comment renforcer notre lien à une figure-ressource[53]

Il faut plus qu'une compréhension intellectuelle pour changer en profondeur nos ressources de résilience. Nous devons arriver à ancrer une expérience émotionnelle correctrice qui puisse venir apaiser les zones à vif de nos blessures d'enfance, et combler les zones de béance de nos manques et vécus d'abandon. C'est comme une kinésithérapie du cerveau pour réajuster des postures faussées dans notre relation à nous-même et aux autres, et cela implique répétition et persévérance !

Voici une autre métaphore pour vous encourager : les circuits de notre cerveau ont pris l'habitude d'emprunter certains chemins, qui sont comme des autoroutes de l'information. Quand nous arrivons à ouvrir un nouveau chemin, une nouvelle manière d'être, plus libre et confiante, plus flexible et créative, c'est comme si nous nous étions frayé un passage dans des hautes herbes : plus nous l'empruntons régulièrement, plus il devient praticable, et plus nous sortons facilement de l'autoroute des schémas dysfonctionnels habituels.

Par exemple, Martine a une enfance marquée par la violence de son père sur sa mère, et par l'ambivalence de celle-ci (qui a elle-même été adoptée) entre une relation fusionnelle ou rejetante. Elle a eu de façon répétée des relations malheureuses avec des hommes, qu'elle choisissait pour certaines ressemblances avec ce qu'elle aimait chez son père (beaucoup de stabilité – mais cela s'avérait souvent aussi de la rigidité) et pour certaines différences par rapport à ce qui l'avait fait souffrir (beaucoup de valorisation – mais cela s'avérait souvent aussi de la dépendance). Elle avait tendance à idéaliser ces qualités dans un premier temps, puis dès que ces hommes montraient leurs limites, la réactivation de ses blessures d'attachement la conduisait à rompre le lien pour ne pas trop souffrir. Le traitement de ses traumas d'enfance lui a permis d'avoir du recul par rapport à cette répétition et de prendre le temps de développer une relation constructive, avec une différenciation des enjeux du passé et du présent, moins d'idéalisation et moins de surréactivité, et une gestion des conflits plus apaisée. Deux figures-ressources l'ont beaucoup aidée : la Vierge Marie, qui lui disait « Tu es ma fille bien-aimée », et un professeur qui l'avait accompagnée quand elle était étudiante, qui lui transmettait une présence de style paternel, protectrice et respectueuse.

Le renforcement du Self

Soyons réalistes : la personne qui sera toujours là pour nous, et sur laquelle il est le plus sûr de nous appuyer, c'est nous. De même que les figures d'attachement lors du développement de l'enfant, les figures-ressources sont des modèles d'identification : l'enjeu est d'intérioriser leurs qualités pour développer le meilleur de nous-même, nos forces de caractère et nos valeurs fondamentales.

Aujourd'hui, si nos vécus d'enfant blessé sont réactivés par une blessure ou un trauma relationnel, il est bon de pouvoir compter sur nous-mêmes : il est souhaitable que la partie de nous la plus adulte, la plus mature, soit assez forte et compatissante pour prendre soin de cet enfant intérieur. Cette partie de nous, que certains appellent le Self (ou Soi), nous permet d'avoir un espace de recul et d'accueillir avec bienveillance et compassion les parties plus fragiles, les facettes de notre personnalité qui sont comme des enfants aux émotions débordantes.

Richard Schwartz[54] décrit ainsi huit qualités du Self commençant par C, qui rejoignent assez largement les forces du Moi : calme, clarté, confiance en soi, compassion, curiosité, connexion, courage, créativité. Cette partie de nous est notre base existentielle, où nous sentons que la vie nous est donnée gratuitement, de plus loin que nos parents, et où nous n'avons pas à justifier notre légitimité. On peut aussi la considérer comme ayant une dimension spirituelle.

Pour nous centrer dans notre Self, il faut d'abord réguler nos états émotionnels débordants et revenir dans notre fenêtre de tolérance : ce n'est que dans cet état que nous avons assez de recul et pouvons intégrer plusieurs points de vue, pour prendre des décisions et engager des actions adaptées. Sinon notre conduite est régie par des réactions de défense instinctives, sans véritable contrôle sur nous-même, et souvent en conflit intérieur entre des réactions opposées, par exemple la rage et la sidération.

Les exercices de pleine conscience et de psychologie positive évoqués au chapitre 1 ont aussi le grand intérêt de renforcer notre Self : en particulier la gratitude, l'autocompassion, le renforcement des forces de caractère et l'appui sur nos valeurs fondamentales. Pour aller plus loin, des exercices de renforcement du Self[55] développent notre accès à ce noyau existentiel, ce cœur profond, qui est une ressource majeure de résilience.

Cet accès peut être voilé, obstrué, par des réactions défensives de honte, de colère ou de haine de nous-même. Ces réactions défensives sont parfois déclenchées par des blessures dans nos liens d'attachement actuels : quand elles entrent en résonance avec des traumas de l'enfance, elles sont associées à des émotions très intenses, et nous pouvons être replongés dans un état du Moi qui se vit comme quand il était enfant, comme un « enfant intérieur ».

Cet enfant intérieur a parfois plusieurs facettes :
- Une partie, appelée « vulnérable », privilégie le lien à la sécurité ; elle est prête à s'écraser, à se soumettre pour plaire à tout prix et ne pas se retrouver seule et perdue, elle éprouve souvent de la honte et l'angoisse d'être abandonnée.
- Une autre partie, appelée « protectrice », privilégie la sécurité au lien ; elle ressent de la colère et a l'impulsion de combattre ou de fuir, de couper les liens.
- Enfin, une partie de cet enfant intérieur peut s'être identifiée à un parent maltraitant et nous redire de l'intérieur des messages toxiques qui nous poussent à l'auto-sabotage. Nous pouvons d'ailleurs parfois remarquer que nous nous les redisons avec le pronom « tu » : « Ma pauvre fille, tu ne vaux rien ! », « T'es vraiment un raté ! », « Tu ne mérites rien de bon », etc.

C'est à partir de notre Self, de ce « bon parent intérieur », que nous pouvons peu à peu nous réconcilier avec nous-même, accepter avec compassion toutes les parties de nous, même les plus blessées, et leur redonner les liens d'attachement sécures qui leur ont manqué pour leur permettre de mûrir et de guérir.

Le reparentage de l'enfant intérieur

Quand vous aurez bien renforcé votre Self, en vous appuyant si besoin sur des figures-ressources, vous pourrez accompagner vos enfants intérieurs sur un chemin de résilience, les « reparenter ». Si c'est trop douloureux ou difficile, faites-vous aider par un thérapeute !
Vous observerez peut-être en vous plusieurs enfants intérieurs en conflit :

- Un enfant en colère ou en rage, qui veut vous protéger des liens relationnels pour ne pas souffrir. Il est comme un « pompier » qui a des réactions de défense brusques et inadaptées, qui risque d'inonder la maison pour éteindre un petit feu. Il peut vous pousser à fuir dans des addictions ou des idées suicidaires ; ou à combattre, avec des réactions agressives impulsives.

- Parfois un enfant qui « imite l'agresseur », comme un enregistrement, un « copier-coller » des messages toxiques reçus dans l'enfance qui continuent à nous parasiter. Il est très utile de le considérer comme porteur d'un masque ou d'un déguisement, qui ne correspond pas à ce qu'il est profondément, et de pouvoir l'en libérer. Derrière ce masque, cet enfant que nous étions dépendait totalement de ses figures d'attachement et il est resté englué dans une loyauté destructrice.

- Et souvent un enfant vulnérable, qui recherche à tout prix un lien relationnel, parfois au détriment de sa sécurité, tant il se sent « exilé », rejeté, oublié, et ressent de la panique, de la tristesse ou du désespoir.

Voici par exemple comment Juliette a pratiqué cet exercice. Cette artiste trentenaire est sidérée en cas de trac ou de conflit relationnel, et fait des crises d'angoisse qu'elle tente de calmer par l'alcool ou la boulimie. Elle se trouve de façon répétitive dans des relations de couple où elle est maltraitée. Son histoire est lourde, elle a une mère schizophrène et a subi à 9 ans l'inceste de son grand-père. Elle identifie en elle différents enfants intérieurs, qui sont en conflit et la bloquent en sidération, ce qui l'empêche d'avoir des réactions adaptées :

- Une enfant vulnérable, quand elle a envie de se recroqueviller, de se cacher comme dans une bulle, la bouche close : « Je suis comme un petit paquet qui marche, je n'existe pas, on peut me faire supporter n'importe quoi » ;
- Et une enfant protectrice, qui la fait parfois se sentir conquérante, trop revendicatrice de reconnaissance : « Je suis comme une chauve-souris noire qui s'agite dans tous les sens, peut s'exposer au danger ou se saboter. »

Après avoir pris conscience de ces deux parties, elle accède peu à peu à de la compassion pour chacune, en s'appuyant sur des figures-ressources. Pour l'enfant vulnérable, c'est un ange gardien ; elle le perçoit comme un petit bouddha doré qui lui dit « tu es une belle personne ». Pour l'enfant protectrice, c'est elle-même en tant qu'adulte, quand elle porte le bébé d'amis : elle sent en elle une force protectrice et une stabilité dans le dos, comme si elle était un grand arbre.

Après avoir pris le temps de reparenter successivement chacune de ces parties, Juliette me dira qu'elle se voit comme un capitaine qui dirige son bateau, avec la pensée : « J'accepte la responsabilité de ma vie, et je décide d'assumer mes choix. »

Soutenir la résilience familiale

Prendre soin de nos blessures d'attachement et reparenter nos enfants intérieurs est très important pour renforcer notre résilience personnelle. Cela va aussi nous aider à développer des relations constructives, et le désir de presque tous mes patients est de fonder une famille : c'est en effet une base de sécurité très précieuse pour traverser les épreuves de la vie.

Nous allons maintenant revenir sur la résilience du système familial face aux traumas, en abordant ce qui peut la renforcer (phase de préparation de la résilience) et en montrant comment on peut la soutenir dans la traversée de l'épreuve (phases de résistance et d'adaptation).

L'attachement dans le système familial

Renforcer la sécurité de l'attachement dans le système familial

On peut décrire des systèmes familiaux plus ou moins sécures par rapport à l'attachement, et cela va avoir un rôle important sur leur résilience face aux chocs. La sécurité de l'attachement dans une famille a plusieurs composantes[56] :

- <u>La base familiale de sécurité</u> : dans les situations difficiles, chacun à son niveau (enfant comme adulte) peut recevoir de l'aide et en apporter ; et ceux qui en bénéficient reconnaissent les efforts des autres pour les aider.
Les relations fraternelles confrontent à l'injustice, à la compétition et au conflit, mais aussi à l'entraide, au partage et à la coopération. Les aînés sont parfois des tuteurs de résilience très importants pour les enfants plus jeunes, quand il y a un manque du côté des parents. Le risque est que cela soit au

détriment de la satisfaction de leurs propres besoins. Il est important qu'ils aient la liberté de donner et de recevoir, et que leur don soit reconnu.

- <u>Le climat relationnel de confiance et de sécurité</u> : il se construit grâce à plusieurs ingrédients :
- Une bonne communication : disponibilité, attention, liberté de s'exprimer, qualité d'écoute ; climat de calme, clarté des messages, congruence entre la communication verbale et non-verbale, authenticité.
- Pouvoir partager des émotions dans notre fenêtre de tolérance : si les émotions douloureuses sont accueillies avec compassion, cela apaise et donne de la sécurité pour réparer les désaccordages et clarifier les malentendus. Il est aussi très important de résonner aux émotions agréables et de les amplifier. Ainsi chacun peut se sentir accepté, validé et compris.
- Savoir coopérer pour résoudre les problèmes : se répartir les tâches ménagères, organiser les espaces et les rythmes du foyer. La famille est capable de flexibilité et de créativité pour s'ajuster aux difficultés (nous l'avons vu plus haut à propos du confinement, cela s'applique à tous les autres problèmes). Les limites et le degré d'autonomie peuvent être réajustés et renégociés selon les stades du développement des enfants et adolescents. Il est important que la qualité de la coopération éducative entre les parents ne soit pas polluée par leurs conflits conjugaux ;
- Équilibre entre la base de sécurité et l'ouverture à l'extérieur : la sécurité permet une ouverture confiante pour aller à la crèche, puis à l'école ; les relations sociales peuvent être développées avec assurance et partagées avec la famille en sécurité. Il est facile de deman-

der de l'aide à l'extérieur de la famille en cas de besoin, et aussi d'en offrir.

- <u>Le sentiment d'appartenance</u> est une autre composante de la sécurité de l'attachement dans la famille : nous partageons en famille un style, une manière d'être les uns avec les autres, des habitudes et des rituels, une complicité (par exemple autour de certaines plaisanteries). Une flexibilité est là aussi nécessaire pour laisser certains rituels évoluer au fil du cycle de vie de la famille, comme l'organisation des fêtes ou des vacances. Les valeurs, idéaux et croyances de la famille doivent aussi pouvoir être revisités et réélaborés par chaque génération. Et en cas de trauma, de deuil par exemple, il sera important de pouvoir créer de nouveaux rituels, des repères qui permettront à la fois de sentir la continuité du temps et d'accepter son écoulement. Enfin, les représentations que la famille a d'elle-même renforcent ce sentiment d'appartenance ; elles intègrent des mythes et croyances familiales, comme des récits partagés qu'on se répète, parfois autour d'albums photo ou de films-souvenirs.

- <u>La famille élargie</u> est aussi une ressource de résilience : les bébés ont besoin de beaucoup de soins, et il est nécessaire de soutenir les jeunes mères. Depuis nos lointains ancêtres, les grands-mères[57] en particulier ont joué un rôle important : pour certaines psychologues évolutionnistes[58], c'est même la raison pour laquelle les femmes vivent au-delà de la ménopause, contrairement à la plupart des femelles primates. Et de fait, dans mon expérience, elles sont des tuteurs de résilience pour de nombreux enfants. Cela va bien sûr dépendre de la qualité de l'attachement entre les parents et leurs propres parents, et la transmission intergénérationnelle concerne les ressources comme les vécus traumatiques... La qualité de cette base de sécurité aide aussi chaque membre du couple à garder un sentiment d'appartenance, une loyauté à sa famille d'origine, tout en les remodelant pour créer une nouvelle base de sécurité familiale.

Comme nous l'avons fait à propos des individus, on peut décrire des familles insécures par rapport à l'attachement :

- Si les attachements sont surtout préoccupés ou ambivalents, chacun a du mal à réguler ses émotions, et la force des liens de dépendance entraîne des réactions de colère : on dit de ces familles qu'elles sont « enchevêtrées ». Les jeunes peuvent avoir du mal à s'autonomiser. Dans les épreuves, on se serre les coudes mais il y a un manque de contenance des émotions, une tendance à se victimiser et à réagir de façon rigide.

- Si les attachements sont surtout détachés ou évitants, chacun régule sa vie émotionnelle sans compter sur les autres : ces familles sont dites « désengagées ». Les jeunes sont vite poussés vers l'autonomisation, et la réussite sociale est très valorisée. On peut tenir dans les épreuves, mais souvent au prix d'une certaine coupure émotionnelle et d'un détachement ; et celui-ci augmente quand la souffrance ne peut être partagée.

- Enfin les attachements désorganisés conduisent à des familles « désorganisées », avec souvent un vécu chaotique et un risque élevé de transmettre de la maltraitance.

Gérer les difficultés éducatives au quotidien
Voici quelques repères pour mettre en œuvre une éducation positive, qui soutienne au mieux cette intégration dans le cerveau de nos enfants : je m'inspire largement des propositions

de Daniel Siegel et Tina Payne Bryson[59] dont je vous conseille le livre, très intéressant et fondé scientifiquement, qui donne de nombreux exemples et adapte les grands principes ci-dessous aux différents âges des enfants. Souvenez-vous d'éviter de vous mettre en tension avec un idéal inaccessible : en tant que parents, prenez d'abord soin de vous-mêmes et revenez dans votre fenêtre de tolérance. L'exemple vaut mieux que la leçon, et c'est surtout ainsi que vous transmettrez à vos enfants la régulation émotionnelle et la résilience !

Exercice. Comment être des parents suffisamment bons face à une crise émotionnelle de notre enfant ?

Intégrer le cerveau gauche (logique) et le cerveau droit (émotionnel) :

Lors d'un bouleversement émotionnel, connectez-vous d'abord à votre enfant avec compassion sur le plan émotionnel (de cerveau droit à cerveau droit) : transmettez-lui qu'il est écouté, validé, et aidez-le à nommer ses émotions. Puis, quand il est calmé et réceptif, connectez-vous à son cerveau gauche, écoutez son vécu et ses besoins, parlez des règles de vie et des limites à accepter, et cherchez ensemble une solution. Ainsi il développera le sentiment d'être accepté et sécurisé, la capacité de recul et d'observation de ce qui se passe en lui, et la confiance dans la possibilité d'une résolution non violente des conflits.

Intégrer le cerveau d'en haut (le cortex préfrontal, qui continue sa maturation jusqu'à l'âge de 25 ans !) **et le cerveau d'en bas** (le cerveau reptilien et limbique, qui peut être débordé par des réactions de défense instinctives) :

Quand votre enfant est dans un état corporel débordant, bougez son corps pour ne pas perdre son esprit : aidez-le à respirer, à marcher ou faire du sport, le mouvement physique l'aidera à revenir dans sa fenêtre de tolérance et à retrouver le contrôle. Je propose parfois de dessiner sur une taie d'oreiller d'un côté une image de la colère débordante (par exemple une lionne ou un gorille), et de l'autre côté l'image de la force maîtrisée (un gentil lion). Quand la colère déborde, l'enfant peut taper fort sur l'oreiller en alternant droite-gauche (un punching-ball fera aussi l'affaire) ; et quand il sent qu'il revient dans sa fenêtre de tolérance, il peut retourner l'oreiller et faire un tapping lent alterné pour renforcer l'expérience de la colère maîtrisée.

Puis sollicitez sa réflexion, posez-lui des questions du style : « Que ferais-tu si… ? ». Aidez-le à trouver des solutions, acceptez un espace de négociation.

Intégrer la mémoire :

Aidez votre enfant à raconter ses expériences, en l'interrogeant sur des points précis plutôt que sur des généralités. S'il lui est difficile de raconter un évènement douloureux, apprenez-lui à utiliser une « télécommande de l'esprit » qui permet de mettre le récit sur pause ou avance rapide, ou de rembobiner le film, pour garder le contrôle de ses émotions ; aidez-le à se rappeler les moments positifs importants et à les savourer : les enfants aiment beaucoup regarder les albums photo familiaux !

Intégrer les multiples parties d'eux-mêmes :

Apprenez des exercices de pleine conscience pour développer cet espace de recul, cette liberté de choisir où porter son attention ; à nommer les sensations, émotions, images et pensées qui sont présentes à l'esprit ; à laisser passer les orages émotionnels sans les dramatiser, en sachant que les émotions sont passagères (proposez « Je me sens triste » plutôt que « Je suis triste »).

Intégrer soi et autrui :

Cultivez des expériences de partage d'émotions agréables en famille, jouez ensemble, créez des rituels joyeux.
Utilisez les conflits comme des occasions d'approfondir les relations : il s'agit de reconnaître et de valoriser les efforts et les progrès de l'enfant, et de toujours distinguer son comportement répréhensible de sa personne.
Quand l'enfant sent qu'il reste fondamentalement aimable, et qu'on peut entendre ses émotions et besoins, il est dans sa fenêtre de tolérance et ouvert à accueillir des messages éducatifs. On peut alors le sensibiliser à l'impact de ses actions sur autrui (cela développe sa capacité à voir le point de vue de l'autre et à lire les indices non-verbaux, et son empathie). C'est aussi l'occasion de l'aider à demander pardon et à réparer ses torts. Enfin il peut apprendre à trouver une autre façon de satisfaire ses besoins et à résoudre les conflits de façon non violente.

Apprendre la communication non violente (CNV)[60]

Je trouve la communication non violente (CNV) très pertinente : cette méthode pour dialoguer en cas de problème ou de conflit ne s'adresse pas qu'aux relations familiales, mais c'est un très bon point de départ pour la pratiquer ! Elle sera aussi très utile pour les relations professionnelles, associatives, et les relations sociales de voisinage dont nous parlerons au chapitre 3. Je la conseille souvent à mes patients qui ont traité leurs blessures d'attachement mais restent encore très sensibles aux frictions relationnelles. Elle nous permet de sentir à la fois notre capacité à poser des frontières et des limites protectrices, et notre capacité à être en relation. Elle nous entraîne à une manière d'être qui facilite la communication, la coopération et la résolution des conflits. Cela demande un apprentissage, et cette rapide présentation a surtout pour but de vous donner envie d'aller plus loin : l'Association pour la communication non violente (ACNV)[61] propose des formations de qualité, avec des exercices de mise en situation.

Bien sûr, dans certaines situations de violence, ou certains divorces conflictuels, l'intervention de la justice est nécessaire. La CNV est pertinente quand notre intention est d'être en relation plutôt que d'avoir raison sur l'autre. En nous aidant à identifier nos besoins mutuels, elle nous apprend à utiliser un langage qui favorise l'élan du cœur au lieu d'alimenter amertume, frustration et ressentiment. Nous pourrons alors satisfaire nos besoins par la coopération plutôt que la compétition, en honorant et respectant nos valeurs et celles des autres.

Voici un exemple : Myriam élève seule son fils adolescent, Romain. Celui-ci rentre du lycée, où il a eu de mauvaises notes et où sa copine Karine a été distante et plutôt intéressée par Kevin. Il laisse tomber son blouson dans l'entrée et va sans un mot dans sa chambre en claquant la porte. Myriam a eu une journée stressante au travail, mais comme elle revient d'un week-end de formation à la CNV, elle se retient de « monter au créneau ». Elle observe en elle de la colère et fait quelques exercices d'auto-apaisement ; puis elle regarde plus profond et voit ses besoins insatisfaits : le besoin d'ordre, de respect, de reconnaissance et de soutien pour les tâches ménagères. Encore plus profond, il y a de la tristesse :

son besoin de créativité n'est pas satisfait au travail, et son besoin de relation est frustré avec cet adolescent qui s'isole et quittera bientôt le nid familial. Elle se reconnecte à ses ressources intérieures en se rappelant des bons moments de créativité, quand elle a fait du théâtre, et des bons moments de relations avec Romain, quand il lui avait fait un anniversaire-surprise.

Quand elle sent qu'elle est centrée sur le désir de nourrir cette relation plutôt que de décharger ses tensions, elle va voir Romain :

« Bonsoir, Rom', comment vas-tu ? Quand je t'ai vu rentrer sans un mot, je me suis demandé si tu avais des soucis...

– Oui, j'ai eu une journée de merde, j'ai vraiment besoin de décompresser.

– Ça me touche ce que tu dis. Je n'avais pas conscience que tu avais tant de stress, et tant besoin de détente et de tranquillité... Je serais vraiment heureuse d'en parler avec toi quand tu voudras. Est-ce que ça t'intéresse de savoir ce qui se passe pour moi ?

– Dis toujours...

– J'ai eu aussi une journée stressante au travail, et j'ai besoin de connexion, et aussi de soutien pour les tâches ménagères... Est-ce que tu serais d'accord de m'aider à préparer une tarte aux tomates ? Et si tu veux, on pourra parler de ce qui te stresse. » Romain a accepté cette demande simple, au passage il a rangé son blouson, et autour de la préparation de la tarte, il a pu se confier à Myriam... Une situation qui aurait pu dégénérer en reproches, cris, bouderie, amertume, a été l'occasion de renforcer les liens. Sentez-vous comment cela peut renforcer la résilience familiale ?

Renforcer la résilience du couple

La qualité de la vie conjugale est importante autant pour renforcer la base familiale de sécurité, le climat de confiance et de tranquillité, que pour apporter aux enfants un sentiment d'appartenance sans qu'ils souffrent de conflits de loyautés. Elle est mise sous pression par les rythmes de vie et de travail, et il est important de nous libérer du temps pour prendre soin de ces relations, si précieuses pour notre résilience personnelle et familiale.

On peut considérer qu'un couple est formé de quatre personnes : deux adultes et leurs deux enfants intérieurs. En situation de stress, ces enfants intérieurs prennent parfois le devant de la scène et peuvent avoir des réactions disproportionnées : par exemple, se sentir abandonnés, avoir une crise de rage ou de panique, s'effondrer, s'enfuir, etc. Il y a alors une dramatisation et une généralisation du conflit, à partir d'un sujet parfois mineur. L'enjeu pour le couple est que chacun ait de la compassion pour son propre enfant intérieur, mais aussi pour l'enfant intérieur de l'autre. Si les deux membres du couple peuvent s'entraider dans ce reparentage, cela renforcera en profondeur la qualité de la relation !

Sur le versant positif, il est nécessaire aussi de prendre du temps pour partager des émotions agréables : les relations sexuelles bien sûr, mais aussi danser, rire, partager une activité créative ou sportive, faire des jeux de société, à deux et avec des amis ; puis parler ensemble des émotions vécues, de tout ce qui a fait du bien à chacun. Savoir se réjouir du bonheur et de la réussite de l'autre est plus difficile qu'on ne croit, mais essentiel. Comme l'explique très bien Michel Delage[62], chaque fois que nous partageons des émotions dans notre fenêtre de tolérance, nous renforçons nos liens d'attachement.

La famille face à l'épreuve

Le couple face au trauma, et comment soutenir sa résilience

La résilience du couple est parfois mise à rude épreuve... L'exemple le plus immédiat et le plus terrible est le deuil d'un enfant, et les enseignements qu'on peut en tirer s'appliquent à de nombreuses autres situations traumatisantes.

Le risque est le désaccordage des liens d'attachement au moment où chacun en a le plus besoin. Or chacun a, du fait de son tempérament et de son histoire, un style de réactions émotionnelles et un rythme de traversée des émotions très différents. Un parent peut par exemple être dans une phase de grande détresse et demander du soutien affectif, alors que l'autre est muré dans sa colère ou sa culpabilité et se retire de la relation. Cela entraîne de grandes incompréhensions et frustrations, réactive les blessures antérieures du lien, peut conduire à des reproches et auto-accusations de plus en plus pesants et douloureux, et on comprend aisément pourquoi la relation est en danger.

L'enjeu est de soutenir le partage des émotions dans la fenêtre de tolérance : cela renforce alors les liens d'attachement. Avec l'EMDR, après avoir appris des exercices de régulation émotionnelle, nous traitons alternativement chacun des conjoints, en utilisant l'autre comme cothérapeute : par exemple, pendant que nous guidons madame pour retraiter les vécus traumatiques en faisant des mouvements oculaires, monsieur lui tapote alternativement les épaules, ou lui tient la main, selon la façon dont elle souhaite être soutenue. Cela permet à chacun d'exprimer tout ce qu'il ressent et d'être entendu par l'autre de façon compatissante, de se sentir compris et soutenu ; puis de sentir qu'il peut être présent à la souffrance de l'autre, différente de la sienne, et lui apporter du soutien et de la compassion.

De nombreuses associations de parents endeuillés, ou de couples en souffrance, apportent aussi un cadre sécurisant où on se sent compris. Cela permet de partager des émotions et de développer des liens de soutien mutuel, qui sont des ressources précieuses pour la résilience.

La famille face au trauma

C'est parfois toute la famille qui est exposée au même trauma, et il est alors nécessaire de soigner chacun tout en renforçant les liens d'attachement. Le processus de résilience doit être soutenu pour chaque membre de la famille, et aussi pour le système familial qui est mis à l'épreuve. Il faut en effet aider les parents à retrouver leur capacité à contenir les émotions des enfants, alors qu'eux-mêmes ont bien du mal ; et à rester en soutien mutuel et en coopération éducative, alors que le trauma peut les avoir désaccordés. Après le temps de la régulation émotionnelle, il y aura le temps du récit partagé, et il est important que la famille puisse parler et donner du sens à la traversée de l'épreuve : si elle ne transmet pas une histoire, elle risque de transmettre des représentations indicibles, honteuses, secrètes, chargées de douleurs, qui peuvent avoir un impact transgénérationnel.

Voici l'exemple du travail en EMDR avec une famille : lors d'un long trajet en voiture, le père s'est endormi au volant et la voiture est sortie de la route. Le père et la fille de 18 mois n'ont eu que des blessures légères, la mère a eu une fracture du bras, et le garçon de 6 ans a eu un traumatisme crânien et était dans le coma. Il a été évacué en hélicoptère et hospitalisé en réanimation, puis en rééducation pour des séquelles cognitives modérées. Les parents ont fait de leur mieux, avec l'aide des grands-parents, pour accompagner leurs enfants dès qu'eux-mêmes sont sortis de l'hôpital. Ils sont venus me voir, environ un mois après l'accident, pour des réactions post-traumatiques très différentes.

Le père était coupé de ses émotions, agissait en ayant sans cesse à l'esprit « il faut gérer le présent », et il vivait mal que sa femme ait des réactions de stress post-traumatiques : « Ça ne lui a pas servi de leçon, elle est toujours stressée pour des futilités ».

La mère souffrait d'un stress post-traumatique intense, avec une impression d'irréalité, des flash-back angoissants de son fils le regard vide, et une culpabilité de ne pas avoir pu être présente car on soignait sa fracture.

Le garçon n'avait pas de souvenirs avant son réveil en réanimation, et avait surtout des réactions impulsives, une irritabilité et une intolérance à la frustration (peut-être aussi liées aux troubles neurologiques) et des difficultés d'endormissement. La petite fille criait et pleurait beaucoup, ne supportait pas les bruits et se mettait les mains sur les oreilles, avait une expression anxieuse, mangeait beaucoup sans jamais être rassasiée et ne jouait presque plus.

J'ai d'abord fait trois séances d'EMDR avec les parents seuls, pour traiter leur stress post-traumatique : il était très important de le faire ensemble, car le père bloquait sur sa culpabilité, avec la pensée : « J'ai foutu quatre vies en l'air ». Quand sa femme lui a dit qu'elle lui pardonnait (« Il a le droit d'avoir ses faiblesses, je peux lui pardonner »), ses yeux se sont humidifiés, il a pu accepter, traverser sa douleur émotionnelle et dépasser le traumatisme. Le traitement de la mère s'est fait assez rapidement, avec une intégration du souvenir (« Je sais que c'est arrivé, mais on est vivants, je vais rebondir » et « On a fait les choses de façon juste, je suis une bonne maman »). Pour la résilience familiale, vous sentez combien c'était important qu'ils ne soient pas pris dans une spirale de désaccordages, mais puissent renforcer leurs liens !

Nous avons alors traité ensemble les enfants, le fils contre son père et la fille sur les genoux de sa maman : les parents avaient écrit un récit de l'accident avec une vision positive du futur, et l'un puis l'autre le lisait pendant que les enfants avaient un tapping alterné droite-gauche (le garçon faisait le « câlin du papillon » en croisant les bras avec les mains sur les épaules, et la maman tapotait les genoux de la fille). En même temps, je mettais en scène l'histoire avec des Lego pour focaliser l'attention de la fille et je vérifiais qu'ils restent dans leur fenêtre de tolérance. Il y a encore eu une séance mère-fille et une séance mère-fils (pendant le récit narratif, elle lui massait le dos et il imaginait être un guépard dans la savane – c'était sa ressource). L'évolution a été très positive, la petite fille a retrouvé la sensation de satiété et la joie de vivre (la maman disant : « Je retrouve mon enfant joueuse »), et le garçon a juste gardé de légères séquelles neuropsychologiques (manque de flexibilité mentale).

Boris Cyrulnik[63] aime parler de la résilience narrative, c'est-à-dire des récits qui donnent du sens à la traversée des épreuves. Il explique bien que ce n'est pas la production de mots qui déclenche un processus de résilience, mais son intégration dans un système relationnel où fonctionnent ensemble :

- Une mémoire biologique (empreinte, mémoire implicite), correspondant à un attachement suffisamment sécure ;

- Une relation sécurisante avec un interlocuteur, la capacité à trouver de l'aide dans une relation constructive ;
- Enfin, une concordance entre le récit du traumatisé et le fait qu'il soit accueilli dans la culture et la société. C'est ce décalage qui a rendu la résilience si difficile pour les vétérans du Vietnam aux États-Unis.

Ce sont bien nos liens aux autres, à la fois ceux que nous avons intériorisés et ceux que nous vivons maintenant, qui nous permettent de tenir, de traverser et réguler des émotions débordantes, puis de reconstruire du sens : le sens comme direction, notre trajectoire de vie qui retrouve une orientation ; et le sens comme signification, il y a une réorganisation de nos valeurs fondamentales et de ce qui donne du sens à notre vie.

Faisons le point

Dans ce deuxième chapitre, nous avons approfondi la résilience relationnelle, et d'abord familiale : nous avons vu que la sécurité des liens d'attachement était la principale source pour développer notre fenêtre de tolérance émotionnelle, nos forces du Moi (ou qualités de notre Self), et nos compétences relationnelles. Surtout, nous avons découvert que nous pouvions développer une résilience par rapport aux traumas de l'enfance pour arriver à un attachement sécure gagné !

Ces compétences relationnelles nous aident à construire des familles sécures et résilientes. Nous allons maintenant voir qu'elles renforcent également nos capacités de compassion, d'altruisme et de coopération, et combien les enjeux de la résilience ont aussi une dimension collective et sociale.

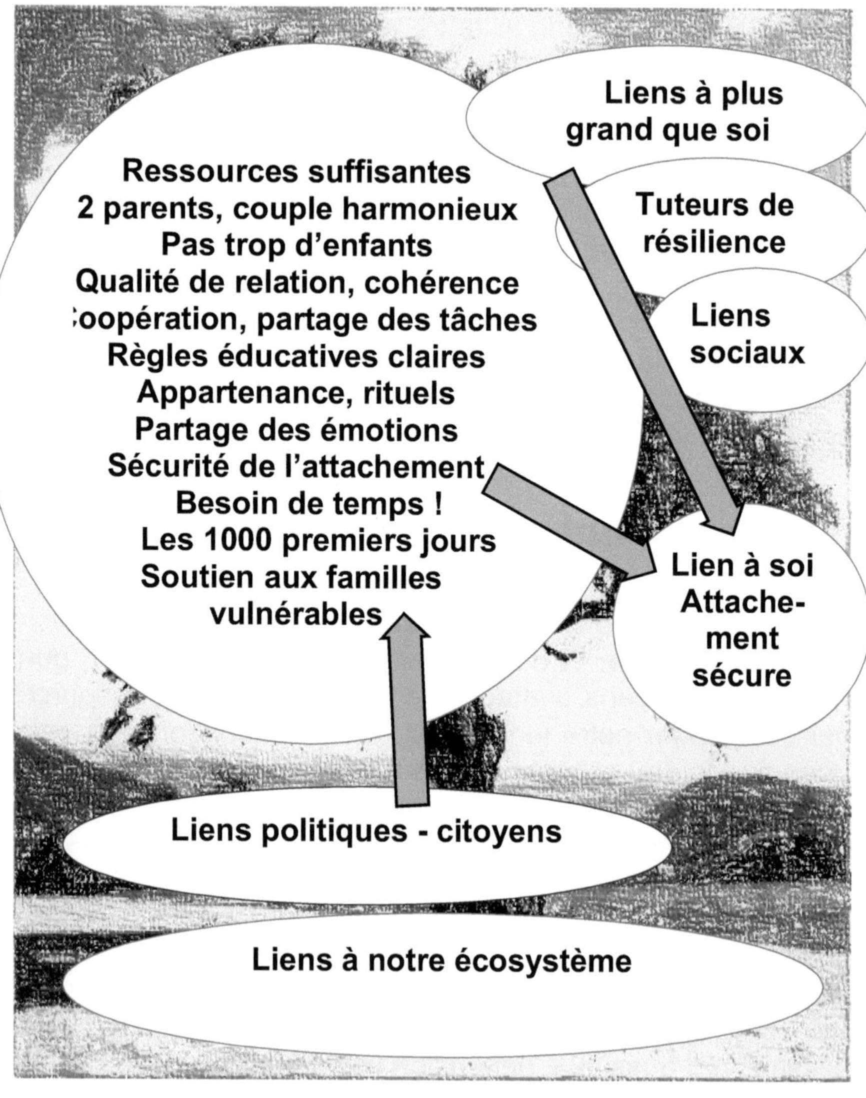
Liens à plus
grand que soi
Tuteurs de
résilience
Liens
sociaux
Ressources suffisantes
2 parents, couple harmonieux
Pas trop d'enfants
Qualité de relation, cohérence
Coopération, partage des tâches
Règles éducatives claires
Appartenance, rituels
Partage des émotions
Sécurité de l'attachement
Besoin de temps !
Les 1000 premiers jours
Soutien aux familles
vulnérables
Lien à soi
Attache-
ment
sécure
Liens politiques - citoyens
Liens à notre écosystème

Chapitre 3. La résilience collective ou communautaire

Nous devons apprendre à vivre ensemble comme des frères,
Sinon nous allons mourir tous ensemble comme des idiots.

Martin Luther King[64]

La résilience collective ou communautaire s'applique à l'échelle d'un quartier, d'une commune ou d'une petite ville, une dimension où les personnes ont des relations de voisinage et des biens communs et peuvent être exposées aux mêmes risques (catastrophe naturelle ou industrielle par exemple). Elle peut aussi concerner un groupe professionnel confronté à une même épreuve (équipe hospitalière, pompiers ou policiers) ou un groupe exposé à des traumas similaires (réfugiés, enfants placés à la suite de violences domestiques).

Comme pour la résilience familiale, nous aborderons ses deux aspects : la façon dont les liens sociaux soutiennent notre résilience personnelle et familiale ; et la résilience collective au sens propre, la capacité d'une communauté locale à se préparer à des perturbations brusques, à récupérer de chocs et de stress intenses, et à s'adapter et se développer à partir d'une expérience perturbatrice.

Description générale du soutien social

Au-delà de notre famille élargie et de nos amis proches, le soutien peut venir de nos pairs : il est par exemple très important dans les équipes d'intervenants de premiers secours, qui sont très exposés aux traumatismes. Il vient aussi de voisins, de collègues, de professionnels qui prennent soin de nous, d'enseignants, de travailleurs sociaux, et de tout autre lien social.

Plusieurs facteurs de résilience collective ont été mis en évidence. C'est bien sûr la richesse de notre réseau social et de solidarité qui est importante, mais il est intéressant de remarquer que la diversité de nos ressources sociales nous apporte quelque chose de plus, comme dans un écosystème où la biodiversité est facteur de résilience (une plante est d'autant plus résiliente qu'elle est proche d'autres qui repoussent ses prédateurs, et reliée aux micro-organismes du sol qui favorisent son accès à des éléments nutritifs).

À l'échelle de la communauté locale, un facteur de résilience essentiel est le capital social et la cohésion sociale, qui sont définis ainsi[65] : ce sont les facteurs qui aident la société à fonctionner efficacement, notamment les réseaux sociaux entre les individus, les voisins, les organisations et les gouvernements, ainsi que le degré de connexion et le sentiment d'appartenance parmi les résidents. On peut les comparer aux forces du Moi au niveau individuel. Ces facteurs incluent :

- La connectivité, c'est-à-dire la capacité à se rassembler en tant que communauté, fondée sur un sentiment d'appartenance, des relations de bon voisinage et des modèles vécus de partage et de soin des autres ;

- L'implication de la communauté, la participation de ses membres à des groupes formels (organisations religieuses, associations scolaires, comités de quartier) où le leadership est inspirant et où les membres ont l'occasion de jouer des rôles significatifs ;
- La réduction des inégalités et le dialogue interculturel sont aussi très importants, nous les développerons au chapitre 4.

Les apports du réseau social sont cognitifs (conseils, informations, orientations), mais surtout affectifs, par la présence réconfortante et le soutien émotionnel. Ce qui soutient le plus la résilience, ce sont les valeurs et les comportements d'entraide, de compassion, d'altruisme et de coopération ; et les personnes qui en bénéficient le plus sont celles qui ont un niveau élevé d'attentes et d'implication dans les relations sociales.

Il est réconfortant de voir, face à la pandémie, toutes les initiatives qui se sont développées dans les relations de voisinage : organisation de courses pour des personnes âgées, de livraisons par des maraîchers, utilisation des réseaux sociaux de voisinage pour l'entraide, etc. Il y a eu plus de volontaires que nécessaire dans la réserve sanitaire (qui mobilise des soignants retraités pour les besoins les plus urgents), de même que dans les cellules de soutien psychologique pour les soignants. De très nombreux jeunes volontaires ont rejoint les équipes d'associations humanitaires mobilisées pour les plus pauvres, qui ont été le plus mis en danger.
Nous développerons d'abord les ressources qui renforcent la résilience dans la phase de préparation. Les compétences de base pour développer le soutien social – la compassion, l'altruisme et la coopération – sont profondément inscrites

dans notre cerveau dès le plus jeune âge, et cela nous fait du bien de le réaliser.

Ce soutien social est essentiel lors de la petite enfance, qui est une période clé pour construire des ressources de résilience, et nous verrons que l'école peut y apporter beaucoup.

À l'âge adulte, les relations sociales de voisinage, la solidarité et les programmes sociaux sont des éléments essentiels de la résilience. Nous évoquerons ensuite le mouvement de la Transition, qui travaille à renforcer la résilience collective à l'échelle de la ville ou du territoire.

Enfin nous aborderons la résilience collective lors des catastrophes (les phases de résistance et d'adaptation), et en particulier les protocoles EMDR de groupe, qui sont une voie d'avenir pleine de promesses pour la renforcer.

Empathie et compassion, altruisme et coopération

L'empathie et la compassion, l'altruisme et la coopération sont très précieux pour soutenir la résilience collective. Ces motivations sont fortement inscrites dans notre cerveau : elles ont été sélectionnées par l'évolution, car elles nous ont donné de meilleures chances de survie. Elles peuvent cependant être perturbées, en particulier par les traumas du système de l'attachement.

Comment l'empathie nous expose au trauma par procuration alors que la compassion soutient notre résilience

L'empathie est la capacité à se mettre à la place de l'autre pour comprendre ses sentiments. On peut en distinguer plusieurs composantes :

- Le partage des émotions, qui est un phénomène automatique fondé sur les neurones miroirs : lorsque nous voyons une action effectuée par un autre, les régions de notre cerveau qui génèrent cette action s'activent, ce qui permet l'apprentissage par imitation. C'est valable aussi pour les expressions émotionnelles, ce qui permet la résonance empathique. Cela nous aide également à comprendre le comportement des autres et à prédire leurs intentions.
- La flexibilité mentale nous permet ensuite de voir l'autre différent de nous-même.
- Il faut enfin réguler nos émotions pour ne pas être submergés par l'émotion de l'autre.

Les thérapeutes doivent développer ces compétences pour éviter le trauma « vicariant » ou par procuration, quand nous accompagnons la traversée de grandes douleurs. L'empathie à forte dose peut mener à la souffrance émotionnelle et à l'épuisement, au burn out, et une étude très intéressante[66] a montré l'importance de passer de l'empathie à la compassion.

Dans la compassion, la préoccupation pour la souffrance d'autrui est associée à des sentiments de bienveillance et à une motivation pour l'aider, et cela permet de ne pas être figé dans un vécu délétère d'impuissance. On a observé par l'IRM fonctionnelle le cerveau de volontaires pendant qu'ils regardaient des vidéos montrant des souffrances humaines : s'ils ne sollicitaient que leur empathie, ils ressentaient des émotions douloureuses. Puis on les entraînait à la compassion par des techniques de méditation : ils ne ressentaient alors plus ces émotions douloureuses, et on observait même des émotions positives, activant des zones différentes du cerveau. La compassion et le don de soin sont donc des ressources de résilience !

Je me sens bien mieux, maintenant que je pratique l'EMDR avec des séances intenses émotionnellement mais très gratifiantes, qu'à l'époque où j'écoutais mes patients traumatisés avec empathie, mais sans bien savoir quoi faire d'efficace !

Les études chez les nourrissons ont montré qu'ils avaient spontanément l'élan d'aider émotionnellement, de consoler, à partir de 18 mois pour les filles et 21 mois pour les garçons[67].

Mais cette tendance innée à l'empathie et à la compassion peut être perturbée en cas de traumas du système de l'attachement, notamment chez les personnalités psychopathiques, qui peuvent agresser les autres sans éprouver de culpabilité.

Une recherche[68] en garderie a observé des enfants de 1 à 3 ans, dont la moitié venait de foyers maltraitants. Quand ils étaient confrontés à la détresse d'un autre enfant, la majorité des enfants de foyers normaux se préoccupaient de lui et le réconfortaient, alors que la plupart des enfants maltraités réagissaient par la colère et l'agressivité. C'est pourquoi les soutiens sociaux précoces sont si importants pour notre résilience collective !

On peut enfin s'inquiéter de l'impact sur nos neurones miroirs des images de violence récurrentes, à la télévision ou dans des jeux vidéo : une revue de 136 travaux montre que les jeux vidéo violents augmentent les pensées, émotions et comportements agressifs, et diminuent l'empathie et les comportements prosociaux[69]. Quand nous regardons un film, nous activons les mêmes régions du cerveau (à un moindre degré) que quand nous vivons réellement ces situations.

La bonne nouvelle est qu'à l'inverse, les films transmettant des valeurs positives et les jeux vidéo prosociaux[70] (qui récompensent les actions altruistes et coopératives) ont des effets bénéfiques sur nos émotions et nos comportements.

L'altruisme et la coopération nous motivent dès le plus jeune âge[71]

Il est certain que nous ne sommes pas des Bisounours et que nous sommes capables de beaucoup de violence et de compétition. Mais cette vision d'un homme « loup pour l'homme » doit être corrigée par notre exceptionnelle capacité d'altruisme et de coopération, qui se voit très tôt. C'est même cette capacité de coopération qui nous a permis de devenir l'espèce dominante sur la planète, en nous associant pour chasser les grands animaux, alors que nos capacités physiques individuelles n'ont rien d'exceptionnel... Du point de vue de l'évolution, la compétition est forte entre les individus au sein des groupes, et entre les groupes ; mais les groupes coopératifs ont beaucoup plus de chances de survie dans un environnement hostile[72], et c'est ce qui a sélectionné les comportements altruistes et coopératifs.

Les observations chez les nourrissons

Je suis émerveillé par les études chez les nourrissons qui ont montré à quel point ils ont des comportements spontanés d'aide et de partage. Dans certaines études, un chercheur fait mine d'être confronté à un problème, et on observe la réaction des enfants. Les nourrissons de 14 à 20 mois vont spontanément l'aider : par exemple, s'il laisse tomber un objet de l'autre côté de son bureau, ils vont le chercher pour le lui apporter et ce, même s'ils doivent quitter un jeu plaisant (une piscine à bulles). Et ce comportement n'est pas stimulé par les récompenses : celles-ci ont même l'effet inverse, comme si elles court-circuitaient la gratification interne[73] !

Ces comportements altruistes sont spontanés : les enfants extraient très tôt par eux-mêmes, à partir de situations sociales, des règles implicites de coopération et des normes de conformité, qu'on pourrait traduire par : « ça se fait comme ça », ainsi qu'une perspective du « nous », du groupe d'appartenance. Cela est renforcé par les émotions de honte et de culpabilité : elles nous donnent un feedback négatif quand nous dérogeons à ces normes. Puis, à partir de 5 ans, l'altruisme devient plus sélectif, selon le degré de parenté, la réciprocité et les normes culturelles transmises par l'environnement.

D'autres recherches ont étudié le partage : si on donne à un enfant de 2-3 ans le choix entre deux options, une qui partage de la nourriture entre lui et un autre enfant, et l'autre qui ne la lui attribue qu'à lui, il choisit le plus souvent l'option équitable. D'ailleurs, s'il ne partage pas d'emblée, celui qui en a moins l'interpelle, il voit son indignation, et il égalise alors presque toujours les parts.

Les enfants aiment donner et partager quand ils en ont la possibilité. Des enfants de 2 ans sont même plus heureux quand ils donnent un bonbon que quand ils le gardent pour eux[74] ! Vers 3-4 ans, ils sont surtout sensibles aux inégalités qui les désavantagent ; puis, vers 7-8 ans, ils réduisent à nouveau les inégalités qui leur profitent[75].

Par la suite, ces motivations altruistes spontanées évoluent selon l'environnement, qui les renforce ou les inhibe : plus on évolue dans un contexte social coopératif, plus on développe des automatismes prosociaux ; et la tendance coopérative spontanée peut être inhibée par des schémas comportementaux appris au cours de l'éducation, ou par la réflexion qui conduit à privilégier ses intérêts égoïstes[76].

Les recherches chez les adultes confirment cette motivation altruiste intrinsèque

Les études de psychologie sociale[77] utilisent souvent des jeux de confiance, comme le « jeu du bien public », où les participants ont une somme d'argent qu'ils peuvent (ou non) investir dans un pot commun. Ils savent que le contenu du pot commun sera multiplié par deux, puis redistribué de façon égale entre tous. Quand le jeu est anonyme, 60 à 70 % des participants se font initialement confiance et investissent dans le pot commun, et tout le monde est gagnant.

Si une minorité exploite le système à son profit, en gardant son argent et en bénéficiant de la redistribution, la confiance et la coopération diminuent peu à peu. Les normes de réciprocité sont puissantes et soutiennent la coopération dans les groupes. Dans certaines expériences, il est possible d'identifier les coopérateurs et les profiteurs : s'il est possible de sanctionner les profiteurs en leur infligeant une amende (et des joueurs sont prêts à payer pour assumer cette « punition altruiste » au bénéfice du groupe), la coopération remonte jusqu'à 100 %. L'intérêt des égoïstes est alors de se comporter comme les altruistes.

On peut aussi promouvoir la coopération en récompensant les actions coopératives[78]. Pour cela, les motivations sociales (exigence de réciprocité, souci de la réputation, émotions de fierté, honte ou culpabilité, etc.) jouent d'ailleurs un rôle bien plus grand que les motivations instrumentales (les incitations et sanctions matérielles). Cela nous montre que, contrairement à la théorie économique néolibérale, les acteurs ne sont pas motivés que par la rationalité pour maximiser leurs profits : les relations, les liens, sont plus importants que les biens !

Voici une autre expérience réjouissante. On donne 20 dollars aux participants : la moitié d'entre eux ont la consigne de les dépenser pour eux-mêmes, et l'autre moitié de les dépenser pour d'autres. Ceux qui dépensent l'argent au bénéfice d'autrui sont plus heureux que les autres[79] !

On a aussi observé que, quand un individu a un comportement coopératif, cela induit des comportements similaires dans son réseau de relations, ce qui triple son impact[80].

C'est pourquoi il est essentiel de sortir d'une vision négative de la nature humaine : plus nous attendons le meilleur de nous-même et des autres, et plus ce meilleur s'exprimera, au bénéfice de notre résilience collective. Nous retrouverons ce sujet au chapitre 4 à propos de la cohésion sociale, et au chapitre 5 à propos de la gestion des biens communs, ces enjeux essentiels pour notre résilience sociale et celle de notre écosystème.

Les enjeux du soutien social précoce : les 1 000 premiers jours

L'impact des expériences d'adversité dans l'enfance

Comme nous l'avons vu, un fondement majeur de notre résilience est la sécurité du système de l'attachement, la qualité de nos liens familiaux dans la petite enfance. Les expériences d'adversité dans l'enfance (ACEs) ont un impact très grave, y compris sur la santé physique et l'espérance de vie, et cet impact est proportionnel au score de l'échelle ci-dessous. Il s'agit donc d'un enjeu majeur de santé publique et de résilience à l'échelle de nos sociétés. Il est de plus en plus compris, non seulement à l'UNICEF (« Les études scientifiques[81] montrent que la biologie ne décide pas de notre destin et que c'est le vécu des enfants lors des tous premiers jours et années qui conditionne et définit leur avenir[82] »), mais même à la Banque mondiale (« Les données scientifiques et économiques incitent clairement à investir dans les 1 000 premiers jours de la vie d'un enfant et dès la grossesse de la mère. Si l'on n'investit pas, les enfants prennent du retard avant même d'entrer à l'école et resteront défavorisés toute leur vie[83]. »)

Focus. Voici les ACEs (expériences d'adversité dans l'enfance) qui sont en général étudiées : on compte 1 point pour chaque réponse positive.

1. Un parent ou un adulte à la maison vous a-t-il souvent ou très souvent dit des injures, insulté, rabaissé ou humilié, ou a agi de façon menaçante ?

2. Un parent ou un adulte à la maison vous a-t-il souvent ou très souvent fait subir des violences physiques ?

3. Un adulte ou une personne d'au moins 5 ans de plus que vous vous a-t-il touché ou caressé, ou fait toucher son corps de manière sexuelle ? Ou tenté d'avoir, ou eu effectivement des rapports sexuels avec vous ?

4. Avez-vous ressenti souvent ou très souvent que personne dans votre famille ne vous aimait ou pensait que vous étiez important ou spécial ? Ou que dans votre famille, on ne faisait pas attention aux uns et aux autres, on ne se sentait pas

proche les uns des autres ou on n'apportait pas son soutien les uns aux autres ?

5. Avez-vous ressenti souvent ou très souvent que vous n'aviez pas assez à manger, que vous deviez porter des vêtements sales et que vous n'aviez personne pour vous protéger ? Ou que vos parents étaient trop ivres ou drogués pour prendre soin de vous ou pour vous emmener chez un médecin si vous en aviez besoin ?

6. Avez-vous perdu un parent biologique à cause d'un divorce ou d'un abandon ou pour une autre raison ?

7. Votre mère ou belle-mère a-t-elle subi des violences physiques ?

8. Avez-vous vécu avec quelqu'un qui avait un problème de boisson ou de drogue ?

9. Un membre du foyer souffrait-il de dépression ou de maladie mentale ou a-t-il tenté de se suicider ?

10. Un membre du foyer a-t-il été en prison ?

La pyramide de l'impact des traumas de l'enfance décrit l'enchaînement des liens de causalité qui augmentent la probabilité d'une trajectoire de vie défavorable, et d'une répétition de génération en génération de la misère et de la traumatisation. En amont de ces ACEs, il y a le poids des traumatismes historiques qui ont atteint la famille (par exemple, le génocide perpétré par les Khmers rouges, ou la guerre civile en Colombie). Ils conduisent à la transmission intergénérationnelle de schémas d'attachement désorganisés et de marqueurs épigénétiques perturbant la régulation des émotions.

La famille a des difficultés sociales, vit dans une collectivité où il y a moins de ressources et plus de traumas potentiels (insécurité), et peut subir une stigmatisation sociale (« les gens de tel quartier », ou « les *cassos* »).

Les enfants sont donc plus exposés à des expériences adverses (ACEs) : ils cumulent des handicaps sociaux, émotionnels et cognitifs, et peuvent avoir des mécanismes de défense dysfonctionnels (comme la prise de drogues) et des comportements à risque.

Ceci augmente le risque de maladies, d'accidents, de handicaps, de problèmes sociaux et de criminalisation, et de mort prématurée.

Figure 7 : Les impacts des traumas de l'enfance

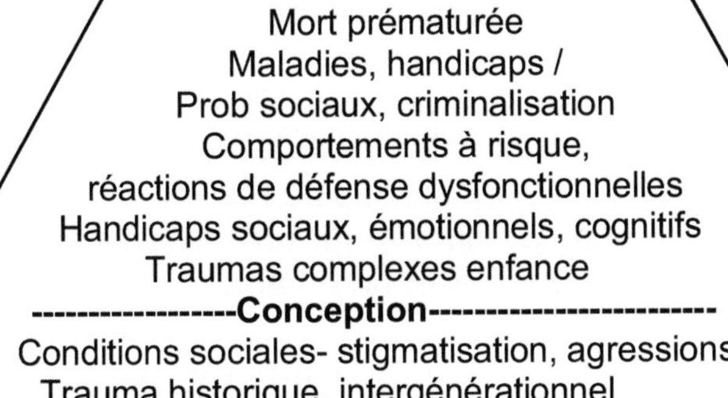

Précisons cependant que la majorité des enfants ont une résilience admirable ! Les professionnels de la petite enfance ont souvent l'impression fausse d'une répétition très importante, et décourageante, en raison du « biais rétrospectif » : si on étudie l'histoire de parents maltraitants, ou dont les enfants sont placés, on voit que 50 à 90 % d'entre eux ont une histoire similaire. Mais si on étudie de façon prospective leur devenir à l'âge adulte, 90 à 95 % des enfants qui ont été mal-traités deviennent des parents suffisamment bons : la maltrai-tance ou le placement ne concernent « que » 5 à 10 % de leurs enfants[84]. Leur potentiel de résilience est donc énorme, mais cette pyramide doit nous mobiliser pour refuser cette profonde injustice : il faut protéger et soutenir les merveil-leuses ressources de résilience des enfants !

Des thérapies peuvent soigner les traumas des liens d'attachement, et cette résilience est même visible sur le plan cérébral. On a ainsi observé après environ dix séances d'EMDR une récupération de la taille de l'hippocampe[85]. Mais ce travail est long pour les traumas complexes de l'enfance, et mieux vaut prévenir que guérir.
C'est tout l'objectif de la commission des 1 000 premiers jours (depuis la vie intra-utérine jusqu'à 2 ans) que le président de la République a mise en place en 2019. Il faut soutenir les parents pour donner aux enfants un développement affectif et cognitif optimal, des bases solides de résilience, et réduire les inégalités de destin. Comme le dit un proverbe africain, « Il faut tout un village pour élever un enfant. »

Ce que propose la commission des 1 000 premiers jours[86]

Donner du temps aux enfants
Un fil rouge majeur est celui du temps. Il faut donner aux pa-rents du temps pour qu'ils aient la proximité physique et la disponibilité émotionnelle pour construire avec leur bébé une relation harmonieuse. C'est ainsi qu'ils pourront établir un lien d'attachement sécure chez leur enfant et soutenir son déve-loppement.

Il faut donc articuler au mieux les temps parentaux, personnels et professionnels, en renforçant les congés de naissance. La commission propose de prolonger le congé parental de deux semaines pour atteindre trois mois entiers en période post-partum pour les mères qui auraient pris les six semaines en période prénatale. À partir du quatrième mois, on pourrait avoir un congé parental de neuf mois partageable entre les deux parents, avec un niveau d'indemnisation suffisamment attractif (au moins 75 % du revenu). Cela permettrait à l'enfant de rester avec l'un ou l'autre de ses parents pendant toute la première année et d'intégrer ainsi un système d'accueil formel à 1 an. Le congé parental du second parent serait allongé à neuf semaines.

Un autre objectif est d'offrir des structures d'accueil des jeunes enfants de qualité, pour lesquelles des propositions sont faites. Elles doivent aussi donner du temps aux professionnels pour prendre soin des transitions, écouter les parents, coordonner leurs interventions, et accompagner les enfants.

Qualité de l'environnement et santé pour toute la vie
La commission reprend les messages essentiels d'éducation pour la santé. Vous y retrouverez les enjeux d'hygiène de vie dont nous avons parlé au chapitre 1, qui soutiennent notre résilience physique mais aussi psychologique : limiter l'exposition aux écrans, soutenir la qualité du sommeil, ainsi qu'encourager l'allaitement maternel.

Le rapport développe particulièrement l'importance du contact avec la nature :
« De nombreuses études ces 20 dernières années ont mis en évidence le rôle positif de la nature sur le développement de

l'enfant. [...] En jouant dans la nature et avec la nature, les enfants développent leur curiosité, leur imaginaire, leur vocabulaire, leur dextérité motrice, etc. Le contact avec l'environnement naturel a des effets directs sur les apprentissages notamment grâce aux conséquences sur l'attention, la baisse du stress, la joie et la motivation. Ces effets sont particulièrement marqués pour les plus démunis ».

Il insiste aussi sur la qualité de l'environnement dans lequel baignent les parents et leur mode de vie (alimentation, exposition aux substances toxiques subies ou consommées, stress psycho-sociaux, activité physique, qualité du sommeil). Tout cela laisse des empreintes durables chez les deux parents, avant même la conception, et des marques épigénétiques qui pourront parfois être transmises à l'enfant.
Cette « programmation » précoce et durable des principales fonctions biologiques sous l'effet de l'environnement, probablement plus encore que sous l'effet du génome, pousse à une réflexion nouvelle sur la santé. On considère maintenant que cette programmation – lorsqu'elle est mauvaise – est à l'origine des principales maladies chroniques non transmissibles de l'adulte : obésité, diabète, maladies cardiovasculaires et respiratoires, troubles neuropsychiques dits « de civilisation », troubles des comportements et vulnérabilité sociale. Une fois de plus, tous les enjeux de résilience sont liés !

Soutenir les familles vulnérables
Le rapport souligne l'enjeu essentiel de prévenir les violences domestiques et d'aider les parents à gérer les pleurs des bébés sans les secouer. Voici un exemple d'action :

Focus. Prévenir la répétition de la maltraitance et soutenir la résilience

L'équipe d'Antoine Guedeney[87] s'est inspirée du magnifique travail de Richard Tremblay à Montréal[88]. Leur étude CAPEDP (Compétences parentales et attachement dans la petite enfance : diminution des risques liés aux troubles de santé mentale et promotion de la résilience) a évalué l'impact, sur la santé mentale de l'enfant, d'un programme de visites à domicile et de soutien personnalisé pour des familles en situation difficile.

Les intervenants à domicile, des psychologues supervisés toutes les semaines par des pédopsychiatres, avaient pour objectif d'instaurer une relation de confiance avec les parents, ou avec la mère si elle était seule, pour soutenir la relation mère-enfant.

L'étude a démontré que leurs visites très régulières (jusqu'à quarante) avaient un effet bénéfique sur la santé mentale de la mère et les relations d'attachement mère-enfant.

La commission place au premier plan l'accompagnement des parents. Elle propose d'abord un « parcours 1 000 jours » démarrant par un entretien prénatal précoce, et la création d'un référent pour accompagner les parents sur toutes leurs questions (santé physique et psychologique et questions sociales). Cet accompagnement passe aussi par la mise en place de visites à domicile systématiques en postnatal, avec des modèles d'intervention à domicile plus structurés en cas de difficultés (comme ci-dessus).

Pour compléter le dispositif, le rapport préconise la mise en place de « Maisons des 1 000 jours » proches et accessibles à tous. Elles devraient notamment permettre de seconder chaque parent isolé face aux défis de la parentalité et accompagner les situations spécifiques et les fragilités : enfants prématurés, troubles du neuro-développement, handicaps, dépressions périnatales des parents, violences et grande précarité. Ces maisons associeraient un aspect culturel (ludothèque, bibliothèque, etc.) et convivial (dépôt et échange d'objets de puériculture), autant que possible avec un jardin ; un lieu d'information sur la parentalité et le développement de l'enfant, avec des groupes de parents ; un lieu d'accueil ponctuel de jeunes enfants, de soutien, d'orientation en cas de difficultés ; un guichet unique pour les démarches administratives ; un centre de PMI (Protection maternelle et infantile), des consultations médicales et psychologiques, paramédicales, etc.

.

Tout ceci représente de gros investissements, mais ce sont peut-être les meilleurs que puisse faire une collectivité : ils ont une importance majeure pour notre résilience collective !

L'école peut faire beaucoup pour soutenir la résilience

Les enfants passent beaucoup de temps à l'école : ils peuvent y vivre des traumatismes, et on espère surtout qu'ils y trouvent des ressources et des tuteurs de résilience. L'école maternelle apporte le plus de bénéfices aux enfants des familles les plus défavorisées, et certains pays nous l'envient – mais seulement si les classes ne sont pas surchargées, et si les adultes peuvent vraiment aider les enfants à réguler leurs émotions !
Il est important que l'école assume son rôle éducatif, et pas seulement d'instruction, de transmission de savoirs. Elle doit aussi former des citoyens et transmettre les valeurs républicaines : pour encourager la liberté, il faut soutenir les motivations intrinsèques des enfants ; pour encourager l'égalité, il faut lutter contre les discriminations et aider les élèves et écoles des contextes les plus défavorisés ; pour encourager la fraternité, il faut valoriser la bienveillance, la compassion, l'altruisme et la coopération plutôt que la compétition. Et le faire non pas par des discours, mais par des apprentissages concrets !

Les écoles qui mettent en œuvre des programmes d'apprentissage des émotions et relations sociales en constatent les bienfaits : une recherche d'envergure[89] a fait la synthèse de 213 programmes de ce type, touchant plus de 270 000 enfants, et a montré qu'ils leur apportaient non seulement de meilleures compétences sociales et émotionnelles, mais aussi de meilleurs résultats scolaires (amélioration moyenne de 11 %). Ces programmes sont fondés en particulier sur le renforcement de la pleine conscience, de la gratitude, de l'empathie et de la compassion, qui sont des ressources de résilience importantes.

Voici l'exemple d'une recherche dans une classe d'enfants de 4 à 5 ans en contexte social défavorisé aux États-Unis[90]. Trois fois par semaine pendant douze semaines, les enfants ont une séance de trente minutes où ils apprennent de façon ludique :

- La pleine conscience, en dirigeant leur attention sur le fait de souffler sur un petit moulin à vent, leur main posée sur leur ventre ;
- La bienveillance, en plantant une graine chaque fois qu'ils font un acte de gentillesse ;
- L'observation des émotions, en mimant un animal dans différents états émotionnels (escargot, abeille, basset, alouette, tigre, crevette) et en observant comment ils se sentent à l'intérieur ; pour calmer les émotions intenses, ils apprennent à respirer, à s'étirer comme une girafe et à planer comme un aigle ;
- À partir d'une petite histoire d'accident, comment on peut se consoler avec un câlin (comme le « câlin du papillon ») ; comment on peut se pardonner, et pardonner à l'autre ;
- Des exercices de gratitude ;
- Un altruisme élargi à la conscience de la planète, de la diversité des cultures et du désir universel de paix, en leur montrant la Terre, des images d'enfants de différents pays et en disant le mot « paix » dans différentes langues ; et aussi en leur apprenant à prendre soin de petits animaux.

Ce programme a entraîné une diminution des comportements agressifs et des troubles émotionnels, et une augmentation des comportements prosociaux. Vous voyez combien ce type de programme peut être précieux pour améliorer la qualité de notre « vivre ensemble », notre cohésion sociale et notre résilience collective !

En France aussi, de nombreux enseignants développent une pédagogie innovante, souvent inspirée de Maria Montessori. Ils cherchent à offrir aux enfants un épanouissement dans toutes leurs dimensions, une relation de plaisir aux apprentissages, et souvent aussi un contact avec la nature.
La qualité de la relation à l'enseignant est toujours un facteur important de la motivation et de la réussite des élèves ! Voici les qualités principales qui font de certains enseignants de véritables tuteurs de résilience :
-   Ils reconnaissent l'élève comme une personne unique et vraiment intéressante, et ils utilisent la valorisation plutôt que la sanction ;Ils proposent aux élèves des outils de connaissance d'eux-mêmes ;
-   Ils encouragent l'expression des émotions et la créativité ; Ils transmettent des compétences sociales et de communication, des relations de coopération plutôt que de compétition ; ils apprennent aussi la résolution non violente des conflits, en formant parfois des enfants comme médiateurs.

Céline Alvarez a ainsi mené pendant trois ans un magnifique travail de recherche-action en étant institutrice de maternelle dans une école publique en zone d'éducation prioritaire à Gennevilliers[91].
Elle s'est inspirée de la méthode Montessori, mais en l'assouplissant et en intégrant les apports des neurosciences, en particulier pour soutenir les compétences exécutives (mémoire de travail, contrôle inhibiteur, flexibilité cognitive) qui se développent très vite entre 3 et 5 ans.

Elle a utilisé un matériel simple, concret et très varié (Kapla, puzzles, jeux de construction, perles, jeux de société) et pas d'écrans... Elle a soutenu l'autonomie et la motivation interne des enfants à apprendre, en leur permettant de choisir les activités qui les motivaient.

Elle a mis en place un contexte de sécurité, d'amour et de bienveillance, tout en étant exigeante sur le respect de l'autre et de son activité, et en soutenant la résolution non violente des conflits : elle consolait alors l'enfant, l'aidait à nommer l'émotion, puis à l'exprimer à son camarade et à lui proposer une solution de réparation.

Elle insiste sur cet aspect relationnel : « Tout était pensé pour que les enfants d'âges différents puissent être connectés, rire, échanger, s'exprimer, s'entraider, travailler et vivre ensemble. Cette reliance sociale fut un véritable catalyseur d'épanouissement et d'apprentissage. »

Elle a obtenu des résultats impressionnants sur le développement des apprentissages, de l'autonomie et du plaisir d'apprendre, et encore plus sur les compétences relationnelles (empathie, confiance, altruisme, capacité à résoudre les conflits).

Elle diffuse gratuitement de très nombreux outils sur son site Internet[92], et beaucoup d'enseignants s'en inspirent.

Et on peut continuer à agir de même avec les adolescents ! Daniel Favre, professeur de sciences de l'éducation et de neurophysiologie à Montpellier, a fait des recherches très intéressantes[93] pour réduire les violences. Il fait remarquer, comme nous l'avons évoqué plus haut, que la violence expérimentée précocement risque de conduire à un défaut d'empathie et à une « addiction à la violence ». Ses recherches montrent également que la formation des enseignants en zone d'éducation prioritaire, à l'école primaire comme au collège, peut contribuer à l'augmentation de l'empathie et à la prévention de la violence chez les élèves. Les points clés de cette formation sont :

- Transmettre des attitudes mentales favorisant une pensée ouverte, non dogmatique, et disponible à l'apprentissage : prendre en compte le fait que l'autre est différent et a de bonnes raisons de penser ce qu'il pense, de ressentir ce qu'il ressent, etc. ;
- Faire l'expérience qu'exprimer ses émotions est se rendre fort, tandis que les masquer, c'est faire preuve de faiblesse ;
- Distinguer entre erreur et faute pour ne pas transmettre la peur d'apprendre ;
- Développer une forme d'autorité qui prévient la violence et non celle qui l'accentue, avec une manière d'être en relation aux autres qui leur permet de se positionner comme des « sujets ». Cette attitude rejoint la communication non violente que nous avons évoquée au chapitre 2, en affirmant clairement les frontières et les règles tout en respectant la personne, en entendant ses émotions et ses besoins, et en la responsabilisant ;
- Accepter la mission éducative de l'enseignement : la transmission des savoirs doit être associée à la socialisation des élèves.

L'enjeu est que toutes ces bonnes pratiques soient reconnues, mutualisées et diffusées[94] !

Au niveau des études supérieures et de la formation professionnelle, le Campus de la Transition[95] est un lieu d'enseignement, de recherche et d'expérimentation créé en 2018 par un collectif d'enseignants-chercheurs, d'entrepreneurs et d'étudiants réunis par une volonté commune : promouvoir une transition écologique, économique et humaniste, à l'échelle des enjeux qui bouleversent notre siècle. Il innove radicalement dans les contenus de ses enseignements (approche holistique), mais aussi dans la manière d'enseigner, en cherchant à mobiliser autant les têtes que les cœurs et les corps : les étudiants sont immergés dans un lieu de vie en Transition et vivent des expérimentations concrètes, une cohérence entre la pensée et la vie.

Nous faisons face à l'anxiété due à un avenir incertain, à des messages consuméristes martelés par les écrans et la publicité, qui se heurtent à la montée des inégalités et stimulent les frustrations, et à des « chambres d'écho », renforcées par les réseaux sociaux, qui stimulent les clivages idéologiques, les peurs et les colères. Il est donc essentiel de renforcer notre cohésion sociale ! À travers ce foisonnement de recherches et d'expériences, nous sentons tout ce que l'école peut y apporter, et l'importance de la cohérence entre ce qui est enseigné et ce qui est vécu concrètement. Tout ceci participe au renforcement de notre résilience collective !

Les relations sociales de voisinage : la vie de quartier et les solidarités

Les relations sociales de voisinage

Leur importance a été mise en évidence par la pandémie et le confinement, qui nous ont poussé à renforcer les liens avec nos voisins et à nous organiser, par exemple pour commander des livraisons groupées à des maraîchers, ou pour aider des personnes âgées isolées.

C'est surtout quand nous sommes vulnérables que nous réalisons combien les liens de proximité sont précieux pour notre résilience ! C'est pourquoi il est essentiel de développer en temps normal toutes les initiatives qui soutiennent cette solidarité de proximité et évitent la solitude, qui est un facteur de stress très important : l'isolement social augmente les risques de nombreuses pathologies (notamment dépression et maladies cardiovasculaires) et de décès[96].

Les associations de quartier sont des relais intéressants qui proposent du soutien scolaire, des activités périscolaires, du soutien et des activités pour les personnes âgées : les municipalités jouent bien leur rôle quand elles les accompagnent, et font ainsi des économies en action sociale et en dépenses de sécurité !

Les réseaux sociaux de voisinage, repair cafés, systèmes d'échanges locaux (SEL), accorderies[97] et ressourceries, permettent d'échanger des compétences, des savoir-faire et des produits avec d'autres personnes vivant dans un même quartier. En valorisant la réciprocité, elles créent de la confiance, du lien social, et apportent un bénéfice économique et écologique.

Le mouvement de l'habitat groupé participatif agit lui aussi en faveur du lien et souvent de la mixité sociale, intergénérationnelle, ou de l'intégration de personnes en situation de handicap : chaque foyer a son logement autonome, et il y a des espaces mutualisés où on partage par exemple une buanderie, un local de bricolage, une salle pour des fêtes, une chambre pour accueillir des amis ou parents de passage.

Tous ces mouvements regroupent des personnes animées par des motivations diverses, avec pour certaines un désir de relations sociales, pour d'autres une soif de justice, ou une préoccupation écologique, etc. L'important est de soutenir la symbiose entre tous ces élans de vitalité et la convergence entre les enjeux de justice sociale et d'écologie, comme nous le verrons au chapitre 4.

Quand nous nous engageons dans une association qui défend la qualité de l'environnement dans notre quartier, quand nous participons à la création de circuits courts pour notre alimentation (les associations pour le maintien d'une agriculture paysanne ou AMAP) ou notre énergie, à des habitats participatifs qui développent les relations de voisinage, à des actions de solidarité, nous développons notre résilience sur plusieurs plans :

- Individuel : nous préservons notre contact avec la nature, la qualité de notre alimentation, nous sommes engagés dans des actions qui ont du sens, nous donnons et recevons ;
- Relationnel : nous développons des relations d'amitié, de coopération, d'altruisme, de solidarité ;
- Social : nous contribuons à un contexte social apaisé et à la création d'emplois locaux ;
- Ecosystémique, en diminuant notre empreinte écologique !

Les solidarités et l'action sociale, un aspect essentiel de la résilience

Dans le domaine social, certaines actions sont structurées pour mettre en place de véritables soutiens de résilience, car à l'inverse, on sait que les inégalités et le sentiment d'injustice fragilisent la résilience des collectivités locales.

Les associations de parrainage[98] ne proposent pas que de parrainer la scolarité d'un enfant à l'étranger, elles ont des actions très intéressantes en France pour soutenir des familles vulnérables ou des mineurs isolés : on peut ainsi proposer à un enfant du soutien scolaire, des sorties culturelles, et surtout une relation privilégiée et mutuellement enrichissante avec un adulte, un vrai tuteur de résilience.

En Amérique du Nord, un programme de ce type (« grands frères ou grandes sœurs »[99]) implique de jeunes adultes bénévoles (testés, formés et supervisés) pour des activités de loisirs, environ trois fois par mois, auprès de jeunes de milieux défavorisés. Depuis sa création en 1904, il a bénéficié à plus d'un million de jeunes, et une recherche a montré son efficacité pour diminuer le risque d'absentéisme scolaire (−52 %), de toxicomanie (−46 %), ou de comportements violents (−33 %).

Le programme Home Start[100] a démarré en Angleterre et est maintenant mis en place dans une dizaine d'autres pays. Il est fondé sur l'articulation entre des travailleurs sociaux et des familles bénévoles qui se lient d'amitié avec des familles ayant besoin de soutien. La famille bénévole reçoit une petite formation et est accompagnée et soutenue au cours du processus, et d'anciennes familles bénéficiaires deviennent souvent bénévoles ! Il est intéressant de relever les qualités qui sont les plus appréciées par les bénéficiaires : la gaieté, le sens de l'humour, savoir écouter sans porter de jugement et en respectant la confidentialité, être capable de donner des explications et de discuter profondément. Et beaucoup de bénévoles témoignent que cette expérience est une des plus enrichissantes de leur vie...

D'une façon générale, les programmes qui cherchent à soutenir la résilience sociale mettent de plus en plus l'accent, non plus sur l'assistance, mais sur le pouvoir d'agir (*empowerment* en anglais) :

- La qualité de la relation interpersonnelle est essentielle ;
- Il s'agit de faire appel aux ressources de la personne, de la former et de l'accompagner au lieu de faire à sa place ;
- On prend en compte la globalité de la personne : ses compétences d'apprentissage mais aussi ses compétences de vie, parentales et sociales, ainsi que son environnement ;
- Le programme dure assez longtemps pour permettre à la personne de structurer son mode de vie en se projetant à moyen terme, au lieu de devoir en permanence faire face à des situations critiques.

Nous retrouvons ici des facteurs de résilience personnelle que nous commençons à bien connaître : le renforcement des ressources internes, parmi lesquelles la confiance et la capacité à se projeter positivement dans le futur, et l'importance des liens avec des tuteurs de résilience. L'application de ces principes au sein de la collectivité va renforcer à la fois la résilience des personnes et familles vulnérables, mais aussi celle de la collectivité elle-même.

Focus. Un exemple très intéressant en France est l'expérience des Territoires zéro chômeur de longue durée

Proposée par ATD Quart monde dans les années 2010 et soutenue par plusieurs associations qui luttent contre la pauvreté, l'expérimentation est actuellement mise en œuvre dans 10 territoires en France depuis 2016, et va être élargie à 60 ou plus.

Ce projet permet à toute personne volontaire, sans emploi depuis plus d'un an, d'être embauchée dans une entreprise à but d'emploi (EBE). Elle est embauchée en contrat à durée indéterminée et payée au Smic, une partie de son salaire venant de la réaffectation du coût du chômage de longue durée (18 000 euros par an et par personne).

La sécurité de ce contrat supprime l'alternance de périodes d'activité et de chômage et donne des capacités essentielles : se projeter dans l'avenir, prendre un logement autonome pour les jeunes, gagner un peu d'indépendance, prendre le temps de se reconstruire après des épisodes de vie douloureux. Comme les témoignages le racontent, « avoir un Smic pour vivre », « se sentir utile, autonome, moins seul », « développer des compétences cachées », « avoir confiance en soi », les gains pour les personnes concernées vont au-delà de l'emploi et de la sécurité économique, c'est en fait leur donner un levier de résilience !

Les activités productives sont développées à partir des savoir-faire et des savoir-être des salariés : comptabilité, gestion de plannings, logistique, couture, petit entretien dans le bâtiment, table d'hôtes, etc. La délicate mission des EBE est de développer des activités non concurrentes des circuits économiques existants, afin de ne pas détruire des emplois dans les autres sphères de l'économie.

Cela peut être des services pour les habitants du quartier accessibles sous condition de ressources : distribution de produits bio en vrac, accompagnement à la marche des séniors pour lutter contre la perte d'autonomie, soutien scolaire pour les collégiens et lycéens ; ou de la sous-traitance pour les petites et moyennes entreprises du quartier, comme l'aide à un déchargement de camion, la saisie administrative, le sur-tri des déchets, etc. Cela permet aussi de développer des activités liées à la transition écologique, comme de nouvelles filières de l'économie circulaire (biodéchets, invendus de magasins de sport, etc.), pour lesquels il n'existe pas encore de modèle économique.

La prise en compte des bénéfices sociaux (de nombreuses études prouvent même que le retour à l'emploi des parents diminue l'échec scolaire de leurs enfants) et environnementaux serait nécessaire pour comptabiliser la richesse créée par les salariés, mais cela demande un changement de modèle en comptabilité.

Le film *Nouvelle cordée*, réalisé par Marie-Monique Robin en 2019, témoigne de cette magnifique aventure de résilience collective.

Il est beau de voir la richesse du tissu associatif mobilisé pour la solidarité dans notre pays ! Mais cette solidarité doit pouvoir s'appuyer sur des politiques publiques, et c'est le sens de l'appel d'associations de terrain, le « pacte du pouvoir de vivre », dont nous parlerons au chapitre suivant.

Le mouvement de la Transition[101] renforce la résilience d'une ville ou d'un territoire

Le mouvement de la Transition a été fondé en 2006 à Totnes, petite ville du Sud de l'Angleterre, par Rob Hopkins, qui était professeur de permaculture (voir chapitre 5). Il s'est maintenant étendu à plus de 2 000 villes et territoires dans une cinquantaine de pays, dont 150 en France[102].
Il applique à un écosystème humain et naturel les principes de la permaculture pour aménager un territoire à la manière d'un écosystème durable, productif, et économe en travail, en eau et en énergie. Le but est de vivre dans un environnement résilient face aux perturbations que nous anticipons (changements climatiques, diminution des ressources notamment énergétiques, ruptures des chaînes d'approvisionnement longues, comme on l'a vu pour les masques avec la pandémie, etc.). La résilience est prise en compte sur les plans individuel et collectif, de l'économie et de l'écosystème.

Il s'agit de se recentrer sur les besoins essentiels et de maintenir une structure de production et de consommation locale, avec des emplois non délocalisables. Si notre alimentation repose sur des importations à distance avec un réseau de transport complexe jusqu'à des grandes surfaces, il est clair qu'elle dépend beaucoup du pétrole et de chaînes d'approvisionnement qui peuvent être rompues. Avec les circuits courts, quels que soient les secteurs de l'économie, il y a des liens personnels entre les producteurs et les consommateurs, ce sont souvent de petites structures coopératives, et les habitants ont voix au chapitre et une possibilité d'action.

La conception de la structure territoriale et humaine s'inspire de la nature, où tout est relié :

- On met en place des systèmes économes en eau, en ressources et en énergie, en utilisant au maximum les ressources locales. Pour ce faire, on relocalise la production d'alimentation et d'énergie.

- Les déchets de l'un deviennent les ressources de l'autre ; on essaie de mettre en place une économie circulaire, chaque installation est pensée pour interagir positivement avec les autres.

- On renforce les liens, les solidarités et la coopération entre toutes les personnes du territoire. On valorise l'économie coopérative, où les citoyens ont leur mot à dire sur la gestion des biens communs (voir chapitre 5).

- Un élément peut remplir plusieurs fonctions. On peut par exemple développer du maraîchage sous des panneaux photovoltaïques, et ce projet est même associé, sur l'île de la Réunion, à un projet de formation et réinsertion de détenus[103].

- La création d'une monnaie locale « fertilise » le territoire : elle injecte des ressources dans les petits commerces plutôt que les grandes surfaces et soutient la création de petites entreprises à valeur ajoutée sociale et environnementale. Elle a un « effet multiplicateur[104] » sur l'activité économique locale, car l'argent investi nourrit la production de biens et de services locaux, puis est réinjecté dans ces mêmes circuits sans fuir dans un système financier spéculatif. Elle peut être source de résilience en cas de crise financière.

- Le programme (R)economy permet à ceux qui souhaitent monter une entreprise compatible avec les objectifs de la Transition d'être aidés et reliés. Ils sont les mieux placés pour identifier les besoins locaux non satisfaits ; ils peuvent présenter leurs projets à la population locale lors d'un forum, les discuter et être encouragés par de l'investissement ou des aides concrètes. Les critères sont que cette activité bénéficie au territoire, le rende plus résilient, émette peu de carbone, soit économe en ressources, serve des valeurs plus larges que le profit personnel et favorise si possible l'autogestion communautaire.

• On cherche aussi à acquérir les compétences qui deviendront nécessaires au renforcement de notre autonomie, avec par exemple des repair cafés : ce sont des lieux où des personnes qui ne savent pas réparer un objet abîmé ou en panne rencontrent des réparateurs bénévoles qui les aident. Et les avantages sont multiples : écologiques (lutte contre le gaspillage, en particulier de métaux, et la production de déchets), économiques et sociaux avec la création de liens qui favorisent la transmission de savoir-faire, le développement d'une culture de la sobriété, du respect, et de la réparation. La pandémie nous a montré à quel point il était important de savoir travailler de nos mains : je pense à toutes les personnes qui ont fabriqué des masques, ou au mouvement des *makers*[105] qui a fabriqué des visières ou transformé des masques de plongée pour le personnel hospitalier.

La résilience d'un écosystème, sa capacité à s'adapter face aux perturbations, repose sur la biodiversité et la connexion entre ses éléments. De même, le développement de liens sociaux permet l'émergence d'une mobilisation collective et de solutions créatives face aux chocs. Les citoyens renforcent leur pouvoir d'agir concrètement, ici et maintenant, au lieu de se sentir impuissants, déprimés ou dans une colère stérile. Cette approche positive, qui prend en compte autant les enjeux des emplois et de l'économie locale que ceux de l'environnement, fédère beaucoup de gens d'opinions politiques diverses, et permet souvent de mobiliser les municipalités.

Dans la période de changements rapides et d'adaptations complexes que nous vivons, c'est à l'échelle des communautés locales que nous savons le mieux réagir, et c'est à partir de là que nous pouvons développer notre résilience collective, « du bas vers le haut », en diffusant ensuite les bonnes pratiques aux échelons du département, de la région et de la nation.

Un bel exemple est Monépi[106] (« épi » pour « économie participative intégrale »), fondé en 2015 par un élu à Châteaufort dans les Yvelines, commune de 1 400 habitants, pour rouvrir une épicerie en centre-ville. C'est la commune qui a apporté le local, mais cela peut aussi être une association, une MJC, une grange… En échange d'un abonnement annuel d'une vingtaine d'euros par famille et de deux heures de travail bénévole par mois, les adhérents peuvent acheter des produits frais issus de l'agriculture locale (75 % des producteurs sont à moins de 15 kilomètres), à un prix défiant la concurrence de la grande distribution. Il y a aujourd'hui 85 épis en France, qui regroupent chacun entre 50 et 100 familles, et l'association fournit une plate-forme informatique qui facilite leur gestion. Les membres de l'Épi castelfortain ont également installé un potager collectif au cœur du village. Près de deux tonnes de légumes par an y sont produits et redistribués aux adhérents sous forme de paniers dont le prix a été fixé à un euro symbolique. Le principe est que ces structures ne nécessitent pas d'investissement et ne génèrent pas de profit ; mais elles sont de formidables catalyseurs de l'engagement et de la résilience collective !

Dans la même mouvance, le collectif pour une Transition citoyenne[107] regroupe 27 mouvements qui agissent déjà de façon concrète et efficace pour la transition écologique et sociale. Il propose un pacte de 32 mesures applicables à l'échelon des collectivités locales pour sensibiliser et former à la transition, et pour co-construire des politiques locales en intégrant d'une part l'urgence climatique et sociale, et d'autre part les enjeux du long terme. Voici l'exemple de quelques mouvements qui composent ce collectif :

- Terre de Liens a pour objectifs d'enrayer la disparition des terres agricoles, d'alléger le parcours des agriculteurs qui cherchent à s'installer, et de développer l'agriculture biologique et paysanne. L'épargne et les dons du public permettent d'acquérir du foncier agricole et de recréer du lien entre paysans et citoyens pour préserver les fermes à travers les générations. Ces lieux sont ensuite proposés en location à des agriculteurs pour des productions favorisant la biodiversité et le respect des sols.

- Le Réseau Cocagne, c'est 120 jardins en activité, 4 000 jardiniers, 20 000 familles d'adhérents, 700 encadrants et 1 500 bénévoles. Ce réseau rassemble des exploitations maraîchères biologiques qui œuvrent pour l'insertion par l'activité économique. Les jardiniers sont des personnes en situation précaire, qui bénéficient d'un accompagnement socioprofessionnel et proposent aux adhérents des paniers de légumes biologiques.

- Enercoop est le seul fournisseur d'électricité en France à s'approvisionner directement et à 100 % auprès de producteurs d'énergies renouvelables (solaire, éolien, hydraulique et biogaz). Il est également le seul sous forme coopérative : sa gouvernance est participative et ses bénéfices sont réinvestis dans les énergies renouvelables.

* La Nef est une coopérative de finances solidaires qui a aujourd'hui 36 000 sociétaires. Elle permet aux épargnants d'être responsables de leur argent en l'orientant vers le financement de projets économiques porteurs de sens et d'intérêt général, comme les filières bio, le commerce équitable, les énergies renouvelables ou encore l'insertion par l'activité économique.

Ce collectif organise chaque année en septembre une Fête des Possibles : il y en a sûrement une près de chez vous !

Dans la même perspective que ce livre, je suis touché de voir que ce mouvement a aussi développé la « transition intérieure ». En effet, il y a un coût émotionnel à regarder en face les difficultés, et on risque de s'épuiser dans un engagement militant. Il s'agit donc de créer des espaces d'expression gratuits, où on ne discute pas sur les actions à mener, mais où on échange sur l'être de chaque personne. Dans ces groupes, on partage des émotions, des expériences vécues, du soutien, des outils, des formations, etc. Ainsi nous renforçons nos ressources psychologiques et spirituelles, nos valeurs, notre connexion à la nature, pour ne pas être découragés par la fatigue ou l'impuissance. Nous renforçons aussi la qualité de nos relations de groupe, la compassion et la tolérance, apprenons à vivre les conflits de façon constructive, et à célébrer ensemble des moments de gratitude. Certains comparent la transition intérieure à une sorte de pleine conscience collective : pouvoir partager des émotions intenses dans notre fenêtre de tolérance renforce nos liens, notre confiance et notre résilience ! Nous y reviendrons au chapitre 5 à propos de l'éco-anxiété.

Exercice. Et si je m'engageais près de chez moi ?

1. Je regarde sur le site Internet https://www.entransition.fr/ ce qui existe sur ma commune ou mon territoire. Je vérifie si ma commune est engagée dans une démarche d'Agenda 21, a mis en place des projets qui me motivent (par exemple, nous avons eu de la joie à participer à Lyon au « défi familles à énergie positive » pour apprendre à réduire notre consommation d'énergie) ; ou sur la liste des associations locales, je cherche laquelle correspond à un objectif que je porte.

2. Je réfléchis au domaine d'action qui me motive le plus, où je trouverai le plus de plaisir et où j'aurai le plus envie de m'investir à moyen terme : la solidarité, l'alimentation, l'énergie, la protection de l'environnement, l'habitat, l'engagement politique, etc.

3. Je note les associations qui agissent dans ce domaine, et je prends contact pour voir celles qui sont les plus dynamiques, qui correspondent le mieux à mes valeurs et mes affinités.

4. Je travaille à partir du *Guide essentiel de la transition*[108], proposé gratuitement par le Réseau Transition belge, ou du très bon livre de Grégory Derville, *Réussir la transition écologique : outils pour agir ensemble*[109], qui me donnent plein d'informations concrètes pour lancer une dynamique, structurer le fonctionnement d'un groupe, mettre en œuvre des actions concrètes, et inclure le maximum de personnes dans un travail en réseau.

Résilience collective et groupes d'EMDR

Les besoins de soins du psychotrauma sont majeurs et vont augmenter, si on en croit le GIEC qui nous annonce une augmentation des catastrophes naturelles, et l'IPBES, qui nous dit que nous sommes entrés dans « l'ère des pandémies ». Les services publics hospitaliers et médico-sociaux sont à la peine pour répondre aux besoins des femmes et enfants victimes de violences domestiques et des personnes en précarité comme les réfugiés, qui souffrent souvent de multiples traumas. Comment donc passer à l'échelle supérieure ?

Les thérapies EMDR de groupe sont une pratique prometteuse pour répondre à la hauteur des besoins : leur intérêt n'est pas seulement lié au rapport coûts- bénéfices, mais au fait que des ressources groupales spécifiques sont mobilisées : les vécus partagés créent des liens de solidarité, de compassion, de validation mutuelle, et ils apportent de la contenance, de la sécurité et de l'efficacité à la traversée des émotions douloureuses. On peut aussi mobiliser une « équipe de protection émotionnelle » (personnes proches, membres d'une association) ou élargir la démarche à une dynamique de « santé mentale communautaire », telle qu'elle a été théorisée par Adalberto Barreto dans les favelas du Brésil[110], et mise en œuvre par exemple par Simon Gasibirige au Rwanda[111].

Je vais vous partager mon expérience de ces groupes dans différents contextes, puis je vous en donnerai une perspective plus large.

L'EMDR de groupe pour des enfants et adolescents placés ayant vécu des violences domestiques graves

Susana Roque-Lopez, une collègue franco-colombienne, s'est engagée avec passion depuis 2008 pour les enfants placés en Colombie à la suite de violences domestiques graves, fréquentes dans ce pays qui se relève de cinquante ans de guerre civile… Elle a mis en place des séjours thérapeutiques très structurés et a montré leur efficacité par une série de recherches[112] : les symptômes de stress post-traumatique régressent très nettement, et ceci se confirme dans la durée (elle les réévalue après trois mois).

J'ai eu la chance de participer en juin 2019 à un tel séjour pour 24 filles de 13 à 15 ans, qui avaient toutes vécu au moins 4 ACEs (traumas graves de l'enfance).

Pendant les trois premiers jours, on les aide à renforcer leurs ressources par la méditation, l'exercice du lieu sûr, des ressources corporelles (cohérence cardiaque, yoga, sport), le reparentage de l'enfant intérieur, etc. Des artistes apportent des médiations précieuses pour les aider à apprivoiser l'accueil et l'expression de leurs émotions. Le fil conducteur du séjour, fondé sur l'histoire de l'enfance du roi Arthur, était « le voyage des héroïnes ». Les adolescentes pouvaient ainsi exprimer, à travers la musique, la danse, les arts plastiques et le théâtre, les émotions de quelqu'un qui leur ressemble : Arthur se trouve sans famille, rencontre un tuteur de résilience qui croit en lui et l'aide à développer ses ressources (l'enchanteur Merlin), affronte des difficultés et atteint ses objectifs. Le séjour se fait dans un beau lieu, dans la nature, il y a une nourriture de qualité, et la confiance entre les filles et avec les adultes grandit de plus en plus. Il devient alors possible de se confronter aux souvenirs douloureux, qui étaient jusque-là masqués par des réactions défensives de déni ou de provocation.

Pendant les deux jours suivants, on met en œuvre matin et après-midi un groupe d'EMDR pour traiter leurs troubles post-traumatiques. On leur propose de diviser une feuille de papier A4 en quatre rectangles : en haut à gauche, chacune dessine l'image qui correspond au pire moment, note son niveau de perturbation de 0 (pas du tout) à 10 (la pire imaginable), et repère ce qu'elle sent dans le corps ; puis elle fait des mouvements oculaires de droite à gauche (ou le « câlin du papillon » en tapotant alternativement sous les clavicules, les bras croisés sur le thorax) pendant environ 3 minutes, en laissant se dérouler tout ce qui lui vient à l'esprit. Dans la partie de la feuille en haut à droite, elle dessine alors l'image qui est présente maintenant à son esprit et note son niveau de perturbation ; puis elle refait des stimulations bilatérales alternées pendant 3 minutes. On refait cette démarche plusieurs fois, et on termine la séance en revenant sur une expérience positive, comme le lieu sûr, ou une projection positive de soi dans le futur.

Le dernier jour, les filles qui ont encore une perturbation liée au trauma (environ la moitié) sont traitées individuellement en une ou deux séances. Il est impressionnant de voir que le processus de résilience se fait alors rapidement, grâce à la confiance et aux ressources mises en place. Lors de la fête du dernier soir, une adolescente est venue me dire : « Tu sais, Emmanuel, après que tu m'as traitée, je me suis allongée dans l'herbe, j'ai regardé le ciel et j'ai vu les nuages qui s'en allaient, comme mes problèmes du passé. Et je me suis dit, j'ai vraiment senti en moi : je suis une femme forte. »

Depuis le début de l'action de Susana, ce sont maintenant 400 jeunes qui ont bénéficié de ces séjours. Au-delà de la guérison des symptômes post-traumatiques, c'est tout leur chemin de résilience qui est facilité : ils ont une meilleure image d'eux-mêmes, une meilleure régulation de leurs émotions, moins de troubles du comportement, plus de confiance dans leurs ressources. Ils sont plus disponibles et motivés pour les apprentissages, ont une meilleure relation aux autres, et ont plus de chances de construire à l'avenir une bonne relation de couple et de parent.

Le séjour auquel nous avons participé avait un intérêt particulier : il était co-organisé par Perla Kaliman, chercheuse à l'université du Wisconsin (USA), qui en a étudié l'impact épigénétique[113]. Les traumas peuvent en effet inscrire des « marques » sur l'ADN, qui vont modifier son expression (par exemple perturber la réponse au stress ou diminuer la neuroplasticité) ; et ces marques épigénétiques se transmettent sur environ trois générations. Perla a fait, avant et après le séjour, un prélèvement de salive qui a permis d'étudier ces marques et a montré que certaines avaient diminué, permettant notamment une meilleure expression de facteurs de neuroplasticité. Nous avons bon espoir que ces jeunes filles transmettront à leurs enfants, non seulement la chance d'avoir une mère apaisée, mais aussi la capacité d'utiliser au mieux leurs gènes pour leur développement et leur résilience !
Susana forme en France des collègues à l'animation de ces séjours thérapeutiques, et certaines en ont déjà organisé avec beaucoup de bonheur pour des enfants suivis par l'Aide sociale à l'enfance[114].

L'EMDR de groupe pour des personnes en difficulté sociale, notamment des réfugiés

Ces groupes permettent l'accès aux soins des personnes qui en ont le plus besoin, et qui ne peuvent financer une thérapie individuelle ! De nombreux praticiens EMDR s'engagent ainsi, dans plusieurs régions de France, au bénéfice de réfugiés, de personnes en réinsertion, de bénéficiaires du RSA ou de personnes atteintes de cancer. Voici notre expérience à Lyon.

Avec Françoise Contamin, mon épouse, elle aussi praticienne EMDR, nous avons mis en place une collaboration avec des associations solides (PasserElles Buissonnières et l'ACLAAM, qui soutient les 65 associations paroissiales du diocèse de Lyon accueillant des réfugiés).

Nous expliquons aux membres des associations comment repérer le stress post-traumatique, le processus de son traitement, et ce que nous attendons d'eux : repérer les personnes qui ont ces troubles et les inviter dans le programme ; pendant les séances, leur apporter un soutien chaleureux et respectueux si elles traversent des émotions intenses ; et entre les séances, les soutenir pour qu'elles utilisent régulièrement les exercices de régulation émotionnelle et soient assidues au programme.

Nous proposons une série de 5 à 6 séances de 2 heures pour une dizaine de participants : au cours de la première séance, nous faisons rapidement connaissance et rappelons les signes du stress post-traumatique et comment nous allons le traiter, nous évaluons par un questionnaire le niveau des troubles, et nous renforçons des ressources de régulation émotionnelle. Les 3 ou 4 séances suivantes sont consacrées au retraitement des souvenirs traumatiques, comme je l'ai décrit plus haut. L'utilisation du dessin a plusieurs avantages : il protège l'intimité des personnes quand il y a de la honte (par exemple en cas de viol) et simplifie les problèmes de traduction. Voici l'exemple des dessins faits par une participante au cours d'une des séances :

Figure 8 : dessins au cours d'un groupe d'EMDR

En cas de perturbation émotionnelle trop intense, un thérapeute est disponible pour accompagner individuellement la personne. La dernière séance est consacrée à une évaluation globale, à un questionnaire d'évaluation, et à la reprise des exercices d'auto-soin. Les résultats pour 22 participants montrent que sur l'échelle SPRINT (*Short PTSD Rating Interview*), leur score moyen est passé de 19,3 à 11,7 (il est significatif de trouble post-traumatique à partir de 14). Les participants estiment que leurs symptômes post-traumatiques ont diminué de 47 % et ils ressentent une amélioration globale de leur état de 57 %. Ces résultats sont d'autant plus encourageants qu'ils sont dans une situation de grande précarité et de stress multiples persistants ! Avec l'EMDR, nous soutenons des mouvements de « cicatrisation » naturels du cerveau qui n'attendent que des conditions favorables pour se faire.

Nous avons toujours associé à ce travail de groupe un collègue que nous formions ainsi « sur le tas ». Pendant le confinement, les locaux de l'association étaient fermés ; par chance, Sébastien Richer, le collègue que j'avais prévu de former, travaillait au centre régional du psychotrauma (CRP) de Lyon, et nous avons pu utiliser leurs locaux et transmettre cette pratique à leur équipe. Ceci a donné lieu à une recherche[115], et le CRP de Lyon a pérennisé cette pratique.

L'EMDR de groupe dans les situations de catastrophes

À l'origine, ces groupes ont été développés par des praticiens EMDR dans des situations de catastrophe naturelle, où les besoins étaient énormes pour très peu de praticiens. Ils ont depuis été appliqués avec efficacité dans des contextes très divers, et aussi pour des catastrophes d'origine humaine : enfants palestiniens pendant l'Intifada, femmes victimes de viols de guerre en République Démocratique du Congo, victimes d'attentats ou d'accidents majeurs.

Les points forts de ces groupes sont leur simplicité et leur acceptabilité interculturelle. Comme on utilise le dessin, il n'est pas nécessaire de raconter son vécu traumatique, ce qui est protecteur pour les victimes. C'est surtout la validation scientifique[116] de leur efficacité, répétée dans des contextes différents sur tous les continents, qui est l'argument le plus fort en faveur de leur diffusion.

Un congrès réunissait en 2018 à Boston les praticiens EMDR qui interviennent dans ces contextes d'urgence et humanitaires. Il a soulevé avec force une question majeure pour l'avenir : dans les pays du Sud, des études ont montré la possibilité de former des para-professionnels à pratiquer des exercices de stabilisation et des protocoles EMDR de groupe simplifiés, tout en les supervisant. Par « para-professionnels », on entend des personnes qui ne sont ni psychiatres ni psychologues, mais reconnues par leur communauté comme dignes de confiance pour une relation d'aide. Plusieurs études ont montré la sécurité et l'efficience de ces interventions[117], appelées TSR (Traumatic Stress Relief). 2 collègues travaillant pour l'ONG « action contre la faim » ont ainsi traité, par l'intermédiaire de 17 travailleurs psycho-sociaux qu'elles ont formés et supervisés, plus de 500 enfants et adolescents traumatisés pendant la guerre civile en République Centrafricaine.

Si on se place dans une perspective de santé publique à l'échelle mondiale, on estime qu'environ 500 millions de personnes souffrent de troubles post-traumatiques[118]. Pour soutenir notre résilience collective, il faut donc développer d'autres modèles que la psychothérapie individuelle par des professionnels ayant reçu une longue formation !
L'OMS préconise, pour les pays où il y a peu de moyens, des interventions de santé mentale dites « à faible intensité », avec des ressources d'autosoin sur Internet, guidées par des para-professionnels issus de la communauté, formés et supervisés. Elles utilisent des méthodes de thérapie cognitivo-comportementale qui sont utiles autant pour les troubles post-traumatiques que pour les troubles anxieux ou dépressifs : psychoéducation, techniques de régulation émotionnelle, renforcement des ressources intérieures et des capacités à faire

face ici et maintenant, gestion des flash-backs, etc. Ce type d'approche a fait la preuve de son efficacité sur les symptômes dépressifs et post-traumatiques, même dans des contextes très difficiles. Il nous parait très pertinent d'y ajouter, comme le fait le TSR, l'efficacité spécifique sur les troubles post-traumatiques qu'apportent les groupes d'EMDR !

En ce qui concerne la France, nous sommes nombreux à penser que les soins du psychotrauma doivent entrer dans la même perspective, et proposer des formations au TSR à des professionnels de santé non éligibles à la formation EMDR. Ainsi peuvent se dessiner les 3 étages de la pyramide des interventions de l'OMS pour le psychotrauma : au niveau 1, la psychoéducation, le développement des outils d'auto-soin[119], la formation aux Premiers Secours en Santé Mentale ; au niveau 2, le TSR, avec des groupes animés par des soignants spécifiquement formés et supervisés ; au niveau 3, les groupes d'EMDR animés par des praticiens, et les prises en charge individuelles qui seront toujours nécessaires pour les personnes les plus atteintes.

Nous sommes enfin dans une situation où l'éco-anxiété explose, en particulier chez les jeunes, comme une vague de fond qui majore les divers troubles anxieux et dépressifs, et peut être comprise en partie comme un stress prétraumatique. Là aussi, la réponse doit être groupale et nous mobiliser pour renforcer nos liens et notre pouvoir d'agir collectif (voir au chapitre 5). Avec ma collègue Laetitia de Schoutheete, nous avons développé une proposition de stages[120] pour intégrer ces groupes d'EMDR avec des exercices du Travail qui Relie, la principale proposition de l'écopsychologie[121], et le rituel des 5 portes du deuil[122]. Cela nous émerveille de voir à quel point nos liens sont notre principale ressource de résilience, et à quel point ils sont renforcés par le partage d'émotions intenses, tant agréables que douloureuses, dans la mesure où elles sont bien contenues et accompagnées.

Donnons raison au poète Hölderlin, qui nous dit : « Là où croît le péril, croît aussi ce qui sauve ! »

La résilience collective lors des catastrophes

Les recherches[123] montrent que lors de la phase aiguë des catastrophes :

- Même effrayés, les gens gardent le plus souvent leur sang-froid, réagissent rationnellement et coopèrent en attendant les secours. Ils forment des groupes avec des leaders et des règles, et se répartissent les rôles en vue de la survie du plus grand nombre.
- Il y a très peu de pillages ou d'agressions, on observe plutôt le développement de liens de solidarité, d'entraide, voire d'altruisme héroïque, et une véritable résilience collective.

Ces observations vont à l'encontre des images dramatisées souvent montrées par les médias[124] ; c'est un bel exemple de notre tendance spontanée à l'altruisme, et une source d'espérance pour notre humanité !

Cependant, après cette première phase de « lune de miel », de cohésion collective, il y a souvent au bout de quelques mois une phase de désillusion et le retour de préoccupations individualistes. Il est essentiel, pour soutenir l'altruisme, la coopération et la cohésion, que des régulations sociales renforcent la réciprocité et le sentiment d'équité et de confiance (notamment par la récompense et la reconnaissance des plus altruistes, et par la sanction des profiteurs). Différents « déclencheurs » peuvent réactiver des réactions post-traumatiques, notamment lors des anniversaires, et il est important d'instituer des rituels collectifs pour partager les émotions. La reconstruction passe bien sûr aussi par les différentes phases du deuil des personnes et des choses précieuses qui ont été perdues. Un risque fréquent est que les inégalités et clivages sociaux soient accentués par la façon dont s'organise la reconstruction, et c'est un enjeu majeur de la sortie de la pandémie actuelle...

Quand la catastrophe collective est une guerre civile, il y a bien sûr un processus complexe de négociations politiques, et une articulation à trouver entre les besoins de vérité, de justice et de réconciliation, comme on l'a vu en Afrique du Sud ou au Rwanda. Mais le cycle de la violence risque de s'entretenir et les négociations de paix de s'enliser tant que les victimes restent marquées par le stress post-traumatique et des désirs de vengeance. Les interventions de groupe en EMDR peuvent être précieuses pour désamorcer ce cycle de la violence et soutenir le processus de paix.

Comment renforcer notre résilience collective

Aux États-Unis, le modèle COPEWELL[125] a été développé par l'université John-Hopkins, le CDC (*Center for Disease Control and Prevention*, spécialiste en santé publique), et le centre de recherches sur les catastrophes de l'université du Delaware (C'est ce dernier qui a mis en évidence l'émergence de comportements altruistes spontanés lors des catastrophes et observé les conditions sociologiques qui les favorisaient). Ce modèle permet à une collectivité d'évaluer son niveau de résilience et d'identifier des pistes pour la renforcer aux trois phases : son niveau de fonctionnement initial et sa préparation, ses capacités de résistance face à un choc, et ses ressources de récupération après le choc.

La phase de préparation aide une communauté à avoir un niveau de fonctionnement de base élevé : c'est comme un réservoir rempli d'eau, qui se videra plus lentement quand le trauma fera effraction. Il a des aspects matériels (réseaux de communication, approvisionnement en aliments et eau potable, énergie, transports, logements, services publics comme l'assainissement, la sécurité, la justice et l'administration) et des aspects liés à la richesse des liens sociaux que nous avons vus ci-dessus : la qualité du système éducatif et de santé ; le soutien aux enfants et personnes vulnérables (la solidarité) ; la capacité à maintenir une activité économique produisant les biens et services essentiels et permettant de vivre de son travail ; enfin la culture, le sport et les loisirs, qui concourent au bien-être et à la cohésion sociale.

Dans la phase de résistance au choc, celle-ci sera améliorée par certains systèmes naturels (par exemple pour la prévention des inondations ou des incendies de forêts) ou certains systèmes d'ingénierie (par exemple des constructions anti-sismiques) ; ainsi que par les contre-mesures qui auront été préparées à l'avance. Et cette résistance est diminuée par des facteurs liés à la population : populations vulnérables, sentiment d'iniquité, carences et désavantages.

Enfin la phase de récupération et d'adaptation après le choc, qui permettra de « remplir à nouveau le réservoir », sera soutenue à la fois par les facteurs de la phase 1, et plus spécifiquement par le niveau de cohésion sociale, la qualité de la préparation et de la réponse au choc, et le soutien de ressources externes.

Figure 9 : La résilience collective aux 3 étapes. Le modèle COPEWELL

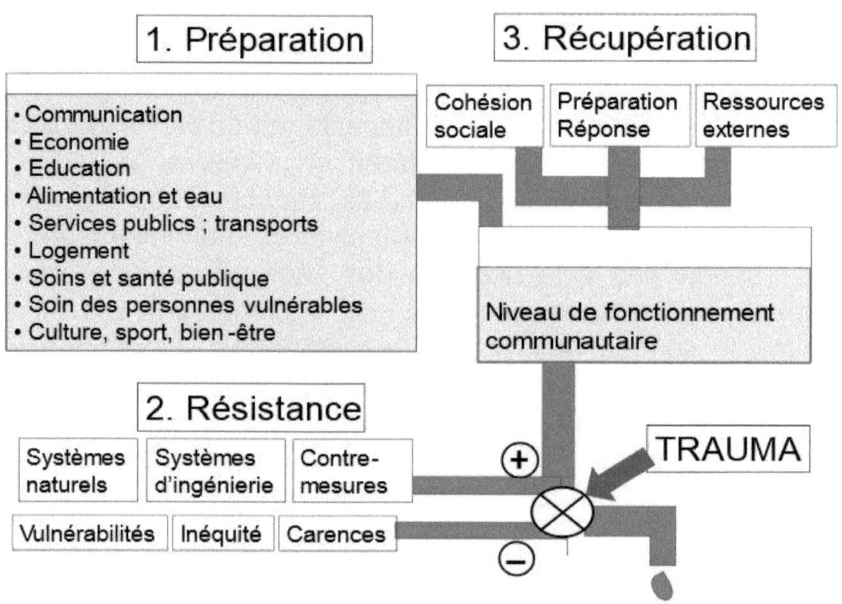

En France, face à une catastrophe, le dispositif ORSEC (Organisation de la réponse de sécurité civile) est un programme d'organisation des secours à l'échelon départemental. Le préfet coordonne la mise en œuvre rapide et efficace de tous les moyens nécessaires. Parmi ceux-ci, les CUMP (cellules d'urgence médico-psychologiques) apportent les premiers secours psychologiques, en s'appuyant aussi sur un réseau de praticiens volontaires.

Pour répondre aux besoins à moyen terme, dix centres régionaux du psychotraumatisme (CRP) ont été créés, mais il serait souhaitable d'avoir un maillage plus étroit du territoire, avec aussi un réseau de praticiens formés spécifiquement qui pourraient appliquer les protocoles EMDR de groupe.

Au cours de la pandémie du COVID-19 en Italie, l'association EMDR-Italie a ainsi été sollicitée par 177 hôpitaux, villes ou organisations, et a pu développer des stratégies de réponses adaptées aux besoins. Elle a proposé par exemple, pour les soignants de première ligne qui étaient en stress aigu, des mini-protocoles de groupe pour quatre personnes en visio-conférence. Ceux-ci se faisaient dans le sas de sortie de la zone COVID et de changement de vêtements à la sortie du travail.

Toutes les grandes villes et territoires français élaborent leur stratégie de résilience[126] : cela a donné lieu à un rapport gouvernemental, qui souligne l'importance de développer l'aspect transversal de l'action publique et l'implication des différents acteurs, en particulier de tous les citoyens. Pendant la pandémie, nous avons mesuré à quel point il est essentiel de construire des relations de confiance. Ceci nécessite un véritable dialogue établi sur une construction collective des projets, permettant une connaissance mutuelle et l'émergence de terreaux de solidarité, de sens partagé : « Une vision partagée favorise l'émergence de projets de territoire ayant du sens, et acceptés par la société. Une réflexion collective autour de la gestion en commun pourrait permettre une plus grande collaboration entre toutes les parties prenantes du territoire. »

L'exemple de la ville de Juneau en Alaska est inspirant : elle a subi en 2008, pendant six semaines, une réduction drastique de son approvisionnement électrique, car une avalanche avait coupé les principales lignes. La création du conseil de développement économique de Juneau, impliquant les habitants, a assuré l'équité du rationnement (distribution de quotas aux particuliers et aux entreprises). Associée à la qualité de l'information sur les stocks disponibles et les heures d'interruption, elle a permis une bonne acceptabilité et a même conduit à une diminution à long terme de la consommation électrique[127].

L'urgence de la catastrophe peut conduire à s'en remettre à ceux qui semblent savoir mieux. S'il est à espérer que ceux-ci agissent dans l'intérêt commun et avec altruisme, il convient d'être extrêmement prudent quant aux décisions prises à chaud, qui toucheront le territoire et sa population sur le long terme, dans ses conditions de vie, son bien-être individuel et collectif, mais aussi en termes de confiance accordée aux institutions politiques. Il convient également de veiller à ce qu'une catastrophe ne soit pas exploitée comme une opportunité par des personnes ou entités peu scrupuleuses[128]. La trajectoire de résilience peut renforcer ou fragiliser notre modèle démocratique !

10 : Croisement des impacts potentiels du changement climatique et des modes de gouvernance[129]

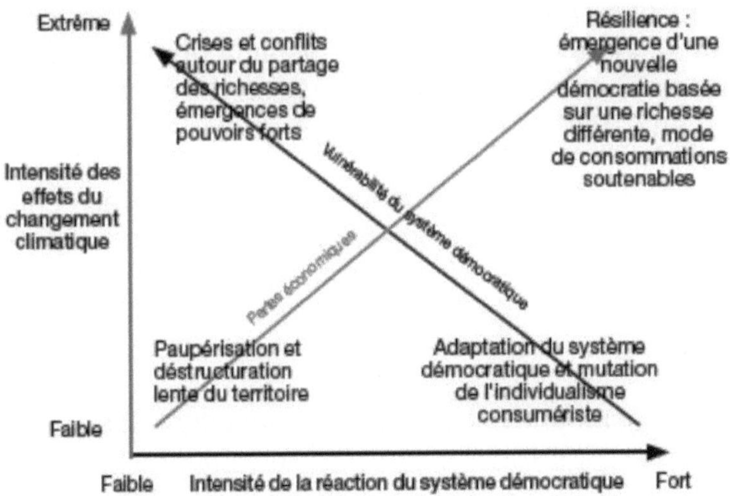

Faisons le point

Les liens sociaux sont importants pour soutenir notre résilience personnelle et familiale, et la cohésion sociale est essentielle pour notre résilience collective. Ces liens sociaux se développent sur des fondations profondément inscrites en nous dès le plus jeune âge, la compassion, l'altruisme et la coopération, qui dépendent cependant de la sécurité des liens d'attachement, puis des normes sociales qui peuvent plus valoriser la compétition ou la coopération. Les études de psychologie sociale confirment que les motivations à la coopération et l'altruisme sont fortes et spontanées, mais qu'il faut des régulations pour les soutenir face aux profiteurs.

La préparation de la résilience des collectivités locales se joue donc au niveau de la petite enfance et de l'école, des relations de voisinage et de la solidarité. Nous avons vu tout l'intérêt du mouvement de la Transition, qui prépare un territoire en l'aménageant comme un écosystème durable et productif, riche en emplois et en liens sociaux, et économe en ressources, en eau et en énergie.

Mais les communautés locales sont imbriquées dans des systèmes plus larges d'approvisionnement en eau, en aliments et en énergie, d'échanges commerciaux, de régulations politiques, etc. Il est important que les groupes qui renforcent leur résilience locale développent aussi leur mise en réseau et leur relation à leur environnement[130].

Pendant les phases de résistance et d'adaptation, les thérapies EMDR de groupe sont très intéressantes pour soutenir la résilience de collectifs traumatisés par des événements similaires : lors de catastrophes d'origine naturelle ou humaine, pour des enfants victimes de violences domestiques ou pour des réfugiés. Elles mériteraient d'être incluses dans les programmes de l'OMS, et en France dans les CUMP et centres régionaux du psychotraumatisme.

Pendant la pandémie, nous avons mesuré à quel point il est crucial de construire une collaboration entre les différents acteurs : les relations de confiance et les enjeux d'équité et d'inclusion des plus vulnérables sont essentiels à la résilience dans la durée. Cela nécessite de construire collectivement la vision de projets de territoire acceptables et ayant du sens pour notre bien commun. La trajectoire de résilience peut renforcer ou fragiliser notre modèle démocratique !

Il est enfin clair que des orientations politiques doivent soutenir notre résilience collective et démultiplier l'impact des actions efficaces, que ce soit pour la mise en oeuvre des propositions de la commission des 1 000 premiers jours, la diffusion des bonnes pratiques à l'école, la demande des associations de solidarité d'un « pacte du pouvoir de vivre », ou les mesures proposées aux municipalités par le collectif pour une transition citoyenne. Nous allons encore élargir notre champ de vision pour regarder cela.

Figure 11 : La résilience des collectivités locales

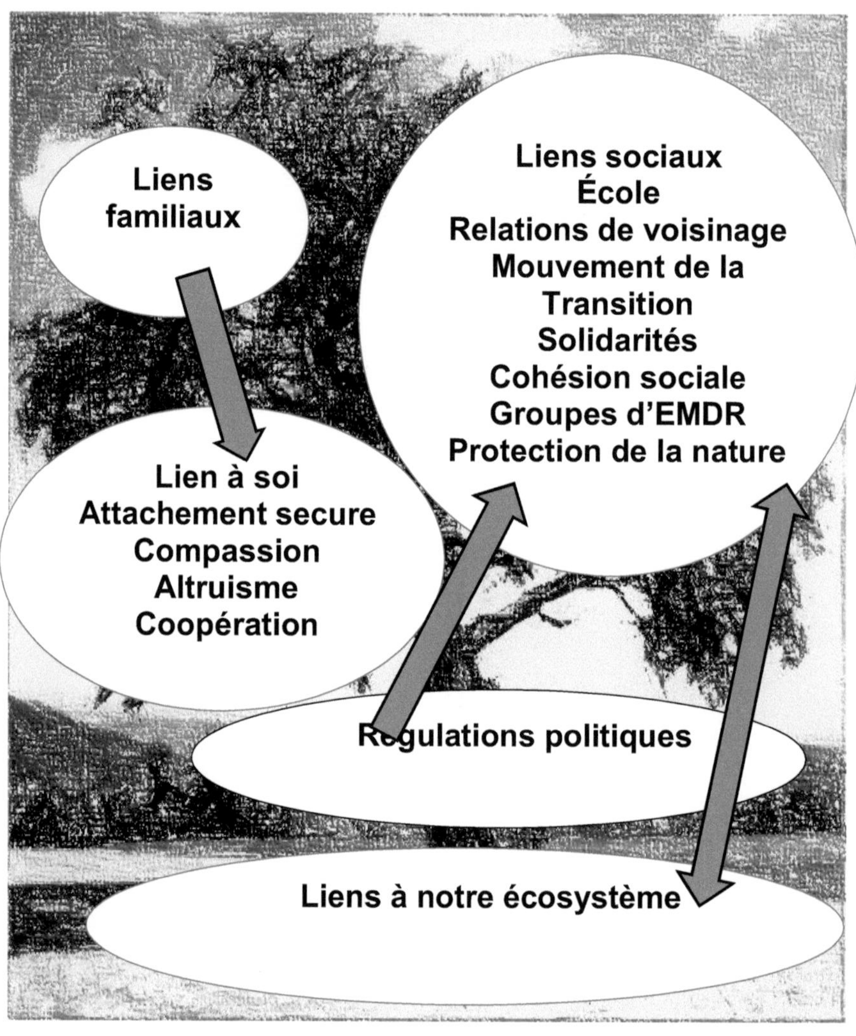

Chapitre 4. La résilience des nations et des sociétés

Le politicien devient un homme d'État quand il commence à penser à la prochaine génération plutôt qu'à la prochaine élection.

Winston Churchill

Face à la pandémie, le rôle de l'État pour soutenir notre résilience collective a été essentiel, et il le sera aussi durant les autres crises auxquelles nous serons confrontés. Prenons l'exemple de la crise climatique : si nous adoptons tous des comportements individuels engagés pour réduire notre empreinte carbone (manger végétarien, ne plus prendre l'avion, faire systématiquement du covoiturage…), nous ne la diminuerons que de 25 %[131], auxquels on peut rajouter 20 % en investissant (notamment dans la rénovation thermique des logements) En estimant que tous ne seront pas aussi vertueux, on arrive à 20%,. Or il faudrait la baisser de 80 % pour garder un écosystème résilient sur notre planète : passer d'une empreinte carbone moyenne par français de 11 tonnes de CO_2 en 2019, à 2 tonnes en 2050. Je reconnais avoir été moi-même dépité quand j'ai fait mon calcul personnel[132] !

Les changements à l'échelle des collectivités locales pourront soutenir cette transition, mais nous devons clairement passer à la vitesse supérieure. La part restante de la baisse des émissions, 60%, relève d'une transformation profonde de l'Etat et des entreprises pour une décarbonation de l'industrie, du système agricole, de l'énergie, du fret et des transports, et des services publics. Nous avons besoin d'une forte impulsion collective, sociale et politique, pour réorganiser les structures et les règles collectives et pour réorienter les investissements.

Comme ce n'est pas ma spécialité, je m'appuierai sur des experts – que je vous présenterai rapidement au fur et à mesure – pour décrire les facteurs de résilience des nations. Ensuite, pour renforcer notre cohésion sociale, nous verrons d'abord l'importance de réduire les inégalités. Puis nous soulignerons l'enjeu de construire des coopérations élargies au-delà du premier cercle du « nous », du groupe social qui nous ressemble.

Nous décrirons comment faire converger les enjeux de justice sociale et d'écologie, et comment éviter les fausses pistes du *greenwashing*, même si elles sont présentées dans un emballage séduisant.

Nous arriverons enfin à la question la plus importante : comment pouvons-nous y arriver ? Et nous montrerons que plusieurs axes doivent converger pour soutenir notre résilience : les régulations macroéconomiques, le rôle des entreprises, et l'enjeu de partager collectivement une vision désirable et réalisable.

La résilience des nations

Pour étudier la résilience des nations, nous arrivons à des systèmes tellement complexes qu'il devient difficile de faire des recherches scientifiques ! Je vous propose de suivre Jared Diamond, qui a vraiment des connaissances encyclopédiques. Après une formation en anthropologie, histoire et physiologie, il a fait une deuxième carrière en ornithologie et en écologie, notamment en Nouvelle-Guinée et dans les îles voisines. Puis, à la cinquantaine, il a entamé une troisième carrière en histoire de l'environnement et est devenu professeur de géographie. Cette vision large, systémique, est indispensable à une réflexion aussi complexe, et Diamond est aussi un excellent vulgarisateur.

En lisant son dernier ouvrage, *Bouleversement*[133], j'ai été impressionné d'y retrouver un projet très proche du mien : « À un ou plusieurs moments de notre existence, la plupart d'entre nous traversent une crise ou un bouleversement personnel, qui peut ou non être résolu avec succès en effectuant des changements personnels. De même, les nations traversent des crises nationales, qui peuvent aussi être ou non résolues avec succès par des changements nationaux. Les thérapeutes ont accumulé beaucoup d'informations et de recherches sur la résolution des crises personnelles. Leurs conclusions peuvent-elles nous aider à comprendre la résolution des crises nationales ? ».

Diamond identifie 12 facteurs influant sur la résolution des crises personnelles (très proches de ce que nous avons vu au chapitre 1) et leurs correspondants pour la résolution des crises nationales.

	Résilience personnelle	Résilience nationale
1	Reconnaissance de la crise	Consensus national sur la crise
2	Acceptation de sa responsabilité	Acceptation de responsabilité nationale
3	Délimiter les contours de la crise et faire des changements sélectifs	Délimiter les institutions et politiques nationales à changer
4	Obtenir de l'aide matérielle et émotionnelle d'autres personnes	Obtenir aide matérielle et soutien politique d'autres pays
5	S'inspirer du modèle d'autres personnes	S'inspirer du modèle d'autres nations
6	Forces du Moi	Sentiment d'identité nationale + honnêteté du récit, dialogue, cohésion
7	Auto-évaluation honnête	Auto-évaluation honnête
8	Expérience de crises antérieures	Bon usage de l'expérience de crises antérieures
9	Patience, persévérance	Capacité à assumer un échec national initial
10	Flexibilité mentale	Adaptabilité, créativité
11	Valeurs fortes, perspective de sens	Valeurs nationales fortes et horizon de sens, vision politique crédible à long terme
12	Pas trop de contraintes, ressources	Pas trop de contraintes géopolitiques, patrimoine naturel et humain

Facteurs 1, 2 et 3 : à l'échelle personnelle, c'est (1) la reconnaissance qu'on est en crise et (2) l'acceptation de sa responsabilité personnelle pour la résoudre ; puis (3) la capacité à délimiter les contours de la crise et les problèmes à résoudre, et à faire des changements sélectifs. Nous avons vu que le trauma pouvait entraîner des réactions de déni, de coupure de nos émotions, et qu'il était important de développer la pleine conscience, l'accueil et la régulation de nos émotions pour pouvoir réfléchir et agir de façon adaptée. Délimiter les contours de la crise et de ce qui est de notre responsabilité est très important pour ne pas être submergé par un sentiment d'impuissance.

À l'échelle nationale, c'est (1) le consensus national que notre nation est en crise et (2) l'acceptation de la responsabilité nationale de faire quelque chose ; puis (3) la capacité à délimiter les problèmes nationaux à résoudre, c'est-à-dire les institutions et les politiques à changer.

La résilience de l'Allemagne après la Seconde Guerre mondiale est impressionnante : ce pays avait subi un trauma majeur (7 millions de morts, presque toutes les grandes villes ruinées par les bombardements, environ 1 million de femmes violées par l'armée soviétique, 10 millions d'Allemands sans foyer et à la recherche de proches disparus, l'économie effondrée, le pays divisé en deux...). Contrairement à ce qu'ils avaient vécu après la défaite de 1918 (déni de leur responsabilité, victimisation et montée au pouvoir du nazisme), les Allemands ont été capables après 1945 de regarder en face leur responsabilité, de recréer des liens de coopération avec leurs voisins et de reconstruire leur économie jusqu'à en faire la locomotive de l'Union européenne, puis de réintégrer l'Allemagne de l'Est. Il y a eu un moment-clé symbolique en 1970 : en visitant le ghetto de Varsovie, le chancelier Willy Brandt est spontanément tombé à genoux et a demandé pardon aux Polonais pour les crimes de guerre nazis.

Facteur 4 : à l'échelle personnelle, c'est obtenir auprès d'autres personnes et groupes de l'aide matérielle et émotionnelle.

À l'échelle nationale, c'est obtenir de l'aide matérielle, financière, et du soutien politique d'autres nations.

Après 1945, le plan Marshall a fortement soutenu la résilience de l'Allemagne, comme des autres pays européens. *A contrario*, la Finlande a fait la douloureuse expérience, pendant la guerre d'Hiver de 1939-1940 contre l'Union soviétique, de ne pas recevoir d'aide de ses alliés potentiels. Malgré cela, elle a su développer avec l'URSS, après 1945, une politique de compromis qui lui a permis – associée à sa courageuse résistance, qui aurait rendu sa conquête très coûteuse – de garder le maximum d'indépendance.

Facteur 5 : à l'échelle personnelle, utiliser d'autres personnes comme modèles de résolution de problèmes ; et nous avons vu au chapitre 2 toute l'importance des figures-ressources et des tuteurs de résilience.

Pour les nations, il ne va pas toujours de soi d'utiliser d'autres nations comme modèles.

Le Japon a très bien su emprunter de façon sélective le meilleur de différents modèles européens pendant l'ère Meiji (1868-1912), après avoir réalisé en 1853, quand les navires de guerre des États-Unis ont menacé de bombarder Tokyo, que son isolationnisme l'avait rendu vulnérable. *A contrario*, Diamond souligne que la croyance fausse des États-Unis en leur exceptionnalisme, en un « mode de vie non négociable », les empêche d'apprendre d'autres démocraties comme le Canada ou les pays européens.

Facteur 6 : à l'échelle personnelle, c'est la force du Moi, qui inclut la confiance en soi, le fait d'avoir un sens et un but, l'autonomie ; et aussi la capacité à tolérer les émotions intenses et à rester centré en cas de stress, c'est-à-dire continuer à percevoir la réalité de façon juste et à prendre des décisions sensées. Cette force du Moi dépend de la qualité des liens dans la petite enfance.

À l'échelle nationale, elle peut être mise en parallèle avec le sentiment d'identité nationale : les citoyens sentent qu'ils partagent une langue, une culture et une histoire qui contribuent à leur fierté et les rendent capables de sacrifices pour une cause nationale.

Cette fierté peut être fondée sur des faits réels (comme la bataille d'Angleterre en 1940) mais elle peut aussi négliger des aspects importants de l'histoire (la mythique conquête de l'Ouest oubliant le génocide des Amérindiens et l'esclavage) ou même être établie sur des mensonges instrumentalisés (la minimisation du sac de Nankin par les Japonais, ou le déni du génocide arménien par les Turcs). Le sentiment d'identité nationale doit être complété par l'honnêteté du récit national et la possibilité de dialoguer entre différentes perspectives pour permettre la cohésion entre des concitoyens ayant différentes racines culturelles, ainsi que des relations constructives aux autres nations.

Facteurs 7 et 8 : à l'échelle individuelle c'est (7) l'auto-évaluation honnête, qui permet de conserver nos forces et de remplacer nos faiblesses par de nouvelles façons de faire face ; et (8) l'expérience de crises personnelles antérieures. Nous retrouvons l'importance de la pleine conscience, du renforcement des ressources, et du retraitement des souvenirs traumatiques pour ne pas maintenir des réactions de défense inadaptées. C'est à cette condition que l'expérience de crises antérieures nous rend plus forts.

À l'échelle nationale, on retrouve ces enjeux de l'auto-évaluation honnête et du bon usage de l'expérience de crises antérieures.

L'Australie a pris conscience, lors de la Seconde Guerre mondiale, qu'elle ne pouvait pas compter sur l'Angleterre et devait réorienter sa politique vers l'Asie et les États-Unis. Les combats courageux de la Finlande et de l'Angleterre en 1940 ont certainement renforcé leur confiance dans leur capacité à faire face à des crises graves. *A contrario*, le déni de la gravité de la pandémie en 2020 par les dirigeants des États-Unis, du Brésil et de la Grande-Bretagne (jusqu'à ce que Boris Johnson soit lui-même touché) a conduit à négliger des mesures de santé publique nécessaires et à augmenter la mortalité dans ces pays.

Facteurs 9 et 10 : ce sont (9) la patience, c'est-à-dire la capacité à tolérer l'incertitude, l'ambiguïté, ou les échecs initiaux et (10) la flexibilité, ne pas croire qu'il n'y a qu'un seul chemin. Rappelons-nous en particulier qu'une petite enfance douloureuse ou une éducation rigide peuvent réduire notre fenêtre de tolérance émotionnelle et nous conduire à des réactions rigides ou chaotiques, en « tout ou rien ». Quand nous retrouvons un attachement sécure gagné, nous redevenons capables de tolérer l'ambiguïté et les frustrations, nous élargissons notre espace de négociation, de coopération, de flexibilité mentale et de créativité pour chercher de nouveaux chemins.

Du côté des nations, ces qualités peuvent être comparées à la capacité d'assumer un échec national initial : nous avons vu les réactions différentes de l'Allemagne après les défaites de 1918 et de 1945, et la patience qu'elle a eue pour arriver à se réunifier.

Facteur 11 : avoir des valeurs centrales personnelles fortes pour notre identité, notre code moral et notre vision de la vie, comme la religion ou l'engagement familial. Comme nous l'avons vu, elles constituent une ressource de résilience, mais doivent pouvoir être réévaluées dans les situations traumatiques. Le sens de l'existence est alors profondément questionné, et nous allons chercher des points d'appui qui tiennent vraiment. Sur le plan amical, nous voyons sur qui nous pouvons compter. De même, certaines valeurs vont être une force essentielle et seront approfondies, affinées ; et d'autres seront relativisées ou lâchées, car elles ne nous permettent pas de traverser cette épreuve.

Les nations ont aussi des valeurs nationales fortes, qui peuvent soutenir ou non leur résilience : par exemple, la priorité donnée aux libertés individuelles ou aux biens communs, à l'économie ou à la santé (on l'a vu à l'occasion de la pandémie), le niveau d'égalité et de redistribution par l'impôt, etc. Il est clair que, pour intégrer notre résilience nationale et celle de l'humanité dans notre écosystème, nous allons devoir redéfinir nos valeurs prioritaires pour motiver notre société sur un projet politique clair, équitable et crédible à long terme.

Facteur 12 : à l'échelle personnelle, c'est la liberté par rapport à des contraintes personnelles, par exemple de lourdes charges de famille ou professionnelles, la pauvreté ou l'exposition persistante au danger. Nous retrouvons ici la vulnérabilité des familles monoparentales et des pauvres.

En ce qui concerne les nations, il s'agit des contraintes géopolitiques liées à la géographie, au niveau de richesse nationale, et au degré de pouvoir politique et militaire. Il importe de penser la richesse nationale en termes de patrimoine naturel autant qu'humain, et pas comme des ressources exploitables jusqu'à épuisement. Certains proposent une nouvelle comptabilité élargie pour évaluer ces facteurs, et pas seulement la richesse monétaire, dans les politiques publiques et des entreprises[134].

La France bénéficie d'un patrimoine naturel et culturel exceptionnel : protégeons-le de l'artificialisation de nos sols, de la destruction de nos trésors naturels et de la défiguration de nos périphéries urbaines !

Comment donc renforcer notre résilience à l'échelon national ?

Je ne dirai que quelques mots des relations internationales, car le sujet est trop vaste : il correspond aux facteurs 4 (obtenir de l'aide d'autres nations) et 12 (contraintes géopolitiques). L'Union européenne a franchi le 21 juillet 2020 un cap de résilience en lançant un grand emprunt de 750 milliards d'euros, dont 390, alloués aux états les plus touchés, seront une dette commune : c'est un grand pas de solidarité ! Il reste à développer des ressources fiscales européennes pour le financer tout en soutenant la transition écologique : taxe carbone aux frontières de l'UE, taxe sur le kérosène des avions, sur le plastique non recyclé, taxe sur les géants du numérique, et surtout taxe sur les transactions financières ?

L'enjeu est de saisir cette opportunité pour orienter ces investissements vers les secteurs qui contribuent le plus à notre résilience. Les secteurs les plus affectés par la pandémie sont parfois les plus polluants (aviation, automobile, tourisme) : le risque est de les subventionner sans contrepartie contraignante pour accélérer leur transition, comme cela avait été le cas pour les banques après la crise financière de 2008. Même si la construction européenne est décevante sur certains aspects, j'ai envie de souligner son importance : elle a permis de rendre inimaginable une guerre entre nos pays et de montrer que nous pouvions coopérer au service du bien commun. L'Europe a surtout besoin d'être renforcée pour avoir plus de poids politique, plus d'indépendance militaire vis-à-vis des États-Unis et d'indépendance industrielle et commerciale vis-à-vis de la Chine. Elle est leader sur les questions d'environnement, de droits de l'homme et de justice sociale ; mais il faut aussi qu'elle soit à la hauteur de ses idéaux et unie, par exemple pour gérer les migrations sans renier ses valeurs, et pour ne pas détricoter son pacte vert ! Si elle devient capable de peser dans les relations internationales, elle ouvrira une perspective d'espoir pour renforcer la résilience de notre communauté humaine.

Revenons aux processus qui peuvent soutenir notre résilience nationale. Il me semble que ce qui correspond le mieux, à l'échelle nationale, au renforcement des forces du Moi et des ressources relationnelles, est la cohésion sociale : elle désigne l'état d'une société où la solidarité est forte et les liens sociaux intenses. Elle favorise l'intégration des individus, leur attachement au groupe et leur participation à la vie sociale. Les membres partagent un même ensemble de valeurs et de règles de vie. Elle renforce la capacité à arriver à un consensus national, à accepter nos responsabilités et à délimiter les contours de la crise, à accepter des sacrifices, à faire preuve de patience, et à partager des valeurs fortes tout en ayant une flexibilité suffisante. En fait, ce qui nous fait le plus peur dans les dystopies et récits d'effondrement, c'est bien la perspective de la guerre civile et de la barbarie.
Nous avons déjà abordé cette cohésion sociale à l'échelle des collectivités locales. Nous allons maintenant mesurer à quel point les inégalités la fragilisent et l'enjeu de lutter contre les clivages et les discriminations.

La cohésion sociale

Le sociologue Serge Paugam parle de l'« attachement social » comme un besoin fondamental qu'il met en parallèle avec le système de l'attachement (chapitre 2) : nous avons besoin de protection –« je peux compter sur l'autre »- et de reconnaissance -« je compte pour l'autre »- ; et nous pouvons les trouver dans nos liens familiaux, électifs (amis, associations), organiques (professionnels) et citoyens.

Le poids des inégalités

Les inégalités s'accroissent, tant entre les pays qu'à l'intérieur de chaque pays[135]

Depuis le début du XXIe siècle, la moitié la plus pauvre de l'humanité a bénéficié de moins d'1 % de l'augmentation totale des richesses mondiales, alors que les 1 % les plus riches se sont partagé la moitié de cette hausse. La France n'échappe pas à cette tendance puisque les 10 % les plus riches ont accaparé 54 % de l'augmentation des richesses entre 2000 et 2015. Entre 1998 et 2015, le patrimoine des français a doublé (notamment du fait de l'augmentation de l'immobilier), mais il a diminué pour les 20 % les moins dotés[136]. Un habitant sur sept (et un enfant sur cinq !) vit sous le seuil de pauvreté[137] (1 015 euros par mois pour une personne seule).

Les inégalités fragilisent les personnes[138]

La pauvreté diminue beaucoup la résilience personnelle : elle entraîne plus de maladies mentales (troubles anxieux et dépressifs, schizophrénie), d'obésité, de maladies cardiaques et respiratoires, de toxicomanie, de mortalité infantile, moins de bien-être des enfants et plus d'échec scolaire.

Ces problèmes sont plus marqués pour les plus pauvres, mais il faut souligner que l'inégalité affecte aussi les riches (ils sont exposés à plus de stress, de violence, etc.). Dans toutes les sociétés, la santé et la résilience sont moins bonnes en bas de l'échelle, mais dans les sociétés inégalitaires, c'est le cas pour la majorité de la population.

Les inégalités sont néfastes pour le bien-être et la santé des sociétés

Le statut de la femme y est moins bon, il y a plus de grossesses précoces ; il y a plus d'insécurité et de violence, plus d'homicides et de gens en prison. Il y a moins de cohésion sociale, moins de sociabilité et plus de peur, avec le développement de résidences clôturées et d'emplois de surveillance et de contrôle. Enfin les inégalités économiques extrêmes conduisent souvent à la confiscation du pouvoir politique par les plus riches, ce qui enferme le pays dans un cercle vicieux. En effet, plus les inégalités et la perte de confiance sont fortes, plus les citoyens s'enferment dans des « enclos cognitifs » ou « chambres d'écho » valorisant des codes culturels identitaires ou des théories du complot, et se tournent vers des dirigeants autoritaires[139].

De nombreux migrants que je rencontre en consultation sont des jeunes qui n'ont pas de perspective d'avenir dans leur pays d'origine : les écosystèmes se dégradent et ne permettent plus une agriculture de subsistance ; les gens vont vers les métropoles, mais l'activité économique y est freinée par la fragilité des infrastructures et par la corruption.

Les relations sociales sont bien meilleures dans les sociétés égalitaires : il y a plus de tendances altruistes, plus de confiance et de coopération, et la vie associative est plus développée. Tout cela renforce la cohésion sociale et la résilience de la société.

Les inégalités sont mauvaises pour nos écosystèmes

Hervé Kempf[140] montre que même les plus riches sont piégés par le désir mimétique : « Toute classe est mue par l'envie et la rivalité avec la classe qui lui est immédiatement supérieure dans l'échelle sociale. » Cela les conduit à une auto-justification et à un impact écologique effarant : consommation ostentatoire, jets et yachts privés, multiples résidences, etc. Un rapport d'Oxfam[141], établi sur une recherche du Stockholm Environment Institute, révèle qu'entre 1990 et 2015 les 10 % les plus riches au monde ont été responsables de plus de la moitié des émissions de carbone, tandis que la moitié la plus pauvre de l'humanité en a émis un peu moins de 10 %. Les 1 % les plus riches ont même été responsables de deux fois plus d'émissions que la moitié la plus pauvre de l'humanité !

En France, sur la période 1990-2015, l'empreinte carbone moyenne par personne a été 4,5 fois plus importante chez les 10 % les plus riches que chez les 50 % les plus pauvres (17,8 tonnes de CO_2 par an contre 3,9 tonnes).

Confrontées à une pénurie de ressources naturelles, les sociétés les plus égalitaires courent moins le risque d'effondrement : en dehors même des aspects de cohésion sociale, ceci a été mis en évidence avec un modèle mathématique[142] analysant l'usage des ressources en fonction du niveau d'inégalité.

Pourquoi les inégalités affectent-elles autant notre santé ?

Elles augmentent notre anxiété sociale, notre inquiétude quant au regard et au jugement des autres, et ce trouble est très fréquent : aux États-Unis, il concerne 6,8 % de la population[143] ! L'impact des réseaux sociaux a accentué ce phénomène, et je reçois régulièrement des jeunes qui sont victimes

de cyberharcèlement, ou, dans une moindre mesure, paniqués quand ils ne reçoivent pas de commentaires favorables.
Les inégalités diminuent aussi la qualité des relations sociales, de l'amitié et de la participation à des activités collectives, qui sont essentielles à notre santé et à notre résilience.
Tout ceci entraîne plus de troubles anxieux et dépressifs, d'addictions et de réactions consuméristes qui, à leur tour, sont mauvaises pour notre santé. La synthèse de plus de 250 études[144] montre un lien négatif clair et constant entre, d'une part, l'investissement dans des activités matérialistes et le fait de leur donner priorité dans sa vie, et, d'autre part, le bien-être personnel.
Il est donc essentiel de remettre en cause nos valeurs et nos buts, et de retrouver une liberté par rapport aux messages consuméristes qui nous sont distillés de façon répétée par la publicité : elle finance de plus en plus les médias, est omniprésente sur les écrans, et est de plus en plus ciblée pour déclencher des achats impulsifs.

Pourquoi le système néolibéral accroît-il les inégalités ?
Comme l'innovation technologique permanente augmente la productivité (par exemple, l'automatisation remplace de nombreux emplois), le temps de travail global diminue. Le chômage augmente[145], d'autant qu'on délocalise pour diminuer au maximum les coûts de production.
Ce qui soutiendrait une société résiliente serait de partager le travail et de consacrer le temps gagné aux loisirs et activités sociales plutôt qu'à la consommation. Mais ceci n'est possible que si les salaires minimaux sont suffisamment élevés, les salaires maximaux suffisamment limités (pour ne pas stimuler une course à l'avidité), et les profits des entreprises moins orientés vers les détenteurs du capital et plus vers les salariés.

Bien trop souvent, c'est l'intérêt des actionnaires qui dirige tout : les grands fonds d'investissement exigent des taux de rentabilité excessifs, au point que certaines entreprises empruntent ou vendent des actifs pour verser plus de dividendes. Cela se fait au détriment de la qualité du travail (augmentation de la souffrance psychique, stress, burn out, harcèlement) et des produits (obsolescence programmée).
Les salaires mirobolants des P.-D.G. n'ont quasiment aucun lien avec les résultats de leur entreprise[146]. Ce diktat du court terme financier fragilise les entreprises et les empêche de faire les investissements nécessaires pour un vrai changement de cap. Et cette pression se répercute sur toute la chaîne des fournisseurs et sous-traitants.

Ce n'est pas une fatalité !

Dans les pays développés, il y a eu une baisse régulière des inégalités à partir des années 1930, et c'est à partir de 1980 environ qu'elles se sont mises à augmenter. Leur évolution est très liée à la baisse du taux de syndicalisation[147], qui reflète les choix politiques des sociétés, et aux régulations macroéconomiques que nous décrivons plus loin.
Si nous allons vers plus d'égalité, nous aurons un mode de vie plus résilient, mais aussi beaucoup plus épanouissant. Sur le plan personnel, il y aura moins d'anxiété sociale, d'autodévalorisation ou de personnalités narcissiques, et le recours aux addictions diminuera. Nos relations sociales seront plus détendues, notre qualité de vie au travail sera meilleure. Il y aura plus d'altruisme et de coopération, ce qui renforcera les communautés locales. Nous aurons une meilleure santé physique et mentale, moins de violence et plus de cohésion sociale. Enfin il nous sera plus facile de nous libérer de la surconsommation et d'agir en faveur du bien commun et de la résilience de notre écosystème.

Le poids des discriminations et des clivages : élargissons le cercle du « nous » !

La lutte contre les discriminations et les clivages est l'autre enjeu important pour renforcer la cohésion sociale.

Compétition et coopération

Comme nous l'avons vu au chapitre 3, nous ne sommes pas motivés que par la compétition : nous avons aussi des motivations altruistes qui peuvent nous faire préférer des bénéfices pour le groupe, même à notre détriment. En effet, du point de vue de l'évolution, la sélection entre individus a tendance à avantager les plus compétitifs ; mais la sélection entre groupes a avantagé les groupes les plus coopératifs[148] et a sélectionné ces comportements.

Cependant, notre tendance naturelle est la coopération « fermée », limitée à notre groupe d'appartenance. Or, dès que nous catégorisons les personnes en « eux » et « nous », notre altruisme est inhibé. On a ainsi observé que des bébés de 6 mois préfèrent ceux qui leur ressemblent par la couleur de leurs vêtements ou leur choix de céréales[149] ! Et nous pouvons même nous réjouir du malheur des autres : vous ne serez pas surpris d'apprendre que des recherches l'ont montré chez des supporters de clubs de football…

Les frontières et les membranes, qu'elles concernent les cellules, les individus ou les groupes, ont des rôles essentiels : contenir et garantir une identité, une raison d'être, une fonction (les gènes qui s'expriment dans la cellule, le sentiment d'identité personnelle, la mission d'une entreprise, le projet de société ou l'identité nationale), et protéger, filtrer les échanges avec l'extérieur. Il faut un cadre suffisamment sécurisant pour s'ouvrir à la diversité dans un groupe ou une nation, comme pour intégrer des parties dissociées dans une thérapie personnelle.

Comme nous l'avons vu, la résilience des collectivités locales est dépendante de la cohésion sociale, et fragilisée par le sentiment d'iniquité et les inégalités touchant les populations vulnérables. Au niveau national, ce sont à peu près les mêmes facteurs qui peuvent atteindre l'entraide et la cohésion sociale et faire basculer de la coopération au conflit entre groupes[150] : la perte de confiance, un trop fort sentiment d'injustice (trop d'inégalités), et la contagion de comportements antisociaux ostentatoires qui ne sont pas cadrés par les autorités.

Un facteur central pour maintenir la coopération est notre croyance en un avenir commun, en la durabilité de notre structure sociale, et en la réciprocité des comportements prosociaux. C'est pourquoi les fausses rumeurs sont si délétères, et les récits communs mobilisant l'espoir et la confiance si importants !

Comment remédier au conflit entre groupes ?

Il faut déjà créer des occasions de rencontre qui renforcent la connaissance et la proximité émotionnelle de l'autre : cela diminue l'agressivité et augmente les comportements prosociaux[151]. Enfin, pour diminuer l'antagonisme entre deux groupes, le plus efficace est de devoir coopérer à une tâche importante : cela peut être un objectif commun, ou la confrontation à un milieu hostile ou à un ennemi commun.

Des expériences[152] ont ainsi été menées chez des adolescents, répartis en deux groupes lors d'une colonie de vacances. Dans un premier temps, on a renforcé leurs identités groupales (nom, drapeau, etc.) et on a confirmé que cela renforçait l'hostilité entre les groupes. Puis, pour ramener la paix, le meilleur moyen a été de les confronter à une difficulté qui nécessitait la coopération de tous (il fallait dégager le camion de ravitaillement du camp qui était embourbé). N'est-ce pas la situation à laquelle nous sommes confrontés pour notre maison commune ?

Lorsqu'un pouvoir politique favorise la coopération fermée, il risque de discriminer tous ceux qui ne relèvent pas du « nous », d'une même identité collective (culturelle, religieuse, ethnique, ou nationale), et de provoquer des polarisations et des conflits entre différents groupes. C'est le moteur de tous les national-populismes ou fondamentalismes agressifs.

Mais nous avons aussi notre responsabilité : ces clivages sont renforcés par les réseaux sociaux, où nous sélectionnons des « chambres d'écho » avec des personnes qui partagent nos opinions : c'est moins coûteux en énergie pour nos cerveaux, qui n'ont pas à se confronter à une pensée complexe[153] ! Les moteurs de recherche ont aussi des « bulles de filtrage » qui nous orientent en priorité vers des informations qui nous conviennent. C'est ainsi que même pendant la pandémie, où nous étions face à un problème commun, ont pu se développer des théories du complot et des passions étonnantes par rapport à un virologue marseillais médiatique...

La coopération ouverte

Heureusement, nous avons aussi une aptitude exceptionnelle à la coopération ouverte, bien au-delà de notre groupe d'appartenance. C'est ce qui permet l'émergence de figures d'humanité qui nous inspirent et que je retrouve souvent dans les figures-ressources de mes patients : quand nous pensons à Gandhi, Martin Luther King, ou mère Teresa, nous sentons que cela résonne avec ce qu'il y a de meilleur en nous ! Et de nombreuses initiatives créent des occasions de rencontre et de fraternité entre personnes de différentes cultures et croyances. Elles renforcent la cohésion et la résilience de nos sociétés en soutenant un dialogue non seulement respectueux mais curieux de l'autre, qui considère les différences comme une richesse et non comme une menace.

Le pape François et le grand imam d'Al-Azhar ont par exemple signé ensemble en février 2019 un *Document sur la fraternité humaine pour la paix dans le monde et la coexistence commune*, dont voici quelques extraits :
« De la foi en Dieu, qui a créé l'univers, les créatures et tous les êtres humains – égaux par sa miséricorde –, le croyant est appelé à exprimer cette fraternité humaine, en sauvegardant la création et tout l'univers et en soutenant chaque personne, spécialement celles qui sont le plus dans le besoin et les plus pauvres […].
« Au nom de la fraternité humaine qui embrasse tous les hommes, les unit et les rend égaux. Au nom de cette fraternité déchirée par les politiques d'intégrisme et de division, et par les systèmes de profit effréné et par les tendances idéologiques haineuses, qui manipulent les actions et les destins des hommes […].
« Au nom de Dieu et de tout cela, Al-Azhar al-Sharif – avec les musulmans d'Orient et d'Occident –, conjointement avec l'Église catholique – avec les catholiques d'Orient et d'Occident –, déclarent adopter la culture du dialogue comme chemin ; la collaboration commune comme conduite ; la connaissance réciproque comme méthode et critère […].
« C'est pourquoi nous demandons à tous de cesser d'instrumentaliser les religions pour inciter à la haine, à la violence, à l'extrémisme et au fanatisme aveugle et de cesser

d'utiliser le nom de Dieu pour justifier des actes d'homicide, d'exil, de terrorisme et d'oppression [...].
« Le dialogue, la compréhension, la diffusion de la culture de la tolérance, de l'acceptation de l'autre et de la coexistence entre les êtres humains contribueraient notablement à réduire de nombreux problèmes économiques, sociaux, politiques et environnementaux qui assaillent une grande partie du genre humain [...]. »

Voici, comme en écho, une belle initiative venue du terrain : l'association Coexister[154] est née en 2009, dans un contexte de tensions inter-communautaires, et porte l'objectif de renforcer la cohésion sociale par le dialogue interreligieux. Elle rassemble des jeunes croyants (chrétiens, musulmans, juifs) et non-croyants (agnostiques ou athées) qui s'engagent ensemble. Ils interviennent dans des établissements scolaires pour déconstruire les préjugés et encourager le dialogue, et s'investissent ensemble dans des actions de solidarité. Certains ont voyagé autour du monde pour rencontrer et faire connaître les principaux acteurs du dialogue interreligieux. Ils sont aujourd'hui plus de 2 000 dans 45 groupes locaux en France et 7 groupes européens. Au fond, ils travaillent à renforcer notre fraternité, ce troisième terme de notre devise républicaine qui est souvent délaissé par rapport à la liberté ou à l'égalité !

L'Union européenne fait également tout un travail d'évaluation pour soutenir et renforcer les formations en « *peacebuilding* » (prévention des conflits et construction de la paix) que proposent déjà une douzaine d'universités en Europe[155]. Elle propose le modèle ASK (*Attitude, Skill and Knowledge*) :

- Cultiver une Attitude (savoir-être) montrant que la paix est possible en se fondant sur l'empathie sans jugement, l'égalité, le respect de la diversité et des droits humains, le sens de la responsabilité sociale et de la participation de tous.

- Développer des compétences (*Skills*, savoir-faire) de communication, de lutte contre les discriminations, de réflexion et d'analyse stratégique, avec des allers-retours entre l'apprentissage et la mise en pratique dans différents contextes – par exemple, comment faciliter le dialogue entre des parties en conflit. Une compétence importante est aussi de savoir prendre soin de soi.

- Apprendre des savoirs (*Knowledge*) : concepts, procédures, connaissance du contexte, permettant de construire une stratégie adaptée à la situation ; et aussi connaissance de soi.

J'ai été impressionné de découvrir que ce type de formations était si répandu, proposé par tant d'organismes, et même sous forme d'apprentissage en ligne

Vers quoi devons-nous aller ?

Pour renforcer notre résilience nationale, nous devons donc renforcer notre cohésion par la justice sociale et la fraternité, tout en développant la transition vers un modèle de développement soutenable par notre écosystème. Et si ces deux nécessités, loin de se faire concurrence, pouvaient se renforcer mutuellement ?

Faire converger les enjeux de justice sociale et d'écologie

Le pacte du pouvoir de vivre

Une cinquantaine de syndicats, d'ONG et d'associations de solidarité, dont la CFDT, la fondation Abbé-Pierre, la Mutualité française, la Ligue de l'enseignement, les Coop'hlm, la fondation Nicolas-Hulot, etc., ont décidé en mars 2020 de porter ensemble un pacte de la convergence de l'écologie et du social : « Pour la première fois, nous nous engageons à faire front commun en défendant collectivement 66 propositions[156] qui permettent à chacun le pouvoir de vivre. Ces propositions sont le fruit des débats et des travaux collectifs menés par toutes nos organisations au plus près de nos sympathisants, adhérents, militants et des personnes à qui l'on apporte une aide. Elles représentent la voix de plusieurs millions de personnes. [...] Il n'y a pas d'un côté la question de la fin du monde et de l'autre celle de la fin de mois, les deux enjeux sont les deux faces d'une même pièce, s'alimentant et se combinant. »

Si on traite l'écologie sans traiter le social, on va droit dans le mur, comme l'a montré l'opposition d'une partie de la population à la hausse de la taxe carbone. Par contre, si on sort des énergies fossiles tout en rénovant les passoires énergétiques, ou si on rend accessible une alimentation bio et locale, on peut à la fois améliorer le quotidien, préserver la santé et s'attaquer aux défis environnementaux.

Leurs propositions se déclinent sur quatre grands axes prioritaires :

- Donner à chacun le pouvoir de vivre dans un cadre commun en protégeant notre avenir et celui des générations futures. L'objectif est l'accès de tous aux droits fondamentaux : logement, éducation, travail, services publics, lutte contre les discriminations, accueil digne des migrants, alimentation de qualité.

- Remettre l'exigence de justice sociale au cœur de l'économie : développer une économie et une finance vraiment responsables, redonner du sens au partage des richesses et réformer la fiscalité pour plus de justice.
- Préparer notre avenir en cessant de faire du court terme l'alpha et l'oméga de nos politiques publiques, évaluer l'impact de toute nouvelle loi et politique publique sur les 10 % les plus pauvres de la population et au regard des objectifs de développement durable.
- Partager le pouvoir pour que chacun puisse prendre sa part dans la transformation de nos vies, permettre la participation de tous les citoyens et donner plus de pouvoir aux salariés dans les entreprises.

L'évolution des mentalités

Les jeunes sont très sensibles aux valeurs de l'écologie et des droits humains, et désireux de s'engager dans une action humanitaire. Lors de la récente pandémie, ils ont été nombreux à rejoindre des associations au service des plus démunis. Ils se mobilisent lors des manifestations pour le climat, pour la défense des femmes, des minorités (le mouvement Black Lives Matter), des animaux, ou pour faire un service civique. Ils prennent des initiatives dans le mouvement de la Transition et certains s'engagent dans des changements de vie radicaux où ils trouvent du sens et de la cohérence avec leurs valeurs.

Même si la cohésion sociale est menacée par l'accroissement des inégalités, les conflits de cultures, et la compétition pour les ressources, il me semble qu'une profonde évolution des consciences émerge de plus en plus : le développement de la compassion, la conscience de notre interdépendance et la recherche d'un nouveau modèle de développement humain.

Je trouve beau de comparer cela au mycélium des champignons, comme le font les collapsologues[157] : c'est comme un réseau souterrain de mobilisation des convictions et des actions personnelles, qui fructifie parfois au grand jour par une réalisation inspirante, comme un champignon qui diffuse ses spores.

Ce n'est pas qu'une vue de l'esprit ! Steven Pinker[158], professeur de psychologie à Harvard, a fait la synthèse des recherches sur l'évolution de la violence dans le temps : à long terme, on observe une nette tendance à la baisse de toutes les formes de violence (guerres, génocides, homicides, torture, peine de mort, violences contre les femmes et les enfants). Si nous pouvons avoir l'impression du contraire, c'est que nous sommes de plus en plus informés et de moins en moins tolérants face à ces violences. N'est-ce pas encourageant ?

La Convention citoyenne pour le climat

Nous avons eu en France en 2019-2020 une très belle démarche de démocratie participative, la Convention citoyenne pour le climat : 150 citoyens de 16 à 80 ans ont été tirés au sort et sont représentatifs de la diversité de la société. Leur mission a été de définir une série de mesures permettant d'atteindre une baisse de 40 % des émissions de gaz à effet de serre d'ici 2030 (par rapport à 1990) dans un esprit de justice sociale. Nous sommes bien dans la convergence de la justice sociale et de l'écologie, des « fins du mois » et des « fins du monde », des Gilets jaunes et verts. Le président de la République s'était engagé à ce que ces propositions soient soumises « sans filtre » soit à référendum, soit au vote du Parlement, soit à application réglementaire directe.

Ces 150 citoyens sont indépendants du gouvernement, et ont veillé à l'être aussi de tous les groupes de pression. Ils ont auditionné toutes les parties prenantes, ainsi que des experts, dans un souci d'impartialité. Leurs points de vue se sont parfois opposés, mais ils ont su construire ensemble une magnifique expérience de dialogue, d'intelligence collective, et même d'amitié. Leur travail de neuf mois a abouti à un large consensus sur 149 propositions qu'ils estiment justes et équitables, et qui peuvent être très rapidement traduites en décrets ou projets de lois.

Je leur laisse la parole[159] : « La crise du COVID-19 nous interroge sur les effets d'une crise environnementale à venir. Il ne faudrait pas, avec les mesures qui seront prises pour sortir de la situation sanitaire actuelle, que nous accélérions le dérèglement climatique.

Nous nous exprimons, car il est urgent d'agir pour construire demain. Les évènements que nous vivons aujourd'hui remettent en cause nos manières de se nourrir, de se déplacer, de se loger, de travailler, de produire et de consommer. Nos modes de vie sont bouleversés et nous interrogent sur nos priorités, nos besoins, et nos comportements quotidiens. [...] Face à l'urgence, certaines de nos mesures permettraient de contribuer à la fois à une relance économique, à réduire les émissions de gaz à effet de serre et, indéniablement, à améliorer notre santé et notre bien-être collectifs, tout en tenant compte des populations les plus fragiles. [...] Nous demandons que les financements mobilisés dans le cadre de la sortie de crise soient socialement acceptables, fléchés vers des solutions vertes et que les investissements se concentrent dans des secteurs d'avenir respectueux du climat ».

Mais la plupart des propositions ont été rapidement écartées par le gouvernement... Et la déclinaison française des investissements européens, même si elle a des aspects positifs, n'est pas à la hauteur d'une transformation assez rapide : beaucoup d'argent est encore orienté vers les secteurs automobile et aéronautique, et des avantages fiscaux bénéficient aux entreprises sans contrepartie pour réorienter le modèle économique. Très peu d'argent soutient l'enjeu majeur de la transition agroécologique.
Et surtout, il n'y a pas de remise en question de notre modèle pour aller vraiment vers « le monde d'après ». Pourquoi les changements sont-ils si difficiles ?

Comment éviter les fausses pistes ? Quelques repères

Nous devons toujours penser aux limites de notre planète.
Nous ne voyons pas directement les impacts des biens que nous produisons et consommons, qui sont souvent délocalisés. Les principales limites à intégrer sont l'énergie nécessaire au cours de leur cycle de vie, mais aussi les matières premières, notamment certains métaux utilisés dans les produits high-tech et difficiles à recycler, et les déchets. Il faut de plus en plus d'énergie pour extraire des métaux moins concentrés, et de plus en plus de métaux pour produire de l'énergie, avec un taux de retour énergétique (rapport entre l'énergie produite et celle dépensée) de plus en plus bas :

nous risquons d'aller vers un « pic de tout[160] » et une décroissance inéluctable de nos ressources.

Nous devons donc organiser un modèle consommant moins d'énergie et de ressources, d'autant que les flux de matière et d'énergie ont toujours un impact sur l'environnement (pollution, artificialisation des sols, etc.).

Il faut donc raisonner en termes d'éco-conception

Développer des produits réellement utiles, durables, économes en ressources, robustes et réparables (« résilients »), non polluants et recyclables au maximum ; et des services réhumanisés, alors que nous sommes de plus en plus face à des machines dans les administrations, les gares, les bureaux de poste, etc. Or il y a plus de jeunes volontaires pour un service civique que de postes, et l'accès au travail est source de résilience (voir l'expérience des Territoires zéro chômeur de longue durée).

Les *low tech* (basses technologies) méritent d'être valorisées pour leur résilience

Elles utilisent des outils conviviaux, pas trop complexes, que l'on peut plus facilement maîtriser et réparer. Elles permettent de relocaliser certaines industries manufacturières pour des objets du quotidien (on l'a vu avec la production de masques lors de la pandémie), et de maintenir un réseau d'artisans capables de réparer les objets. Par exemple, l'énergie solaire thermique ne nécessite ni métaux rares ni technologies de pointe, et elle peut être utilisée pour produire de l'eau chaude ainsi que pour la cuisson ou la réfrigération des aliments. Les constructions en paille et bois stockent du carbone, nécessitent peu d'énergie grise (la somme des énergies nécessaires au cycle de vie d'un objet), sont très isolantes et produisent peu de déchets.

Nous risquons de valoriser de façon mythique des solutions high-tech, comme les voitures électriques, alors que leur fabrication est coûteuse en énergie grise et en métaux rares ; or ces solutions sont souvent complexes à entretenir et peu résilientes. Par exemple, l'idée que l'informatique permettrait une dématérialisation de l'économie s'est heurtée à la réalité d'une consommation de papier qui ne diminue presque pas, et d'une consommation d'énergie et de métaux rares très importante. De plus, elle conduit à développer sans cesse de nouveaux produits à l'obsolescence programmée.
Il est également illusoire de penser que la « bioéconomie » pourrait remplacer les ressources fossiles par des « bioressources » pour faire une « chimie verte » ou des biocarburants : si cette production augmente, elle entrera forcément en concurrence avec les cultures pour l'alimentation.

Attention à l'effet rebond !
Cela signifie que les progrès en efficacité énergétique ne servent à rien si parallèlement notre consommation augmente : on a par exemple des voitures qui consomment moins mais sont plus lourdes et embarquent plus d'électronique, et qui parcourent plus de kilomètres chaque année. Aucun progrès viable à long terme ne sera obtenu si nous ne changeons pas nos valeurs pour apprécier la sobriété. La publicité continuera à stimuler notre avidité et à créer des « besoins » absurdes pour des « innovations » dénuées de sens, comme des réfrigérateurs énormes qui préparent la liste des courses...

La question de la bonne dimension est très importante
Dans bien des cas il nous faudra revenir à « *Small is beautiful* ». Beaucoup de structures sont bonnes quand elles sont de taille modeste, et elles ont des impacts négatifs quand elles se développent démesurément. Ainsi, par rapport à un

élevage de 50 vaches, un élevage de 1 000 vaches n'autorise ni un respect du bien-être animal, ni une alimentation au pré ; il a un plus fort impact environnemental (déjections) et recourt plus aux antibiotiques. Les hypermarchés créent beaucoup moins d'emplois que les petits commerces de centre-ville, ont plus d'impact environnemental et poussent à la surconsommation.

Il y a aussi une taille des groupes humains qui favorise la solidarité et le souci du bien commun, qui permet que la réputation encourage les comportements altruistes et sanctionne les profiteurs, et où la connaissance de l'autre ouvre le dialogue et limite les préjugés. Au contraire, l'anonymat des grandes villes, ou les réseaux sociaux qui valorisent l'excitation de l'autopromotion ou des émotions intenses, favorisent les jugements caricaturaux et les clivages dans des « chambres d'écho ».

La question du temps : l'accélération[161], ou le ralentissement et le long terme ?

L'accélération de nos rythmes de vie, liée aux changements techniques et sociétaux, est très dommageable : l'envahissement permanent par les sollicitations des écrans diminue notre capacité d'attention et appauvrit nos liens réels au profit de relations virtuelles. Rappelez-vous : le premier besoin du bébé pour construire un attachement sécure est d'avoir du temps avec ses parents !

La logique financière est celle de l'ultra-court terme (le *trading* haute fréquence géré par des automates sur des fractions de secondes représente 30 à 50 % des transactions), et le pouvoir excessif des actionnaires dans les entreprises peut les pousser à diminuer leur résilience à long terme, à ne pas investir ou même à emprunter pour « donner du cash » à court terme aux actionnaires. La nécessité permanente d'augmenter la productivité met sous pression les salariés, diminue leur temps de relations et les expose au burn out. Et les politiques sont souvent absorbés par la gestion des urgences et les échéances électorales, plutôt que par les priorités pour notre avenir à long terme.

Le nombre de choses à faire (« *to do list* ») dépasse le temps que nous avons. Choisissons de nous alléger, de retrouver du temps libre et de savourer le présent. Cela nous permettra d'avoir une perspective plus profonde, plus centrée sur nos valeurs importantes et sur ce qui a vraiment du sens.

Comment y arriver ?

Comme il s'agit d'un système complexe et d'un changement de paradigme, de modèle de développement, il faut faire converger plusieurs leviers de changement : les régulations politiques et macroéconomiques, la mobilisation des entreprises, et le partage collectif d'une vision désirable et réalisable. L'espoir réaliste est que la convergence progressive des pressions sur ces différents leviers arrivera, à partir d'un certain seuil, à faire basculer l'ensemble du système !

Les régulations politiques et économiques

Il y a des freins systémiques au changement : les investissements des entreprises se font à long terme, et elles ne peuvent réorienter leur activité du jour au lendemain ; et la reconversion professionnelle nécessite un temps de formation. L'« effet parc » signifie que les acteurs économiques qui ont investi dans un équipement ne le changent pas avant qu'il soit amorti, que ce soit un camion très polluant ou une centrale au charbon. Ceci s'applique aussi aux grandes banques, qui ont beaucoup investi dans les énergies fossiles : elles ont tout intérêt à continuer à les subventionner, et comme elles sont « *too big to fail* » (trop grosses pour faire faillite sans mettre en crise toute l'économie), elles peuvent faire pression sur les politiques.

Plus globalement, le système financier a montré qu'il n'était pas capable de bien orienter les investissements. Tel qu'il fonctionne actuellement, les riches l'utilisent à leur profit et il renforce les inégalités. Quelles régulations politiques des finances et de l'économie sont donc nécessaires pour soutenir la résilience de nos sociétés ? Ce sont des questions fondamentales que la crise de la pandémie a réouvertes : dans quoi devons-nous investir ? Qu'est-ce qui a vraiment de la valeur ? Qu'est-ce qui permet à nos sociétés de tenir ensemble ? Comment renforcer notre résilience face à de futures crises ?

Gaël Giraud, spécialiste en économie mathématique, a travaillé au CNRS et pour des banques d'investissement. Il a été le chef économiste de l'Agence française de développement de 2015 à 2019. Il est par ailleurs prêtre jésuite, vit en communauté dans un quartier populaire, et est peu suspect de chercher son enrichissement personnel. La conviction qui l'anime est que « nous devons travailler à l'émergence de communautés capables d'administrer intelligemment des biens communs, à égale distance de la gestion bureaucratique soviétique et néo-libérale ». Avec Cécile Renouard (enseignante dans les grandes écoles et spécialiste de la responsabilité éthique des entreprises) et un groupe de financiers, économistes, et cadres dirigeants, il a écrit *Vingt propositions pour réformer le capitalisme*[162]. Cela lui a valu en 2009 le prix du meilleur jeune économiste, décerné par le journal *Le Monde* et le Cercle des économistes. Ce livre nous invite à sortir de l'impuissance due à l'impression de subir un système trop complexe pour qu'on puisse le comprendre et le réformer. Des régulations politiques sont nécessaires et possibles pour construire une société plus résiliente, plus solidaire et respectueuse des limites de notre planète. Voici quelques-unes de leurs propositions :

Les propositions concernant les impôts

Il est primordial de supprimer les paradis fiscaux. Selon le Tax Justice Network, 20 à 30 % du PIB mondial y est dissimulé. Non seulement ils permettent l'évasion fiscale, mais ils soutiennent la corruption des dirigeants et le crime organisé. Pour l'ONG Oxfam, un véritable plan pour les éradiquer est la priorité pour la paix et le développement[163]. On pourrait par exemple empêcher les transferts d'argent vers ces pays. De façon plus large, il faut aller vers une fiscalité des multinationales déterritorialisée, pour éviter qu'elles échappent à l'impôt en localisant leurs profits dans des filiales de pays où l'imposition est faible. Cela leur permet aussi d'exposer les états à un chantage à la délocalisation : cela les pousse à diminuer les impôts, puis ils peinent à financer les services sociaux, de santé et d'éducation, pourtant essentiels à leur résilience.

Il faut instaurer des taxes globales, car nous sommes interdépendants pour faire face à des crises majeures : réchauffement climatique, dégradation des écosystèmes et de la biodiversité, inégalités extrêmes et pauvreté, gestion des biens publics mondiaux et des ressources qui s'amenuisent, etc. En taxant les transactions financières, les émissions de gaz à effet de serre, la production de déchets, le commerce des armes, on freinerait ces activités néfastes et on dégagerait des ressources pour des investissements à valeur sociale et écologique !

Certaines décisions doivent se faire à l'échelon européen : celui-ci peut être assez puissant pour imposer des règles à ses frontières et provoquer un effet d'entraînement, au lieu de subir le bras de fer entre les États-Unis et la Chine. Cela permettrait de garder des ressources fiscales et de les utiliser pour réorienter l'économie : il faudrait moins de taxes sur le travail, et plus sur la consommation de ressources, l'empreinte carbone et la production de déchets.

Les propositions concernant le système financier

Il faut mieux réguler les marchés, les fonds de pension, les banques et les différents acteurs du système financier. Par exemple, les banques privatisent leurs profits mais font payer par la collectivité les risques qu'elles prennent en spéculant. Un banquier a ainsi déclaré au *Figaro* : « Les marchés actions ne financent plus l'économie. Ils sont faits pour permettre aux professionnels d'arbitrer les amateurs[164] » (c'est-à-dire de gagner sur eux dans une sorte de casino truqué). En mars 2011, le mathématicien Sergey Aleynikov a été condamné à huit ans de prison pour avoir emporté un algorithme de *trading* haute fréquence qu'il avait conçu chez son employeur Goldmann Sachs, et avec lequel il aurait pu « manipuler malhonnêtement les marchés[165] ». Mais que fait Goldmann Sachs avec cet algorithme ?

Pour cela, il est proposé de séparer les banques d'investissement des banques de dépôt et de crédit. Ainsi, si les spéculations financières des banques d'investissement les conduisent à la faillite, cela n'empêcherait pas les activités bancaires nécessaires à notre activité économique de continuer.

On constate enfin que les banques sont liées par leurs actifs investis dans des activités carbonées, et continuent de ce fait à plus investir dans les énergies fossiles que dans les énergies renouvelables. Pour qu'elles puissent vraiment investir dans un grand plan de transformation de l'économie, il est proposé que la Banque centrale européenne (BCE) rachète ces actifs, en conditionnant ce rachat à l'engagement des banques dans la transition.

La BCE a en effet le pouvoir de créer de la monnaie et les politiques peuvent redéfinir sa mission comme de ne financer que des investissements verts.

Les propositions concernant les entreprises
Des incitations fiscales et des règles de gouvernance doivent orienter les capitaux vers l'investissement socialement responsable (ISR), et pousser les entreprises à renforcer leur responsabilité sociale et environnementale (RSE). Actuellement, la valorisation du capital et des hauts salaires se fait au détriment de la rémunération du travail et des intérêts des autres parties prenantes de l'écosystème de l'entreprise : les clients, qui ne veulent plus de l'obsolescence programmée ; les fournisseurs et sous-traitants ; enfin les communautés locales et l'environnement naturel, qui ne veulent plus être exposés à des polluants.

Dans les conseils d'administration, il est important de redonner plus de pouvoir aux salariés, qui ont plus le souci de la résilience à long terme de l'entreprise que les actionnaires !

Beaucoup d'entreprises souhaitent aller dans cette direction, mais craignent la concurrence des entreprises moins-disantes dans les domaines sociaux et environnementaux, ou délocalisent une partie de leur activité vers des entreprises de pays beaucoup moins respectueux des travailleurs et de l'environnement. C'est pourquoi il faut associer des incitations et des contraintes pour harmoniser les règles du jeu et stimuler la transition des entreprises vers une économie bas-carbone et circulaire.

Il faut enfin veiller au risque de *greenwashing*, d'adaptations superficielles à visée publicitaire : la tentation est grande pour les entreprises du passé de se contenter de ce type d'actions, tout en faisant du lobbying auprès des pouvoirs publics pour garder des avantages sans trop de contreparties.

Il faut enfin promouvoir les entreprises de l'économie sociale et solidaire, et celles qui sont construites sur la coopération de toutes les parties prenantes.

Face à ces propositions, le premier réflexe de ceux qui bénéficient du système actuel est de dire que c'est utopique, impossible, irréaliste, etc. Mais elles sont portées par des économistes crédibles. Réalisons surtout que c'est le système actuel qui est fou, car il risque de conduire nos descendants à vivre sur une planète beaucoup moins habitable ! Il augmente les inégalités et atteint la cohésion sociale : au total, il nous expose à beaucoup plus de risques tout en diminuant notre résilience… Jean-Pierre Jouyet, ancien président de l'Autorité des marchés financiers, n'est pas un dangereux révolutionnaire, pourtant il nous annonce : « Les citoyens se révolteront contre la dictature des marchés[166]. »

Or la crise du COVID-19 a créé une opportunité en faisant sauter certains tabous économiques et en montrant qu'en fait, tout dépendait de décisions politiques. Et cette remise en cause de notre système vient même d'acteurs surprenants !

Intégrer les perspectives des régulations publiques et des entreprises

Révolution culturelle au forum de Davos !

Le Forum économique mondial (souvent appelé « forum de Davos ») promeut la coopération entre le public et le privé, et n'a pas la réputation d'avoir une idéologie alternative ! Dans son rapport de 2020[167], il estime que « donner la priorité à la nature » devrait permettre aux entreprises, par rapport au scénario « *business as usual* » (« on continue comme d'habitude »), de saisir plus d'opportunités (environ 10 000 milliards de dollars) et de créer 395 millions d'emplois supplémentaires dans le monde d'ici 2030. Les investissements nécessaires, estimés à 2 700 milliards de dollars par an entre 2020 et 2030, peuvent être comparés au « stimulus » de 2 200 milliards injecté en mars 2020 dans la seule économie états-unienne lors de la crise du COVID-19.

Le premier message qu'il adresse aux décideurs est clair : « Il n'y a pas d'avenir dans le scénario "*business as usual*" ; nous sommes en train d'atteindre des points de bascule irréversibles pour la nature et le climat, et plus de la moitié du PIB mondial, 44 000 milliards de dollars, est potentiellement menacé par la perte des systèmes naturels. »

Même si cela paraît surréaliste de penser qu'on peut comptabiliser en dollars la bascule irréversible de notre écosystème, est-ce que vous mesurez la révolution culturelle que ce discours exprime ?

Après la « grande accélération » de l'économie mondiale ces soixante-dix dernières années et la « grande décélération » due à la pandémie, il appelle à une « grande réinitialisation » (« *Great Reset* ») : « Continuer la même stratégie économique qui a conduit à cette situation tout en espérant une issue différente serait hautement questionnable. Il nous faut un nouvel avenir pour la nature et les hommes, qui puisse accélérer la grande réinitialisation dont la société et l'économie mondiale ont besoin. »

Il propose quinze grands enjeux de transition et développe pour chacun ce qui est du ressort des entreprises et des états.

Focus. Les quinze grands enjeux de transition proposés par le Forum économique mondial

Vers un système d'utilisation des aliments, des terres et des océans, favorable à la nature

1. Stabilisation et réduction de l'empreinte de l'agriculture et de la pêche sur les écosystèmes et restauration des écosystèmes dégradés. Les incitations fiscales et les subventions doivent cesser d'encourager la conversion des écosystèmes et stimuler leur restauration.

2. Changement fondamental vers une agriculture productive et régénératrice, en combinant des techniques agricoles traditionnelles, des technologies de précision avancées et des intrants (engrais, pesticides) biosourcés. On peut ainsi augmenter la biodiversité, enrichir les sols, améliorer la gestion de l'eau et les services écosystémiques, tout en améliorant les rendements. Cette transition exige l'adoption de solutions agronomiques et une réorientation des subventions à l'agriculture.

3. Gestion durable de la pêche sauvage (quotas et limitation à des zones spécifiques) ; et transition vers une aquaculture durable et saine.

---

4. Transition vers une gestion durable des forêts (exploitation à faible impact, planification améliorée des récoltes et foresterie de précision). Il importe de considérer les droits des peuples autochtones et des communautés locales, qui sont les meilleurs gardiens des forêts.

5. Consommation compatible avec la planète : sortir de la surconsommation de nourriture issue de l'agriculture intensive gourmande en ressources et du gaspillage lié à la mode. Les déchets sont surtout générés par les consommateurs les plus riches.

6. Chaînes d'approvisionnement transparentes, traçables et durables, pour soutenir une consommation et une production responsables.

Vers des infrastructures et un environnement bâti favorables à la nature

7. Densification urbaine pour éviter l'étalement des banlieues et la congestion du trafic automobile ; développement des transports en commun.

8. Conception d'infrastructures respectueuses de la nature pour le chauffage, la climatisation, l'éclairage ; végétalisation, développement de paysages urbains qui diminuent l'empreinte écologique et les coûts et améliorent le bien-être et la santé.

9. Services publics urbains compatibles avec la planète pour réduire la pollution atmosphérique, avoir une eau plus sûre, un assainissement plus efficace, une énergie moderne et un recyclage des déchets.

10. En plus de la protéger et de la restaurer, reconnaître le rôle de la nature en tant qu'infrastructure qui renforce notre

résilience aux évènements climatiques extrêmes et nous fournit des services essentiels, tels que l'apport d'eau douce et sa purification. La protection et la restauration des écosystèmes naturels comme les plaines inondables, les zones humides et les forêts implique souvent de travailler avec les communautés rurales, y compris les peuples autochtones qui sont les gardiens de vastes zones naturelles.

11. Infrastructures de connexions interurbaines respectueuses de la nature.

Vers un système extractif et énergétique respectueux de la nature

12. Développer rapidement des modèles de production circulaire pour réduire la consommation de nouvelles ressources : repenser les processus de production dans l'ensemble de l'économie, réorienter les dépenses de recherche et développement vers la réduction ou le recyclage des déchets, encourager les changements de comportement des entreprises et des consommateurs pour recycler, réparer, ou louer plutôt que posséder.

13. Réduire l'impact de l'extraction des minerais et des métaux : techniques d'exploration non-invasives, gestion durable des sites d'extraction, extraction plus efficace et planification d'une vaste remise en état des écosystèmes et des communautés une fois l'extraction terminée. L'atténuation doit suivre une hiérarchie rigoureuse : évitement, minimisation, remise en état, et compensation.

14. Les activités extractives respectueuses de la nature ont besoin de chaînes d'approvisionnement durables pour réussir. Des initiatives de conservation, des cadres de gouvernance des minerais, des nouvelles technologies et des enga-

gements des entreprises peuvent aider à intégrer la transparence et la traçabilité et lutter contre les activités extractives illégales destructrices pour l'environnement. Dans le même temps, la transition doit promouvoir l'inclusion d'activités actuellement informelles (par exemple la récupération de matériaux en décharge) qui donnent des moyens de subsistance à des millions de personnes dans des chaînes d'approvisionnement durables.

15. La transition des énergies fossiles vers les énergies renouvelables doit être gérée de façon à ce que la décarbonation ne se fasse pas au détriment de la nature. Cela implique de gérer la conception, le choix des sites et la demande en ressources des projets d'énergies renouvelables, et de saisir cette opportunité pour protéger et restaurer la nature. Enfin le développement des bioénergies doit soigneusement équilibrer les avantages climatiques et les implications sur la biodiversité.

Comment cela pourrait-il se passer concrètement en France ?

Plusieurs laboratoires de réflexion étudient sérieusement cette question, à commencer par The Shift Project. Son fondateur, Jean-Marc Jancovici, est un ingénieur et consultant spécialiste de longue date de l'énergie et du climat, reconnu pour la rigueur scientifique de ses travaux. Il a notamment été l'auteur principal du bilan carbone de l'ADEME[168], qui permet à chacun d'évaluer ses émissions de CO_2.

The Shift Project est un laboratoire d'idées qui s'est donné pour objectif l'atténuation du changement climatique et la réduction de la dépendance de l'économie aux énergies fossiles. Il promeut une économie « qui réduit les flux d'énergie, et qui réduit et fait décélérer les flux de matière », dans le cadre d'un plan de transformation de l'économie française (PTEF) pour la rendre plus résiliente. The Shift Project est financé par des grandes entreprises conscientes de cet enjeu et travaille avec un large réseau d'experts bénévoles qui s'organisent en une association autonome, les *Shifters*. Sa force est de proposer une planification de la transition non seulement sur le plan individuel, mais dans la perspective des entreprises et des métiers, en vérifiant le réalisme et la cohérence de ses propositions dans le système économique global.

Voici le lien Internet[169] vers l'état actuel de leur travail, avec dix-neuf fiches concernant les principaux secteurs d'activité : usages (mobilité quotidienne, mobilité longue distance, logement, usages numériques) ; services (santé, administration publique, culture, défense et sécurité intérieure, enseignement supérieur et recherche) ; secteurs « amont » (forêt et bois, énergie, industrie automobile, fret, matériaux et industrie, agriculture et alimentation) ; chantiers transverses (villes et territoires, emploi, finance, résilience, impacts et macroéconomie).

Pour chaque secteur, les *Shifters* partent du point de départ et des enjeux actuels. Puis ils proposent un chemin de transformation pour le rendre sain et robuste, avec des objectifs et des moyens précis, et des compensations pour les métiers qui seront les plus perturbés. Enfin ils décrivent une vision de son état après transformation, et notamment de sa résilience : « la crise liée à la pandémie est une occasion unique de mettre la résilience et le climat au cœur de la relance ».
Je vous encourage à lire ces visions, où on voit certes la décroissance de certaines consommations, mais où l'impression globale est celle d'un monde plus apaisé et agréable à vivre !

Figure 12 : Crises, climat : vers un plan d'urgence de transformation de l'économie française[170], résiliente et décarbonée

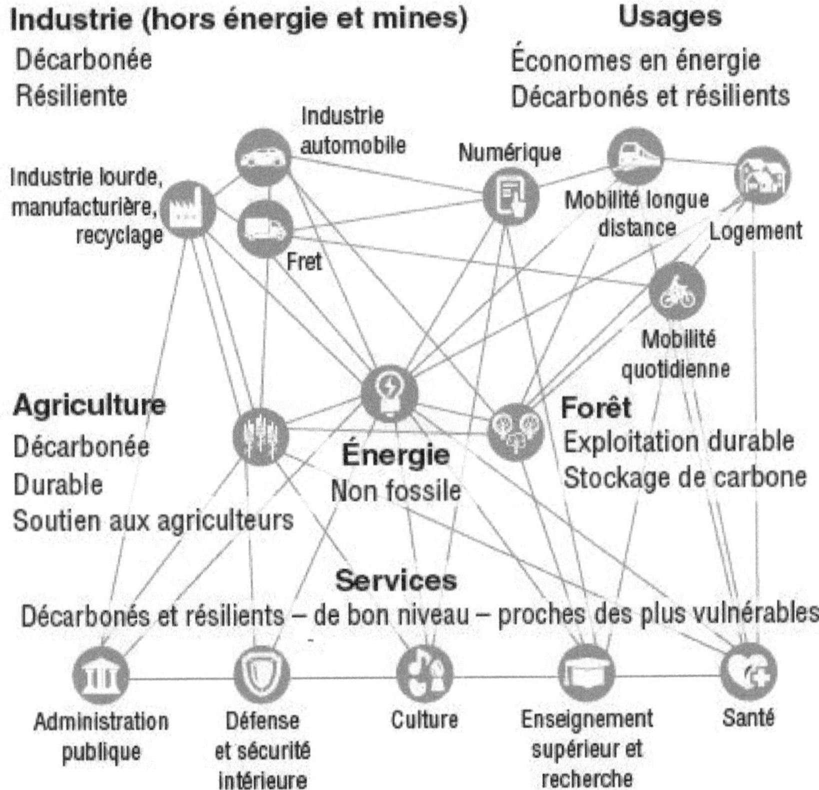

D'autres scenarios sont proposés par d'autres groupes d'experts, avec le même souci d'être scientifiquement fondés, réalistes socialement et économiquement, de renforcer notre résilience et de nous orienter vers un avenir soutenable.

Le collectif Négawatt[171] travaille sur les enjeux de l'énergie. À la différence du Shift Project, il pense qu'on peut même arriver à se passer de l'énergie nucléaire ; mais leurs points de convergence sont nombreux, en particulier sur le premier enjeu qu'est la sobriété énergétique.

Afterres 2050[172] est un scénario de transition agricole, alimentaire et climatique élaboré par Solagro avec des scientifiques et des acteurs de terrain. Ils cherchent à mettre en adéquation nos capacités de production agricole et forestière avec nos besoins pour l'alimentation, pour l'énergie et pour l'habitat, tout en respectant les écosystèmes et le climat. Dans l'assiette de 2050 qu'ils proposent, il y a (par rapport à 2010) deux fois moins de viande et de produits laitiers, moins de sucre et davantage de légumes, de céréales, de légumineuses, de fruits et de fruits à coque. Comme nous l'avons vu au chapitre 1, c'est exactement ce qui est bon pour notre santé !

La résilience des entreprises

Pour que tout cela soit réaliste, il faut se mettre dans la perspective des entreprises et de leur résilience : la crise du COVID-19 a fragilisé de nombreux secteurs de l'économie, en particulier le tourisme, les transports, la restauration, les petits commerces et la culture. Nous avons mesuré à quel point le soutien de l'État était vital pour certains secteurs, et que dans les pays où il intervient peu, la situation était pire pour les entrepreneurs. Il n'est certes pas possible d'en tirer des conclusions générales, car chaque crise est particulière et affecte plus certains types d'entreprises ou de secteurs ;
mais on peut quand même souligner l'enjeu de ne pas financer de fausses solutions, en revenant au « monde d'avant » ou à des illusions établies sur une « croissance verte » qui ne serait que du *greenwashing*… Il est plus facile aux décideurs

d'entendre les points de vue des grosses entreprises qui risquent une perte brutale d'emplois que de stimuler la création de nombreuses petites activités : un arbre qui tombe fait plus de bruit qu'une forêt qui pousse !

Voici quelques facteurs qui renforcent la résilience des entreprises

- Le fait qu'elles fournissent des produits ou services essentiels est un premier facteur important. Cela a été évident pour les hôpitaux et les soignants durant la pandémie (alors qu'ils étaient perçus, dans la perspective néolibérale, comme des coûts qu'il fallait limiter au maximum). De même pour l'éducation et pour de nombreux autres services peu visibles, mais nécessaires à notre quotidien (approvisionnement alimentaire, traitement des déchets, gestion des réseaux de communication et de distribution, sécurité, etc.).

- Leur intégration dans un « écosystème » local renforce leur résilience, grâce aux liens de confiance avec leurs salariés, clients, fournisseurs, sous-traitants éventuels, les citoyens et la collectivité locale. C'est le cas des entreprises qui développent une économie circulaire, et en particulier des entreprises de la (R)economy dans le mouvement de la Transition (chapitre 3). Mobil Wood, décrite ci-dessous, en est un bel exemple.

- L'engagement de l'entreprise dans sa responsabilité sociale et environnementale (RSE)[173] est un facteur de résilience. De nombreuses grandes entreprises sont ainsi conscientes des enjeux de résilience majeurs auxquels elles sont confrontées si elles ne prennent pas en compte le système social et l'écosystème dans lequel elles sont insérées. Plusieurs cabinets de consultants[174] estiment que la capacité des entreprises à réorienter leurs investissements et leurs activités dans le sens de la RSE sera un facteur essentiel de leur résilience et compétitivité. En effet, les attentes des consommateurs, des collaborateurs, des investisseurs et des politiques convergent vers plus de durabilité.

La finance durable, qui combine l'analyse financière classique d'une société avec la prise en compte de critères de RSE, aurait-elle le vent en poupe ? Elle s'est même renforcée depuis la crise du COVID-19, assure une étude publiée par BlackRock[175], le premier gestionnaire mondial d'actifs financiers (7 125 milliards de dollars) : « Le bon fonctionnement du conseil d'administration, la confiance des clients et la qualité des relations sociales sont autant de facteurs qui jouent en faveur de la résilience des entreprises. Avec le COVID-19, ils reviennent sur le devant de la scène, alors que ces dernières années, c'est la lutte contre le changement climatique qui attirait l'attention » (Il est clair qu'il faut continuer à y porter notre attention !).

Le poids des consommateurs et leurs actions de boycott peuvent atteindre fortement l'image et les résultats d'une entreprise ; de même celui des groupes d'actionnaires qui font pression pour en obtenir une meilleure politique de RSE. Mais la pression des actionnaires majoritaires a encore trop souvent pour seul objectif le résultat financier à court terme, et c'est pourquoi les régulations évoquées ci-dessus sont si importantes : arrêtons de céder au lobbying et au chantage à l'emploi ! L'enjeu est que nos investissements soient vraiment réorientés vers un avenir soutenable, et qu'ils arrêtent d'irriguer des activités destructrices. Une véritable résilience ne se construit qu'au prix de la réévaluation de ce qui a vraiment de la valeur dans nos vies, autant personnellement que collectivement !

- Enfin, la participation des salariés au capital et au management est un facteur de résilience des entreprises non négligeable. Les entreprises les plus démocratiques ont des caractéristiques qui renforcent leur résilience : les salariés participent plus au pouvoir (représentation syndicale, circulation de l'information, participation au capital voire structure coopérative, modération de l'échelle des salaires), ils sont plus engagés et responsables, avec des espaces de liberté et de créativité. Une grande étude allemande[176] a ainsi montré que plus il y avait de représentation salariale, plus les entreprises étaient performantes, grâce notamment à une meilleure remontée d'informations au conseil d'administration. Une synthèse de plus de 100 études[177] montre que les entreprises détenues par leurs salariés sont plus performantes, et qu'il y a moins d'écarts de salaires.

Voici la conclusion d'une revue très intéressante : « Nous pouvons affirmer avec certitude que, là où répartition de la propriété et management participatif sont associés, des gains substantiels sont réalisés. En revanche, si l'une ou l'autre de ces mesures est appliquée seule, elle n'aura au mieux que des effets partiels ou éphémères. [...] L'impact de la participation en l'absence de propriété est de courte durée. [...] La répartition de la propriété semble constituer le ciment culturel qui permet à la participation de se maintenir[178] ».
Vu sous l'angle des autres cercles de la résilience, il est évident que si on renforce la cohésion du groupe social, ainsi que le niveau d'autonomie et de confiance de chacun, on obtiendra plus d'estime de soi, plus de soutien mutuel et de coopération, plus de créativité, de motivation et d'engagement, et donc plus de résilience ! Ceci d'autant plus que les salariés trouvent du sens au projet de l'entreprise, et

qu'ils la sentent bonne pour l'écosystème dans lequel ils vivent.

Exemple : un mode de participation dans l'entreprise, la sociocratie[179]

Elle repose sur quatre principes, qui inspirent aussi des associations ou d'autres organisations :

- Le fonctionnement en cercles : chaque fonction importante est assurée par un « cercle » qui s'organise de façon autonome pour remplir les objectifs donnés. Il y a égalité entre les membres du cercle, respect des tours de parole, et confidentialité.

- La prise des décisions stratégiques par consentement : une décision est adoptée si personne n'exprime d'objection importante et argumentée ; sinon, tous les membres du cercle continuent à travailler pour lever la difficulté. C'est plus facile à obtenir qu'un consensus et cela crée beaucoup moins de clivages dans le groupe qu'une décision majoritaire.

- L'élection sans candidat : pour désigner un représentant ou le responsable d'une fonction particulière, chacun explique pourquoi il estime qu'untel rendra le meilleur service. Cela évite les conflits d'égos, et le groupe soutiendra plus facilement celui qu'il a sollicité.

- Le double lien : chaque cercle est relié aux cercles de niveaux supérieur et inférieur par deux personnes. Le cercle inférieur élit une personne pour la représenter dans le cercle supérieur ; et le cercle supérieur désigne une personne pour transmettre au cercle inférieur les décisions prises au niveau global.

Enfin les entreprises de l'économie sociale et solidaire contribuent à la résilience de notre société

Pour ces entreprises, qui assument un objectif de viabilité économique, la réalisation d'un objectif social et/ou environnemental est prioritaire par rapport à la recherche du profit maximal. Elles ont le plus souvent une organisation coopérative. C'est une voie d'avenir que certains économistes[180] proposent d'encourager en leur permettant un accès privilégié à certains financements. Leur développement part du fait que les besoins de vastes groupes de personnes ne sont vraiment satisfaits ni par les marchés traditionnels ni par l'État, et cela dans les pays développés comme dans les pays en développement.

L'exemple du microcrédit est intéressant, car il permet d'entreprendre à des personnes récusées par les banques. Il a d'abord été développé au Bangladesh par Muhammad Yunus[181], qui a reçu pour cela le prix Nobel de la paix. Maria Nowak est une économiste qui a été impliquée dans des projets de développement et de microfinance, notamment au Burkina Faso et en Albanie ; elle a constaté qu'en France aussi, de plus en plus de personnes aspiraient à un travail indépendant, mais que le manque d'accès au capital restait un frein majeur au démarrage. C'est pourquoi elle a fondé l'ADIE[182], l'Association pour le droit à l'initiative économique.

Voici quelques autres exemples inspirants :

- Le réseau ENVIE compte cinquante structures d'insertion réparties dans toute la France. Il collecte, répare et revend bon marché (ou recycle si c'est irréparable) des appareils électroménagers, multimédia, etc. Son activité est excellente sur le plan social, économique et écologique.

- L'entreprise Mobil Wood[183] fabrique du mobilier en bois pour l'agencement de magasins. Elle a un modèle d'économie circulaire avec un objectif zéro impact, et sa gouvernance participative mobilise l'intelligence collective (on voit bien dans le film *Après demain*[184] la qualité des relations !). Elle prend les arbres comme modèle d'organisation et développe le réseau Ulterïa qui met en oeuvre des fertilisations croisées du développement rural : par exemple, à Saint-Bris, il y a une entreprise rurale, un centre d'éducation (école Montessori) et de formation professionnelle, une exploitation caprine et maraîchère et un lieu de vie sociale.

- Ashoka accompagne des entrepreneurs sociaux qui ont identifié certains grands enjeux sociétaux et élaboré des solutions. Voici comment est présentée la promotion 2020 des « *ashoka fellows* » français sur leur site[185] :

  – Salomé Berlioux « a créé Chemins d'avenirs pour aider les jeunes de la France périphérique à révéler leur plein potentiel. Elle développe des "écosystèmes de réussite" grâce auxquels mentors, entreprises, représentants de l'Éducation nationale et société civile les aident à lever les freins économiques, culturels et psychologiques qui entravent leur parcours. Sélectionnés sur leur motivation plutôt que sur leurs notes, les filleuls peuvent grâce au programme élargir leurs horizons académiques et professionnels ».

  – Diane Dupré La Tour est journaliste et a 3 enfants « quand elle perd son mari dans un tragique accident de voiture. Elle traverse cette épreuve grâce à de nombreux gestes de solidarité, notamment de personnes de son quartier qu'elle connaît à peine. Cet évènement la pousse à fonder Les Petites Cantines, de grandes cuisines ouvertes qui permettent aux citadins de recréer des liens sociaux de quartier ; chacun peut s'y rendre pour cuisiner et prendre un repas, quels que soient son origine, son âge ou sa situation économique ».

– Stéphane Gigandet a créé Open Food Facts en 2012. « Ce mouvement utilise le pouvoir des citoyens pour pousser les industriels à libérer les données concernant leurs produits et à améliorer leurs qualités nutritionnelles. Grâce à sa collaboration étroite avec la recherche et Santé publique France, Stéphane a permis la démocratisation du label NutriScore. Il cherche désormais à mesurer l'impact environnemental de chacun des produits que nous consommons, une nouvelle étape vers une industrie agroalimentaire plus responsable ».

– « Comprenant que les discours alarmistes et techniques sur la crise écologique tétanisent plus qu'ils n'incitent à changer nos habitudes, Magali Payen développe le mouvement On Est Prêt pour créer des ponts entre les experts, des acteurs de la culture et des influenceurs comme les Youtubers. Ils identifient ensemble et diffusent des messages cohérents et inspirants, capables de provoquer des changements de mentalité et de comportement à l'échelle individuelle comme collective ».

– Emmanuel Vincent, docteur en climatologie, « a fondé Science Feedback, qui regroupe près de 400 scientifiques. La désinformation en ligne est un problème majeur qui empêche la prise de décisions éclairées des citoyens et menace le fonctionnement de nos démocraties. Son organisation permet d'identifier les contenus scientifiques les plus viraux et contestables sur internet, afin que des experts puissent évaluer leur véracité et publier une revue étayée. Les journalistes sont ainsi aidés dans leur sélection de sources crédibles et contribuent à limiter la désinformation. Emmanuel conseille aussi les instances cherchant à réguler l'action des plateformes web face à la désinformation ».

Il faut aussi penser en termes de changements culturels : quelle peut être notre vision d'un avenir résilient ?

Il faut une bonne flexibilité mentale pour changer notre modèle de référence quand l'idée du progrès continu, de la croissance sans limites, a habité nos représentations sociales, au point qu'elles ont été jusqu'au rêve du « transhumain » qui ne connaîtrait plus ni la souffrance, ni la mort. De mon point de vue de psychiatre, c'est difficile de ne pas qualifier ce rêve de fantasme de toute-puissance ! Mais il a aussi une fonction sociale : il projette une illusion qui ne remet pas en question les positions de pouvoir de ceux qui dirigent le « *business as usual* »[186].

Une objection fréquente à un grand changement de cap est la crainte d'une aggravation du chômage. Or les estimations précises, secteur par secteur, faites par l'ADEME[187], comme celles du Shift Project, convergent : malgré les baisses d'emplois dans les secteurs dépendants des énergies fossiles, les créations d'emplois dans l'économie verte (par exemple pour la rénovation des bâtiments), permettraient un bilan positif. « Les créations d'emploi directes et indirectes dans les secteurs bénéficiaires de la transition énergétique (énergies renouvelables, transports collectifs, BTP) compensent largement les pertes dans les secteurs en décroissance (nucléaire, thermique à flamme, production et distribution de fossiles, industrie automobile). En définitive, la transition générerait un bénéfice net de 340 000 emplois en 2035 et de 900 000 en 2050[188] »

L'enjeu est d'anticiper à long terme les importants efforts de reconversions professionnelles nécessaires, de donner la visibilité nécessaire aux employeurs et aux salariés, et de prendre en compte les aspects sociaux. Tout un chapitre du Shift Project est consacré à ce sujet. Il montre notamment que les plans de sauvetage de l'industrie automobile ou aéronautique, s'ils ne s'accompagnent pas d'exigences de restructuration, ne font que repousser des plans sociaux dramatiques qui se feront dans l'urgence.
Les démarches de sobriété et de discernement des technologies désirables (ou non) sont volontiers caricaturées comme le « retour à la bougie ». Il est important de sentir à quel point cela nous fait du bien de sortir de la démesure et de l'accélération, de la boulimie consumériste et de la culture du déchet. Nous ne sommes aidés ni par l'illusion que nous pouvons continuer une course à la croissance, ni par une vision désespérante. Ce qui renforce notre résilience, c'est la vision positive d'un avenir désirable et réaliste, que nous pouvons commencer à construire pour nous et pour nos enfants. Cette approche est celle du mouvement de la Transition comme du Shift Project, qui nous propose une vision réaliste des villes et territoires après transformation : loin d'être une misère catastrophique, c'est une vie plus paisible et surtout plus conviviale qui se dessine…

Focus. Les villes et territoires après transformation par le PTEF (plan de transformation de l'économie française) du Shift Project[189] :

Impacts sur l'aménagement du territoire

La mise en place d'une gouvernance forte de l'aménagement du territoire a permis une <u>répartition plus équitable de la population</u>. La taille des métropoles a diminué au profit des villes plus petites. Ce rééquilibrage a permis de réduire la distance entre lieux de production, de consommation et de loisir, sur la base des dynamiques générées par les créations et destructions d'emploi du PTEF.

<u>L'organisation territoriale a été refondée sur le modèle des « biorégions »</u>, autrement dit des territoires dont les limites ne sont pas définies par des frontières politiques mais géographiques, et en fonction des ressources disponibles et des flux dépendants de ces ressources. Cette réorganisation a donné une cohérence au système de production et de distribution alimentaire et énergétique. Elle a accompagné, dans une perspective de sobriété, les dynamiques générées par les créations et destructions d'emploi du PTEF.

Impacts en termes de résilience

<u>Le mot d'ordre de la proximité</u> a remplacé celui de la densité, notamment pour limiter les îlots de chaleur urbains. Pour parvenir à dédensifier les zones très urbaines tout en réduisant les distances, l'aménagement urbain privilégie des quartiers où il y a plusieurs fonctions : logement et vie, travail et loisirs.

<u>Les mobilités</u>, notamment carbonées, ont largement diminué, au profit des modes actifs et des transports collectifs permis par l'urbanisme de proximité. Les territoires sont aujourd'hui

maillés par des chemins, des sentiers piétons et des vélo-routes. Les moyens de transports sont principalement de basse technologie (marche à pied, vélo, vélo ou scooter électrique, traction animale), mais pour les longues distances, les réseaux ferré et routier ont été maintenus et adaptés dans leur maillage à la nouvelle organisation territoriale. Les tramways et les trains sont néanmoins moins puissants et moins rapides que par le passé, et contiennent systématiquement, avec les voyageurs, des produits alimentaires et de première nécessité. De nouvelles offres ont émergé pour correspondre à tous les usages : vélos taxi, vélos cargo en libre-service, logistique urbaine à vélo, etc.

<u>L'espace public</u> libéré de la voiture a permis de créer des points logistiques intermédiaires facilitant la « cyclo-logistique » ou encore des zones de convivialité et de rencontre servant de refuges accessibles aux citadins en cas de canicule, et de dynamiser les activités de restauration et petits commerces (en permettant par exemple l'extension des terrasses à la place des places de stationnement automobile). La végétation en pleine terre a augmenté, améliorant ainsi la biodiversité et le confort thermique.

Pour faire face aux tensions pesant sur <u>le système alimentaire</u> (du fait de la contraction de l'approvisionnement énergétique et des facteurs environnementaux), l'urbanisme est pensé pour faciliter la résilience alimentaire. Le sol est devenu un bien commun dont la préservation fait l'objet d'une gestion collective. L'artificialisation des sols a été interdite en 2021, et de nombreuses actions ont été menées pour préserver les terres agricoles : inventaire du foncier mobilisable pour l'agriculture et multiplication des Zones agricoles protégées (ZAP) dans les documents d'urbanisme.

Dans cette même perspective, les politiques d'aménagement et d'urbanisme ont été ajustées pour <u>réduire le besoin d'artificialisation</u> : réutilisation des sols déjà artificialisés, densifications ciblées, démolitions si nécessaire, recyclage des matériaux et des biens, déploiement de l'habitat léger, taxes sur les logements vacants, aides à la rénovation.

<u>Les métiers de l'aménagement, de l'architecture et de la construction</u> ont été transformés en une véritable industrie du recyclage et de la rénovation urbaine (formation initiale et continue dans le public et le privé, évolution réglementaire, modèle économique où le chiffre d'affaires du BTP se fait moins dans la construction neuve et plus dans la rénovation et le recyclage des matériaux). Cette transformation majeure du secteur a permis d'assurer la qualité architecturale des bâtiments, leur sobriété énergétique et leur résilience dans un contexte de tension énergétique et de réchauffement climatique. Les logements sont très peu énergivores et confortables en hiver comme en été, y compris lors des canicules extrêmes de plus en plus fréquentes.

<u>La politique du logement</u> a été réorientée vers un objectif sobre de réponse à la demande de logements abordables et de qualité, notamment dans les secteurs en tension et dans les périphéries densifiées. La disponibilité de logements proches des nouvelles zones d'emploi contribue à réduire la demande de déplacements.

De nombreuses actions ont été menées pour développer un <u>urbanisme favorable à la santé</u> : renaturation des secteurs urbains et friches en déshérence, cartographie de l'exposition des populations aux différentes nuisances et pollutions, état initial de la qualité de l'air dans le diagnostic du PLU, éloignement des bâtiments recevant du public des zones d'émissions de polluants, lutte contre les logements indignes et insalubres, protection des sources d'eau et de la végétation.

Les nouvelles pratiques urbanistiques ont intégré <u>le besoin de sobriété énergétique</u> en s'appuyant sur des technologies sobres, robustes et conviviales. Cet urbanisme *low-tech* a notamment été permis par la nouvelle organisation territoriale (qui a considérablement réduit les distances parcourues), et par la coopération qui a permis une montée en compétences collective autour de savoir-faire artisanaux, une mutualisation des connaissances et des ressources. Cet urbanisme est aussi passé par d'autres actions sur la mobilité (déploiement de voies et de places de stationnement pour les modes actifs, zones à faible émission, zones de rencontre, « code de la rue », pédibus et vélobus pour les élèves des écoles, développement de l'intermodalité et rationalisation des dispositifs de livraison) ainsi que sur la sobriété énergétique dans l'espace public (fin des écrans publicitaires numériques, des terrasses chauffées, modulation intelligente de l'éclairage public), et dans le bâtiment (matériaux biosourcés, recyclage des matériaux et des biens).

Faisons le point

Pour renforcer la résilience de notre pays, il faut agir sur notre cohésion sociale et réduire les inégalités, tout en veillant à préserver notre écosystème.
La bonne nouvelle est que c'est possible, et qu'il y a une profonde cohérence entre tous les changements nécessaires :

- Les changements dans l'alimentation et l'agriculture seront bons pour notre santé, notre résilience locale, et pour nourrir la planète de façon durable.
- Les changements dans l'urbanisme et les transports soutiendront un environnement plus résilient, des rythmes plus paisibles, une vie sociale plus riche et solidaire.
- Les changements des régulations, des taxes et des incitations orienteront les investissements vers les entreprises qui apportent une plus-value sociale et environnementale, et protègeront des krachs financiers.

Le nouveau modèle économique doit être une économie circulaire, de l'éco-conception à la réparation et au recyclage ; une économie qui privilégie l'usage à la propriété (comme le covoiturage) ; une économie coopérative qui limite le pouvoir des détenteurs du capital ; et, autant que possible, une économie de circuits courts, qui sont bons pour notre planète comme pour les emplois locaux.

Pour permettre ce grand changement de cap, une synergie doit se mettre en œuvre à tous les niveaux du système, et l'action politique doit défendre nos biens communs face à la démesure, l'avidité et l'accélération.

De plus en plus d'acteurs prennent conscience de ces enjeux, et de nombreux mouvements poussent dans le même sens : les consommateurs veulent des produits éco-conçus, les travailleurs veulent un travail qui ait du sens, les citoyens veulent des politiques crédibles, les investisseurs veulent contribuer à un futur viable… ou réalisent que sinon, ils seront perdants !

Comme le montre bien le film *Après demain* cité plus haut, c'est quand il y a un engagement à la fois des citoyens, des entreprises et des collectivités locales, soutenu par les régulations législatives, que les actions les plus propices à notre résilience collective peuvent se déployer et se diffuser largement : allons-y !

Figure 13 : La résilience des nations et sociétés

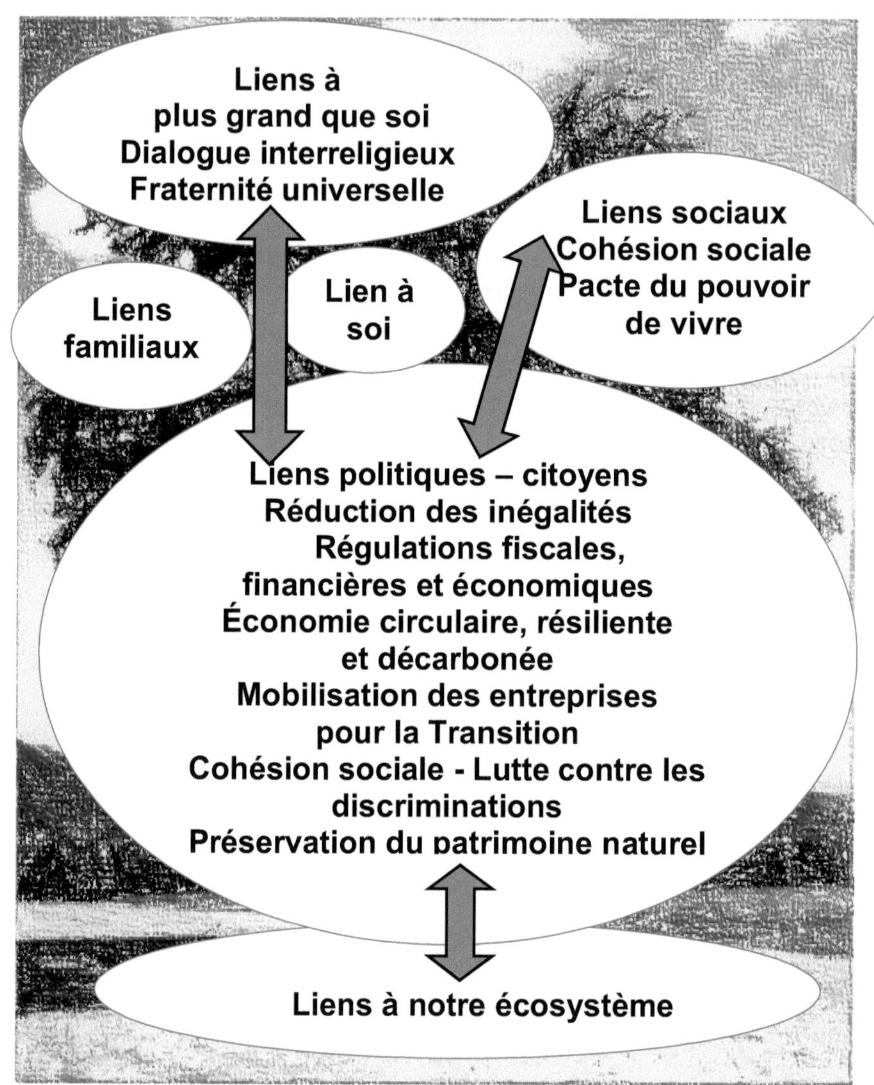

Chapitre 5. La résilience des écosystèmes et du système Terre

Il nous faut entrer en relation, en empathie, avec ce qu'il y a d'unique, de singulier, de merveilleux, de fragile et de menacé dans chaque être humain, et dans la nature qui nous entoure. Et nous demander ce que nous pourrions faire pour protéger, préserver, réparer, soigner, et empêcher de disparaître.

Jean-Claude Ameisen[190]

Nous arrivons maintenant à la question cruciale : en effet, comme la communauté scientifique nous y alerte depuis longtemps, ce qui est en jeu, c'est la résilience de la communauté humaine sur notre planète,. Reconnaître la réalité de la crise est la première étape de notre résilience !

Regarder la crise en face : les messages d'alerte des scientifiques

En 1972, le club de Rome, qui réunit scientifiques, économistes, fonctionnaires et industriels, publie *Les Limites à la croissance*, aussi connu sous le nom de « rapport Meadows »[191]. C'est la première étude importante montrant que la croissance économique et démographique se heurterait inévitablement aux limites de notre planète et conduirait à un risque d'effondrement. Et ses prévisions s'avèrent étonnamment justes, ce qui nous fait craindre des points de rupture dans les décennies à venir, indépendamment même des changements climatiques qui n'étaient pas pris en compte.

En 1992, 1 575 scientifiques éminents, dont 99 prix Nobel, signent un « avertissement à l'humanité »[192]. Ils appellent à « stopper la dégradation toujours croissante de l'environnement qui menace les systèmes globaux soutenant la vie sur cette planète » en prenant en compte 5 domaines intimement liés :
- L'intégrité des systèmes terrestres dont nous dépendons, de notre air et de notre eau ; et le développement de sources d'énergie adaptées aux besoins du tiers monde, à petite échelle et faciles à mettre en œuvre.
- La gestion plus efficace des ressources : énergie, eau et autres matériaux.
- La stabilisation de la population, qui est liée aux 2 domaines suivants :
- La réduction de la pauvreté.
- L'égalité des sexes et une planification familiale efficace et volontaire.

En 2009, un article de la prestigieuse revue *Nature* nous rappelle neuf limites planétaires[193], garantes du bien-être de l'humanité sur terre : pollution chimique, crise climatique, acidification des océans, réduction de la couche d'ozone stratosphérique, perturbation du cycle de l'azote et du phosphore, utilisation de l'eau douce, déforestation et changement d'affectation des sols, érosion de la biodiversité, pollution de l'atmosphère. En les dépassant, nous modifierions trop brutalement notre environnement et mettrions en danger notre propre survie. Or plusieurs limites sont déjà dépassées à ce jour : la perte de biodiversité, le changement climatique et la perturbation du cycle de l'azote.

En 2017, plus de 15 000 scientifiques analysent neuf indicateurs de l'état de la planète et lancent un deuxième appel[194] : sur neuf indicateurs, huit sont au rouge : l'accès à l'eau douce, la dégradation des forêts et des pêcheries, les zones mortes maritimes, la perte de biodiversité, les émissions de CO2, l'augmentation de température, l'augmentation de population des humains et des ruminants.

Voici leurs préconisations pour limiter la dégradation de la Terre :

Préservation des écosystèmes et de la biodiversité
La pandémie nous a fait mesurer à quel point notre santé est reliée à celle des autres êtres vivants sur cette planète et à celle de l'environnement (rappelez-vous du modèle « santé planétaire » ou « Une seule santé » promu par l'OMS). C'est aussi le cas pour notre développement, et la perte de la biodiversité et des apports de la nature empêche d'atteindre les objectifs du développement durable[195].
Les préconisations des experts dans ce domaine sont les suivantes :
• Donner la priorité à la mise en place de réserves connectées, bien financées et bien gérées, pour une proportion importante des habitats terrestres, marins, d'eau douce et aériens du monde (l'ONU préconise de passer de 17 % à 30 % de zones terrestres et marines protégées).

- Maintenir les services écologiques de la nature en arrêtant la conversion des forêts, des prairies et des autres habitats naturels.
- Restaurer les communautés végétales indigènes à grande échelle, en particulier les écosystèmes forestiers.
- Régénérer les régions avec des espèces indigènes, pour restaurer les processus et la dynamique écologiques. Protéger en particulier les superprédateurs (lion, ours, requin, aigle, etc.) qui, en régulant les populations de proies et éliminant d'abord les animaux malades ou blessés, jouent un rôle majeur pour la conservation de la biodiversité à long terme.
- Développer des instruments politiques pour stopper la destruction de la faune, le braconnage, l'exploitation et le commerce d'espèces menacées.

Changements de comportements individuels

Voici leurs préconisations pour les comportements individuels

- Réduire le gaspillage alimentaire grâce à l'éducation et à de meilleures infrastructures ;
- Promouvoir une réorientation de l'alimentation vers des aliments principalement végétaux ;
- Augmenter le contact avec la nature en plein air pendant le temps scolaire ainsi que l'engagement global de la société à apprécier la nature.

Finances et économie

En matière de finances et d'économie, il faut :

- Réorienter les investissements financiers pour encourager un changement environnemental positif, et diminuer les achats (la consommation) ;

- Promouvoir de nouvelles technologies vertes et adopter massivement les énergies renouvelables, tout en supprimant progressivement les subventions aux énergies fossiles ;
- Repenser notre économie pour réduire les inégalités et faire en sorte que les prix, la fiscalité et les systèmes d'incitation tiennent compte des coûts réels que nos modes de consommation imposent à l'environnement.

Démographie

Ils ont enfin des recommandations sur le plan démographique :

- Réduire encore les taux de fécondité en veillant à ce que les femmes et les hommes aient accès à l'éducation et aux services de planification familiale volontaire, en particulier là où ces ressources font encore défaut ;
- Estimer une taille de population humaine scientifiquement défendable et durable à long terme, tout en incitant les nations et leurs dirigeants à soutenir cet objectif vital.

Sur cet aspect démographique, les dernières estimations montrent que la baisse se fait spontanément beaucoup plus rapidement que prévu.

En 2019, un article de *Nature*[196] précise plusieurs « points de basculement » dans l'évolution du climat, où un certain niveau de perturbation entraîne des effets dominos. Même si ce n'est qu'une probabilité, nous ne pouvons pas prendre ce risque, déjà présent si le réchauffement atteint 2°C : la fonte des glaces de l'Antarctique et du Groenland conduirait par exemple à une élévation du niveau des mers de 10 mètres en 10 000 ans si le réchauffement est de 1,5°C et en moins de 1 000 ans s'il est de 2°C. Les capacités de résilience de nos descendants ne seront pas les mêmes dans les deux cas !

Cette fonte des glaces ralentit déjà la circulation océanique et modifie le climat. D'autres exemples de points de bascule sont la fonte du permafrost (zone de gel permanent autour de l'Arctique), qui relâche du méthane, un puissant gaz à effet de serre, les méga-feux de forêt, ou la perte des récifs coralliens. Ils concluent : « Nous sommes dans un état d'urgence planétaire [...]. La stabilité et la résilience de notre planète sont en péril. L'action internationale – et pas seulement les mots – doit refléter cela. »

Figure 14 : Points de basculement climatiques – nous ne pouvons prendre ces risques !

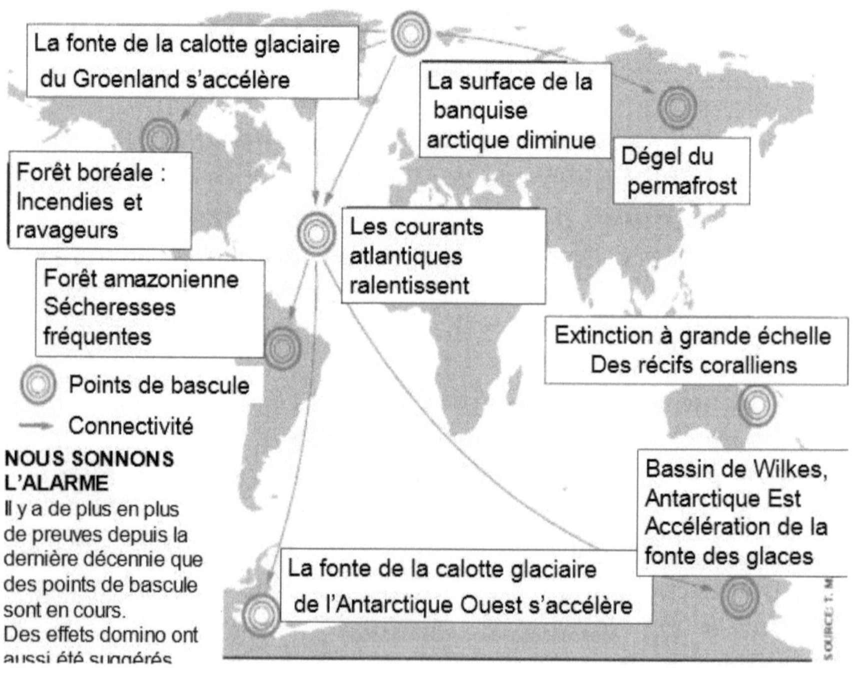

Prenez le temps d'observer ce que vous ressentez à l'intérieur : ces informations sont vraiment difficiles à accueillir et à intégrer ! Nous sommes en quelque sorte face à un « stress pré-traumatique », et nos premières réactions sont la fuite dans le déni, ou l'effondrement dans le découragement. J'ai dû moi-même faire une pause de quelques jours dans l'écriture de ce livre pour digérer cette douleur et sentir que j'avais des chemins de résilience sincères à proposer, et d'abord à vivre moi-même. Ils sont détaillés plus loin dans ce chapitre pour des raisons de cohérence logique, mais si vous sentez que vous en avez besoin, je vous encourage à y aller dès maintenant... Rappelez-vous ce que nous avons vu au chapitre 4 : la résilience commence par la reconnaissance que nous sommes en crise, puis l'enjeu est de rester centré malgré le stress, c'est-à-dire dans notre fenêtre de tolérance, pour percevoir la réalité de façon juste et prendre de bonnes décisions. Je sens le besoin de vous partager dès maintenant quelques points d'appui pour espérer :

J'apprécie la sagesse d'Edgar Morin, il nous rappelle les vertus du péril et de la crise, qui éveillent et stimulent des forces de régénération inhérentes à notre humanité : « Là où croît le péril... croît aussi ce qui sauve » (Hölderlin). Et aussi le principe d'incertitude : le pire n'est pas sûr, et nous sommes loin de tout connaître. Il nous invite enfin à considérer l'incroyable aventure de l'humanité dans le passé, où à chaque étape la suivante était inconcevable, et à croire en une aventure du futur pour notre humanité, même si elle doit passer par de profondes crises et transformations. « L'espérance vraie sait qu'elle n'est pas certitude, mais elle sait que l'on peut frayer un chemin en marchant. L'espérance sait que le salut par la métamorphose, bien qu'improbable, n'est pas impossible[197] ».

L'historien Jean Delumeau[198] nous invite aussi à cette perspective du temps long : « La pandémie actuelle de COVID-19 nous donne l'impression de vivre un moment unique. Pourtant, l'histoire française est pleine de calamités et de fléaux. Hier, les pestes, les famines, les pillages, les inondations... Aujourd'hui, les accidents nucléaires, les épidémies nouvelles, le terrorisme... Loin de nous désespérer, ce constat doit nous rassurer : si nos aïeux ont su s'en relever, pourquoi n'en serions-nous pas capables ? »

Il est encourageant de remarquer que ce sont dans les sociétés les plus exposées aux traumas qu'on observe les meilleures ressources de résilience. Une étude[199] a ainsi comparé des étudiants français, algériens, et togolais, en évaluant leurs facteurs de risque et leur résilience. Les étudiants français ont le moins de facteurs de risque et le moins de résilience, alors que les étudiants algériens ont le plus de facteurs de risque (après dix ans de terrorisme et de guerre civile) et les meilleurs scores de résilience ! Quand nous sommes pris par l'anxiété anticipatrice, nous avons tendance à imaginer des dangers plus grands que dans la réalité, et à minimiser notre confiance en nos capacités d'adaptation ; alors que l'expérience d'avoir traversé des chocs et des épreuves (sous réserve de ne pas souffrir de stress post-traumatique) nous rend plus confiants dans nos ressources.

Revenons aux enjeux actuels : l'économiste britannique Kate Raworth[200] a intégré les limites écologiques et sociales dans le concept du « *doughnut* ». L'anneau intérieur délimite le « plancher social » du bien-être, reprenant les éléments essentiels pour une vie digne et offrant des opportunités : une alimentation suffisante, la santé, l'éducation, le logement, l'énergie... Tout en visant plus d'équité sociale et d'égalité hommes-femmes. L'anneau extérieur est celui du « plafond environnemental », qui traduit la pression que l'humanité peut exercer sur les systèmes vitaux de la Terre sans risquer de les mettre en péril. C'est entre ces limites sociales et planétaires que se trouve un espace juste et sûr pour l'humanité, pour assurer les besoins et les droits de tous dans les moyens de notre planète.

Figure 15 : Les anneaux des frontières sociales et planétaires[201]

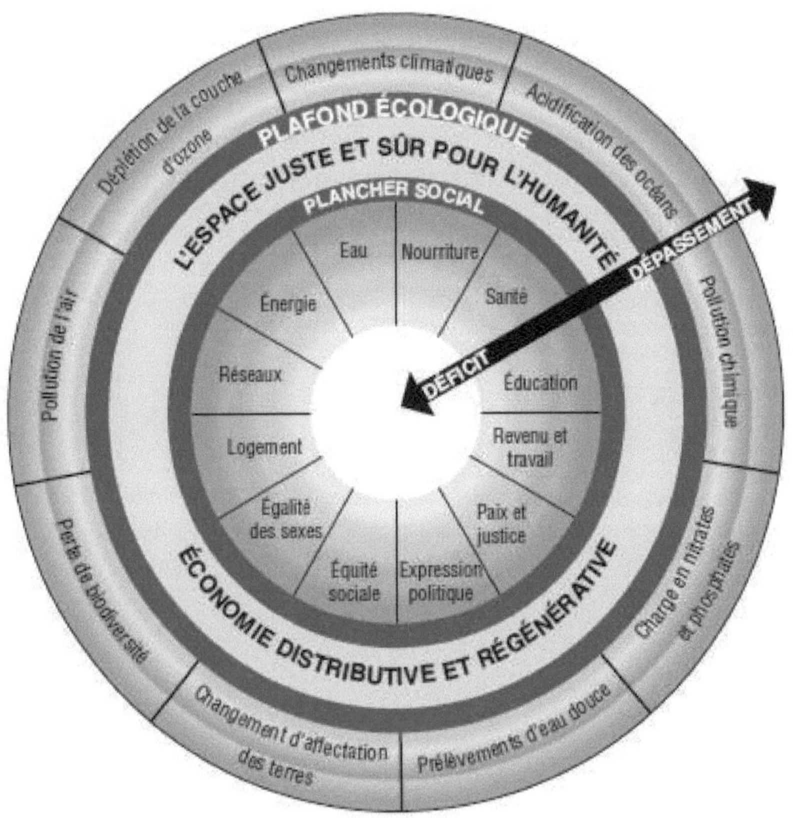

Le GIEC (Groupe d'experts intergouvernemental sur l'évolution du climat) a repris ce concept pour montrer comment nos décisions influent sur la taille de cet espace, qu'on peut mettre en parallèle avec une « fenêtre de tolérance » pour l'humanité. La résilience de l'humanité sur la planète est confrontée à des limites que sont les stress biophysiques (changements climatiques, conversion des terres, montée des eaux, dégradation des écosystèmes, perte de biodiversité, pandémies) et les stress sociaux (démographie, pauvreté et inégalités, migrations, conflits, discriminations et facteurs culturels). Nous sommes donc face à cet enjeu majeur : préserver puis élargir l'espace de notre résilience socio-écologique.

Figure 16 : Espace d'action et profils d'évolution favorisant la résilience au changement climatique[202]

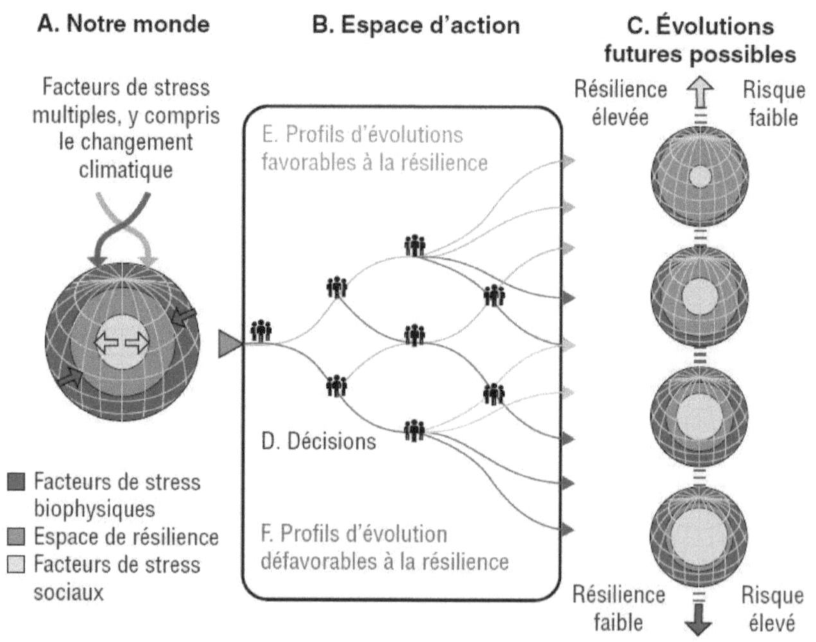

Comment les civilisations peuvent s'effondrer – ou être résilientes

Prenons un peu de recul en essayant de tirer les leçons de notre histoire, où les facteurs écologiques ont influencé la résilience ou l'effondrement de certaines civilisations. Les premiers désastres écologiques dus à l'homme sont anciens : l'arrivée d'*Homo sapiens* sur un territoire a régulièrement conduit à l'extermination des grands animaux. Même s'il y a des débats entre archéologues[203], il semble bien que le Sahara était encore vert lorsque l'agriculture a pénétré en Afrique du Nord il y a 6 500 ans. La désertification[204], liée à une évolution du climat, a été accélérée par la destruction des arbres par le feu (pour les cultures sur brûlis) et les ruminants.

La déforestation de la Grèce antique aurait aussi contribué à son effondrement, comme en témoigne Platon : « En ce temps-là, la terre de notre contrée dépassait en fertilité toutes les autres [...]. Les montagnes de l'Attique, qui maintenant ne peuvent plus nourrir d'abeilles, étaient couvertes de forêts profondes. Il y avait alors de beaux arbres, des cultures et de prodigieux pâturages pour les troupeaux. Chaque année, la contrée profitait au mieux de l'eau qui lui venait de Zeus, car, au lieu de la laisser perdre en s'écoulant vers la mer comme aujourd'hui, elle possédait assez de bonnes terres pour la recueillir en son sein [...]. [Après la déforestation], tout ce que la terre avait de gras et de meuble a coulé tout autour et, du territoire de l'Attique, il ne reste plus aujourd'hui que son corps décharné[205] ».

Nous avons déjà rencontré Jared Diamond au chapitre 4 : son livre *Effondrement*[206] (*Collapse* en anglais) fait une synthèse des études archéologiques qui observent, dans les différentes strates des « carottes » prélevées dans les marais et les dépotoirs[207], les artefacts humains, les pollens qui indiquent la végétation, et de nombreux autres indices qui permettent de reconstituer l'histoire d'une civilisation.

Il repère une combinaison variable de cinq facteurs qui peuvent conduire certaines sociétés humaines à l'effondrement : les dommages environnementaux (décalage entre la croissance démographique et la résilience de l'écosystème), les changements climatiques, les guerres avec des voisins hostiles, la perte du soutien de partenaires commerciaux dont on est dépendant, et les réponses que la société est ou non capable d'apporter à ces problèmes. Voici quelques exemples :

- Sur l'île de Pâques, il y a eu déforestation et destruction de la faune dans un environnement vulnérable : la compétition entre les clans les conduisait à construire les célèbres statues, et cela consommait beaucoup de bois. Puis l'érosion et l'épuisement des sols n'ont plus permis une production agricole suffisante ; enfin les ressources de pêche se sont elles aussi épuisées. Des recherches plus récentes[208] mettent cependant l'accent sur la résilience dont avaient été capables les pascuans avant d'être « découverts » : les rats ont alors accéléré la déforestation, puis les razzias de marchands d'esclaves et la variole ont décimé la population.

- Chez les Mayas, la croissance démographique a excédé les ressources disponibles ; d'autant que la déforestation a entraîné une érosion des collines et une diminution des terres utilisables. Il y a eu de plus en plus de guerres, et enfin une période de sécheresse a cristallisé tous ces problèmes.

Diamond étudie aussi des sociétés résilientes qui, malgré d'énormes handicaps environnementaux, sont parvenues à survivre, et nous pouvons en tirer des leçons !

- Alors que de nombreuses îles du Pacifique ont subi un effondrement comme l'île de Pâques, la minuscule île de Tikopia (16 km^2) est habitée depuis trois mille ans. Elle a certes des conditions favorables, une forte pluviosité et des retombées de cendres volcaniques qui enrichissent ses sols. Mais elle a surtout su développer des méthodes de culture durables : des vergers à plusieurs étages, avec des grands arbres produisant des noix ou amandes et des arbres à pain (dont le fruit peut être conservé pour survivre en cas de cyclone) ; puis de petits arbustes fruitiers ; enfin en dessous, des bananiers et des plantes à tubercule comme les ignames. Les produits de la mer sont récoltés de façon durable. Et elle a su maintenir sa population stable à environ 1 200 habitants. L'île est divisée en quatre clans, mais il y a peu de hiérarchie sociale, et sa gestion s'apparente plus à une gestion collective des biens communs, avec le sentiment d'une forte identité et d'un destin commun.
Elle a su surmonter plusieurs crises au cours de son histoire et changer radicalement son modèle de développement. Au cours du premier millénaire de son occupation, les grands oiseaux et les roussettes (chauve-souris) ont été peu à peu exterminés et les cultures sur brûlis ont épuisé les sols. Puis les tikopiens ont développé les vergers en agroforesterie ainsi que l'élevage du porc, jusqu'à ce que, vers 1 600, ils décident de tuer tous les porcs, qui consommaient trop de nourriture.

- L'Islande a un climat rude et des sols peu profonds et a dû surmonter de graves crises environnementales. Au début de sa colonisation, un quart de sa surface était boisée : en quelques décennies, 80 % ont été déboisés pour faire des pâturages à moutons, et aujourd'hui il ne reste que 1 % de surface boisée. L'érosion par le vent et les pluies ayant très vite désertifié certaines zones, les fermiers se sont associés pour réguler le nombre de moutons qu'il était possible de faire paître et déterminer à quels endroits. L'Islande s'est ensuite développée grâce à la pêche industrielle, qui pose aujourd'hui d'importants problèmes de gestion de la ressource, puis au tourisme et à la production d'énergie géothermique et hydroélectrique, permettant de faire tourner une usine de production d'aluminium.

Pour revenir sur la résilience de l'économie, sa gestion de la crise financière de 2008 a été exemplaire : complètement ruinée par une spéculation massive des banques, elle ne les a pas renflouées, mais les a nationalisées et a mis ses banquiers en prison ! Après les révélations des *Panama Papers* en 2016 impliquant le Premier ministre, près de 10 % de la population a crié sa colère devant le Parlement et a obtenu sa démission. En mettant en place une relance monétaire de très grande ampleur, la Banque centrale islandaise a massivement soutenu l'économie du pays. L'inflation a augmenté puis est redescendue, et surtout le chômage a été limité. Tout en procédant à des réformes structurelles et en remboursant le Fonds Monétaire International (FMI), l'Islande a minimisé l'impact des mesures d'austérité sur son système social et a réduit les inégalités. Ce sont d'ailleurs des femmes qui ont été à la tête de tous ces mouvements et en pointe dans la conduite du changement.

- Le Japon est une île beaucoup plus méridionale et peuplée. Alors que 80 % de sa surface était boisée, lui aussi s'est exposé à une déforestation majeure, en particulier à partir du XVIᵉ siècle, notamment pour construire de grands châteaux pour les seigneurs locaux. Ceci a entraîné une érosion des sols et une rivalité exacerbée pour les ressources alimentaires, avec de graves famines à la fin du XVIIᵉ siècle. Au cours des deux siècles suivants, les shoguns ont encouragé une limitation de la consommation et de la population : ils ont mis en place une gestion précise des forêts et réorienté l'alimentation vers les ressources venant de la mer. Ceci a été facilité car cette société avait une forte stabilité et cohésion, et ses dirigeants pouvaient se projeter dans une vision à long terme.
  Diamond fait cependant remarquer que le Japon a exploité les ressources d'autres régions, notamment par une surexploitation de la mer. De nombreux pays développés exploitent de même les ressources d'autres pays en s'appuyant sur une classe dirigeante souvent corrompue.

C'est maintenant notre planète qu'il nous faut considérer comme une île de vie au sein de l'Univers. Nous pouvons nous émerveiller du miracle qu'a été l'émergence de la vie grâce à des conditions très particulières, et peut-être même uniques[209] ; nous pouvons méditer sur la fragilité de cette mince couche qu'est la biosphère[210] ; et nous devons mettre en œuvre des changements radicaux pour limiter les effondrements en cours !

Comment nous pouvons gérer notre maison commune

Serons-nous capables de gérer notre maison commune, notre écosystème planétaire ? Ou allons-nous vers une « tragédie des biens communs » à grande échelle ? Prenons le temps d'examiner les conditions permettant une bonne gestion des biens communs.

Les principes de gestion des biens communs

Les économistes appellent « biens communs » des ressources, généralement naturelles, qui sont soit en libre accès, soit la propriété d'une communauté de personnes. Elles ont deux caractéristiques :

- Elles sont d'accès non régulé : on ne peut en limiter la consommation en faisant payer un prix à celui qui les consomme, car il est coûteux et difficile d'attribuer des droits de propriété individuels sur la ressource, par exemple sur une partie de l'océan.
- Elles sont de consommation exclusive, c'est-à-dire que si un pêcheur pêche un poisson, il y en aura moins pour les autres pêcheurs.

La question de la gestion des biens communs peut donc s'appliquer aux ressources naturelles : la qualité de l'air, les océans, l'eau douce, la capacité d'absorption du CO_2, les forêts, la biodiversité. Elle peut même s'appliquer à la santé publique, puisque la pandémie nous fait réaliser que nous sommes interdépendants. Ce rapport au monde comme bien commun est à la fois le plus ancien de l'humanité et très moderne, avec le mouvement des logiciels libres en open source, ou l'encyclopédie Wikipedia par exemple. Les biens communs numériques sont l'ensemble des ressources numériques produites et gérées par une communauté, et ils ont la particularité de ne pas être d'utilisation exclusive.

La notion de « tragédie des communs » a été introduite par l'écologue Garrett Hardin en 1968. Il a pris l'exemple d'un champ de fourrage commun à tout un village, dans lequel chaque éleveur vient faire paître son troupeau. Chacun a intérêt à accaparer le plus de ressources communes avant que d'autres ne le fassent, et la ressource s'épuise. La nationalisation, et surtout la privatisation, ont donc été présentées comme garantes d'une gestion plus durable, et cette logique de privatisation s'est même étendue au brevetage du vivant, des semences, des plantes médicinales traditionnelles, de biens aussi vitaux que l'eau potable... Mais toutes les courbes des indicateurs d'état de la planète ci-dessus, par exemple celle de la déforestation, montrent qu'elle produit tout le contraire d'une gestion durable et dissout les liens sociaux ! Quelles sont donc les meilleures conditions pour gérer nos biens communs ?
Comme nous l'avons vu dans les sociétés insulaires, gérer ces biens communs n'est ni facile ni systématique, mais c'est possible dans différentes configurations : un pouvoir central fort et capable d'avoir une vision à long terme, comme au Japon, une démocratie vivante où le peuple reprend le pouvoir, comme en Islande, ou une gestion communautaire, comme à Tikopia.
Pour cette gestion communautaire, nous pouvons être inspirés par les peuples premiers qui vivent dans la conscience de leur lien aux autres membres de leur écosystème, et par de très nombreuses communautés rurales qui sont capables de gérer leurs ressources naturelles de façon durable : forêts, pêcheries, accès à l'eau pour l'irrigation, etc. Elinor Os-

trom[211], prix Nobel d'économie en 2009, a consacré sa carrière à ce sujet. Elle a montré que ces communautés ont mis en place des régulations très fines, dont elle a identifié huit principes.

Focus. Principes de gestion efficace des biens communs (E. Ostrom)

1. Les limites de la ressource de l'écosystème et des membres de la communauté autorisée à l'exploiter sont clairement définies.

2. Les règles d'exploitation et de répartition des ressources sont équitables et adaptées aux conditions locales

3. Les usagers peuvent participer à la modification des règles concernant la ressource pour assurer leur adaptation dans le temps. Si ce pouvoir est délégué à une élite locale, le risque est grand qu'elle définisse une politique dont elle tirera des bénéfices disproportionnés. Un exemple intéressant est un ensemble de villages en Guinée qui ont chacun accès à un étang pour pêcher : si les villageois sont mécontents de la régulation par leur chef, ils peuvent faire appel à l'arbitrage d'un sage d'un village voisin.

4. Des personnes veillent au comportement des usagers et à l'évolution de la ressource ; ils rendent eux-mêmes des comptes aux membres.

5. Il y a une gradation des sanctions en cas de non-respect des règles. Ostrom considère cet aspect comme

le nœud du problème : les communautés pérennes sont caractérisées d'une part par la non-intervention d'une instance gouvernementale pour sanctionner, et d'autre part par un niveau de sanctions gradué. Elles sont bienveillantes et faibles au début, acceptent une possibilité de malentendu ou de circonstance exceptionnelle, présupposent que le transgresseur a l'intention de se conformer à nouveau aux règles et l'y encouragent. Ce qui motive les usagers à respecter les règles est le regard social (la réputation, le « capital confiance » sont très précieux) et le comportement des autres (le besoin d'équité est important).

6. Accès rapide et à faible coût à des instances locales de résolution de conflits.

7. Reconnaissance ou tolérance de l'auto-organisation par les autorités gouvernementales.

8. Les règles doivent être adaptées aux conditions écologiques et sociales, et l'organisation doit rester à petite échelle. Quand le système est de grande taille, l'organisation des régulations doit se coordonner entre plusieurs niveaux et peut se faire différemment selon le niveau. Par exemple, les règles de répartition de l'eau d'un système d'irrigation entre les principales branches peuvent être différentes des règles entre les quelques fermiers d'un canal de distribution terminal.

Les principes essentiels sont la réciprocité et la confiance : celles-ci ne permettent pas de se passer de règles, de surveillance et de sanctions, mais permettent de les alléger. C'est pourquoi la taille des groupes est importante, et celle des groupes qui ont réussi à gérer durablement des biens communs a été estimée à 100 à 200 exploitants (ou foyers)[212] ; au-delà, il faut constituer des sous-groupes avec des délégués. Cela ne vous rappelle-t-il pas les 150 membres de la convention citoyenne pour le climat ? Certains auteurs[213] proposent d'ailleurs de généraliser ces principes pour encourager la coopération dans le cadre de relations de voisinage ou à l'école.

Les principes d'Ostrom ont été confirmés par de nombreuses études.

Une étude des systèmes d'irrigation au Népal[214] a montré qu'on obtenait les meilleurs résultats (entretien de l'infrastructure, quantité d'eau et productivité agricole) quand leur gouvernance dépendait des fermiers eux-mêmes, bien mieux que quand c'était le gouvernement qui le faisait avec une ingénierie high-tech : il faut que les fermiers aient des droits de propriété à long terme et puissent communiquer pour mettre au point leurs propres accords et établir des règles avec des surveillants.

Des résultats semblables ont été constatés dans des programmes de gestion communautaire des forêts[215], sur les critères d'efficience économique, de soutenabilité écologique et d'équité : il faut que les droits de propriété soient sécurisés, les règles claires et leur application effective, et que les membres de la communauté aient des incitations à participer. Un des principaux facteurs d'amélioration des forêts est leur surveillance par les utilisateurs locaux, et ce qui les motive est d'avoir le droit d'en récolter des produits. Pour lutter contre les profits importants du braconnage dans les zones protégées alors que le coût d'une surveillance efficace paraît trop élevé, l'implication des communautés locales avec des incitations fortes est essentiel.

Mais il est important que ces motivations soient intrinsèques, c'est-à-dire associées à un sentiment d'autodétermination plus qu'à de seuls avantages économiques (on retrouve cet enjeu de la motivation intrinsèque, que nous avions déjà rencontré chez les enfants de maternelle au chapitre 3).

Pourquoi cela ne fonctionne pas ?

La mondialisation des échanges a déstabilisé la gestion communautaire, en l'exposant aux pressions du marché et à certaines interventions déstabilisatrices des gouvernements. La privatisation de la nature a aggravé la crise écologique, et sa nationalisation l'a rarement protégée des intérêts particuliers à cause de la corruption.

Les forêts

Comme nous l'avons vu, les forêts jouent un rôle central dans la résilience des écosystèmes. Or leur dégradation se poursuit, même si les forêts gérées de façon communautaire sont mieux protégées que les forêts privées ou possédées par l'État.

Les États ne sont pas toujours orientés vers le bien commun, car leurs représentants sont corrompus ou en conflit d'intérêts avec les puissantes entreprises du bois ou de l'agrobusiness : « La corruption, le manque de transparence, la violence et la dépossession sont la norme[216] ».

Les petits agriculteurs sont parfois dénoncés comme responsables de la déforestation, sans qu'on s'attaque aux gros, et sans qu'on aborde les transformations sociales et économiques nécessaires pour leur donner d'autres perspectives que la pauvreté, le déplacement et la marginalisation.

Le marché prétend résoudre les problèmes, avec par exemple les mécanismes de compensation carbone : on propose à des collectifs et à des particuliers de contrebalancer leurs émissions de gaz à effet de serre en finançant des projets réduisant d'autres émissions comparables. Mais ceux-ci sont très critiqués[217] : seuls 2 % des projets, représentant 7 % des crédits, auraient les critères de qualité requis. Et ils bénéficient plus à des grands projets, comme des barrages, qu'aux communautés locales qui n'ont guère de pouvoir dans les négociations. Leur inclusion n'est que de façade si elles n'ont pas la formation nécessaire et si leur culture n'est pas valorisée. Un ami qui travaille depuis trente ans avec les Indiens en Amazonie brésilienne me racontait ainsi avec désolation comment les sociétés exploitant les bois précieux faisaient pression ou corrompaient les chefs indigènes pour leur faire signer des contrats en leur faveur.

Il faut envisager les écosystèmes forestiers en fonction de tous les services qu'ils rendent et pas seulement à travers le prisme de la valeur monétaire ou même de la captation du carbone, sinon le remède peut être pire que le mal : en Indonésie, on détruit des forêts primaires et leur biodiversité (essentielle à leur résilience[218]) pour des monocultures de palmiers à huile qui ne rendent pas les mêmes services écosystémiques et captent même moins de carbone[219]. Cela exclut aussi les petites communautés locales qui vivaient en harmonie avec cet écosystème, et ne bénéficie économiquement qu'à de grosses entreprises. Nous voyons là encore qu'il faut absolument intégrer les enjeux de justice sociale et d'écologie.

C'est aussi redire notre responsabilité en tant que consommateurs : choisir des produits issus du commerce équitable, par exemple pour le café et le chocolat, c'est soutenir des communautés locales qui respectent leur écosystème. De même il est important de n'acheter que du bois, du papier ou du poisson certifié par un label vraiment responsable, et de boycotter certains produits.

C'est enfin affirmer qu'un des rôles de l'État est de créer les conditions pour que la société civile puisse créer et gérer des communs, par des incitations et par une structuration juridique. C'est le cas par exemple de la loi ALUR qui a donné un cadre juridique pour encourager l'habitat participatif[220], dont nous avons parlé au chapitre 3, ou du soutien au développement d'une plateforme open source collaborative dédiée à l'agroécologie[221].

Heureusement, il y a des exemples de bonne gestion par l'État des biens communs : le Costa Rica est ainsi pionnier dans la protection de sa nature et de sa biodiversité exceptionnelle. Il était pourtant mal parti dans les années quatre-vingt, où 100 000 hectares de forêt étaient abattus chaque année pour cultiver du café et des bananes pour l'exportation. Ces exploitations devenant moins rentables au début des années quatre-vingt-dix, le gouvernement a encouragé le reboisement et a réussi à faire de ce patrimoine naturel le socle d'un tourisme durable : avec 2,5 millions de visiteurs en 2015 et 2,6 milliards de dollars engrangés en 2014, c'est la première source de revenu du pays. En 1998, la loi sur la biodiversité a conféré à l'État une souveraineté complète et a permis que 26 % du territoire soit classé en zone protégée. La forêt couvre désormais la moitié du territoire, contre 19 % en 1984, et le Costa Rica est fier également de produire une électricité issue à 98,7 % de ressources renouvelables.

La question de la gestion des forêts est importante en France également, et nous avons les mêmes préoccupations pour leur résilience, en particulier pour les forêts méditerranéennes très exposées aux incendies[222]. Nous devons nous aussi prendre en compte les interactions socio-écosystémiques, c'est-à-dire la façon dont les humains utilisent les forêts, pour des raisons économiques ou de loisirs. Il est important de ne pas réduire les forêts à des « plantations » homogènes, qui seront ensuite récoltées en mettant le sol à nu et en le dégradant. Pour qu'elles puissent absorber des chocs imprévisibles, il faut garder le maximum d'options ouvertes, et donc accentuer leur diversité génétique, celle des espèces, et la variété du paysage. La biodiversité est essentielle pour soutenir la résilience : une forêt variée résiste mieux aux tempêtes, et elle permet la présence d'oiseaux prédateurs qui limitent les insectes ravageurs. Enfin il faut anticiper les évolutions climatiques : ainsi, dans ma commune proche de Lyon, notre association de préservation de l'environnement encourage les habitants à planter des chênes verts, qui seront plus résilients face au réchauffement.

Les récifs coralliens

Les récifs coralliens sont un lieu majeur de la biodiversité marine, et un autre « point de bascule » particulièrement menacé par le changement climatique. Leur résilience a aussi des aspects autant sociaux (la capacité des communautés locales à assurer leur subsistance et à gérer leur bien commun) qu'écologiques (la survie des écosystèmes), c'est pourquoi les principes de gestion proposés[223] intègrent ces deux aspects :

- Protéger la diversité et la redondance des espèces, des habitats et des groupes fonctionnels : la diversité comprend à la fois des aspects écologiques et sociaux, comme la diversité des moyens de subsistance des communautés locales.

- Maintenir les connexions entre différents récifs pour permettre le réensemencement.
- Réduire les facteurs de stress locaux (pollution, impacts de bateaux) pour soutenir la résistance et la récupération des récifs.
- Mettre en œuvre des aires marines protégées incluant tous les types d'habitats pour promouvoir la diversité et la redondance fonctionnelle (une même fonction est assurée par plusieurs espèces), assurant la connectivité entre les récifs sains et dégradés, incluant des refuges de température, et incorporant une variété de régimes thermiques pour capturer divers assemblages de coraux. La conception de ces aires devrait intégrer les connaissances et l'engagement de la communauté locale.
- Pouvoir s'adapter à l'incertitude et au changement : il faut pour cela une surveillance régulière, avec des expérimentations et des réévaluations permanentes.
- Prioriser les zones à faible risque environnemental, et où les communautés sont capables et désireuses de se conformer aux mesures de protection, pour qu'elles soient couronnées de succès.
- Surveiller les indicateurs de résilience écologique et sociale pour évaluer les alertes précoces, les modèles de rétablissement et hiérarchiser les actions.
- Explorer des approches expérimentales pour soutenir la résilience et étendre les essais réussis.
- Renforcer la capacité des communautés à faire face aux restrictions sur l'utilisation des ressources : diversifier leurs moyens de subsistance, renforcer les réseaux sociaux et partager les ressources entre les utilisateurs des

récifs, et soutenir les connaissances traditionnelles et la cogestion des ressources.

- Faciliter l'adaptation et la transformation : mettre en place des zones tampons autour des aires protégées afin de soutenir le potentiel d'adaptation et de déplacement des espèces. Mais aussi, au niveau social, soutenir les systèmes de gouvernance polycentriques, où plusieurs autorités fonctionnent indépendamment tout en cherchant à atteindre des objectifs communs. Ce type de gouvernance élargit la participation et les opportunités d'apprentissage, en partageant les connaissances locales à différents échelons.

Mais cela suffira-t-il face à l'augmentation de chaleur et d'acidité des océans ?

Pour résumer cette question passionnante, la gestion des biens communs souligne l'articulation nécessaire entre le local et le global, le social et le politique. Il faut que l'État ne soit pas corrompu par les plus riches, mais qu'il soutienne les collectivités locales pour qu'elles puissent s'organiser et bien gérer les biens communs. Les principes de gestion des biens communs peuvent même être étendus pour soutenir la coopération et la résilience d'un groupe social.

Il faut aussi que le marché cesse d'encourager les exploitations destructrices, et nous devons être conscients de notre pouvoir en tant que consommateurs : nos choix de consommation sont très liés aux normes en vigueur dans nos groupes d'appartenance (« ce qu'il est bien vu de faire ») et ils changent par la contagion de l'exemple, jusqu'à un point de basculement de la norme sociale. Les entreprises sont très sensibles à leur image, et la pression d'un petit pourcentage de « consom'acteurs » peut les faire changer. Par exemple, SumOfUs utilise les technologies numériques pour mobiliser des consommateurs, des travailleurs et des actionnaires à l'échelle de la planète. Elle a joué un rôle important pour qu'en 2014, Kellogg's s'engage à éliminer l'huile de palme issue de la déforestation de sa chaîne d'approvisionnement[224].

Nous pouvons choisir de boycotter certains produits (comme l'huile de palme ou le bœuf - sauf s'il est issu d'un élevage local de qualité) et soutenir les produits issus du commerce équitable ou labellisés de façon rigoureuse. En tant que citoyens, nous pouvons nous opposer aux accords commerciaux qui favorisent le marché au détriment des biens communs, comme celui entre l'Union européenne et le Mercosur, surnommé « voitures contre viande ». En tant qu'investisseurs, nous pouvons cesser de soutenir des entreprises destructrices.

On parle maintenant de résilience socio-écologique pour montrer à quel point la résilience des écosystèmes est inséparable de celle des communautés humaines. Et l'évolution de notre espace de résilience sur cette planète va dépendre de notre capacité à coopérer pour gérer nos biens communs. Nous avons pu le faire pour stopper la destruction de la couche d'ozone, mais nous sommes maintenant face à des enjeux beaucoup plus complexes, et qui nécessitent d'agir à tous les niveaux.

Comment la permaculture peut nous inspirer

Les enjeux de l'agriculture sont majeurs : depuis 1950, elle s'est enfoncée dans une industrialisation et une régression agronomique, en mettant en œuvre d'importants moyens chimiques (engrais, pesticides), de gros besoins en eau et en énergie (il faut 10 à 12 calories d'énergie fossile pour produire 1 calorie alimentaire), et des monocultures qui détruisent la biodiversité et épuisent les sols. Les tentatives des grandes firmes de contrôler ces biens communs que sont les semences, en produisant des plantes stériles pour rendre les fermiers dépendants, sont particulièrement choquantes. Et le mode de production et consommation alimentaire actuel est responsable d'environ un tiers des émissions de gaz à effet de serre[225].

Pour limiter ces émissions et pour arriver au contraire à séquestrer du carbone dans le sol, il faut donc changer en profondeur notre système agro-industriel pour aller vers ce qu'on appelle le « *carbon farming*[226] ». Cette méthode agricole s'appuie sur les six piliers suivants : stocker du carbone dans les arbres et les forêts, stocker du carbone dans les terres agricoles, utiliser du « biochar[227] », abandonner la gestion des savanes par le feu, diminuer les émissions de méthane issues de l'élevage, remplacer le pétrole par des biocarburants.

Le biologiste Marc-André Selosse[228] propose une méthode simple, le 4 pour 1000 : en augmentant chaque année de 4 pour 1000 la teneur des sols en matière organique, on compense la production de gaz à effets de serre. Pour cela, en hiver, au lieu de laisser le sol nu s'éroder, on plante des intercultures qu'on broie au sol avant le semis du printemps. Ainsi on stocke entre 100 et 800 kilos de carbone par hectare, soutient la vie du sol, l'enrichit et retient l'eau.

Cette transformation agricole est d'autant plus nécessaire que la biodiversité cultivée est une garantie contre l'insécurité alimentaire : grâce à elle, quels que soient les aléas climatiques ou épidémiques, toutes les cultures ne seront pas affectées en même temps. Gilles Bœuf, président du Muséum national d'histoire naturelle de Paris, donne l'exemple d'une épidémie de nanisme du riz en 2007 en Inde[229] : il a fallu tester plus de 6 000 variétés de riz pour en trouver une qui résiste au virus, dans une vallée perdue de l'Himalaya.

Nous avons besoin d'une perspective de résilience, nous avons besoin de croire à la possibilité d'une Terre hospitalière de façon durable pour notre humanité, et c'est ce que nous montrent la permaculture et l'agroforesterie. Elles sont la version moderne et scientifique de la gestion durable des biens communs telle que l'ont pratiquée les communautés et sociétés résilientes. Comme le dit Charles Hervé-Gruyer, ces agrosystèmes sont une « synthèse du génie de la nature, de l'héritage des paysans d'autrefois et des connaissances de la science contemporaine[230] ». Ils nous montrent comment, en coopérant avec notre écosystème, nous pouvons produire durablement une alimentation de qualité, tout en enrichissant l'ensemble de cet écosystème. Je voudrais partager avec vous mon émerveillement devant ces jardins luxuriants, ces forêts comestibles, cette vision d'une alliance entre l'homme et la Terre.

Que nous propose la permaculture ? C'est d'abord un art de la conception qui cherche à favoriser les meilleures interactions possibles entre les constituants du système. Les associations de cultures visent à réduire la compétition et à favoriser la complémentarité : à la fois en hauteur – en les disposant par strates –, dans les systèmes racinaires, et dans le temps, avec des espèces aux cycles différents. Elle utilise la coopération et le mutualisme, où chaque plante repousse les agresseurs de l'autre.

Par exemple, la *milpa* est une combinaison savante de plantes utilisée par les peuples méso-américains depuis des millénaires. Elle associe du maïs, des haricots et de la courge, les caractéristiques de l'un répondant aux besoins des autres. Le haricot est semé juste après le maïs : en grandissant, il s'enroule autour du plant de maïs, et comme il fixe l'azote de l'air, il favorise sa croissance. Les courges sont des plantes rampantes : cultivées entre les plants de maïs, elles protègent le sol contre l'érosion et maintiennent son humidité. Cela améliore les rendements, et les cultures n'ont presque plus besoin de traitements : une solution à base de piments, d'ail et de citrons locaux suffit à les protéger.

Ces écosystèmes ont besoin de moins d'intrants et d'énergie, produisent beaucoup et améliorent la vitalité de la biosphère. Ce sont des puits de carbone, ils créent du sol, absorbent l'eau de pluie qu'ils reçoivent et ont besoin de moins d'irrigation, et enfin ils abritent une riche biodiversité. Ces systèmes sont bouclés : les déchets de l'un deviennent les ressources de l'autre, et c'est ce qui inspire l'économie circulaire.

En maraîchage, on peut ainsi obtenir une productivité maximale sur une petite surface, tout en enrichissant le sol et l'écosystème. Un poulailler peut aussi valoriser les interactions entre les plantes et les animaux : les déchets végétaux nourrissent les poules, celles-ci les transforment en engrais ; elles mangent les graines des mauvaises herbes, elles désherbent les espaces cultivés entre deux cycles de culture, elles mangent les œufs des limaces ; enfin, elles donnent des œufs et de la viande !

Focus. La ferme du Bec-Hellouin, un magnifique exemple de permaculture[231]

Perrine et Charles Hervé-Gruyer se sont installés en 2003 à la ferme du Bec-Hellouin, dans l'Eure, sur des terres pauvres. Une étude menée sur leur ferme de 2011 à 2015, avec l'INRA et AgroParisTech, a démontré qu'en travaillant entièrement à la main sur une toute petite surface de 1 000 m^2, ils produisaient en valeur autant de légumes que des maraîchers bio sur 1 hectare, avec moins de frais d'investissement et de fonctionnement. La qualité du sol s'améliore très rapidement et la biodiversité augmente.

L'inspiration des forêts-jardins, qui ont été très développées dans certaines régions tropicales (Java, Papouasie-Nouvelle-Guinée), a conduit les Hervé-Gruyer à concevoir un « paysage de résilience » qui pourrait produire toute la nourriture possible sur un territoire de quelques hectares : une « forêt comestible », avec de grands arbres fruitiers à coque ; des prés-vergers, avec des fruitiers de haute tige, où peuvent pâturer des animaux ; des haies fruitières ; des petits champs de céréales et de légumineuses cultivés en traction animale ; un étang avec de l'aquaculture ; des zones de valorisation des déchets organiques.

Ils soulignent la beauté de l'univers de la forêt-jardin, qui nous reconnecte à notre héritage ancestral d'une vie en immersion dans la nature, et nous situe dans une nouvelle alliance avec la Terre.

Les concentrations en carbone des terres de la micro-ferme du Bec-Hellouin sont en moyenne six fois plus importantes que celles d'un sol cultivé en agriculture traditionnelle. Cela rejoint l'objectif fixé à la COP21 d'augmenter chaque année de 4 pour 1000 le stock de carbone dans les sols[232].

Depuis 2010, ils donnent des formations pour créer des micro-fermes en permaculture et inspirent de nombreux projets en France comme à l'étranger. Quelle magnifique fécondité humaine, écologique, économique et sociale !

La permaculture nous ouvre l'espoir de nourrir les générations futures tout en restaurant les écosystèmes, en guérissant la terre. Sa très grande productivité permet de concentrer la production vivrière sur de petits espaces, de maintenir des paysages et des forêts comestibles, et de laisser des espaces à la nature sauvage. La place des arbres dans l'agroforesterie est importante : ils sont de véritables pivots de la biodiversité, rendent d'innombrables services à la biosphère et sont les garants de la résilience à long terme des écosystèmes.

Des exemples d'agroécologie dans d'autres contextes
Au Bénin, le centre Songhaï est un modèle d'« agriculture intégrée et durable », en bio et avec zéro déchet. Il met en synergie des productions végétales, animales et de la pisciculture. Les résidus et déjections sont transformés en compost pour nourrir les sols, ou valorisés en produisant du biogaz domestique. L'eau récoltée après curage des bassins d'aquaculture sert à irriguer les cultures. Ce secteur économique primaire est un moteur pour développer à la campagne des secteurs secondaire et tertiaire : des petites unités de transformation, un réseau de commercialisation (boutiques et restaurants) et un centre de formation et de recherche. Ainsi il

redonne une noblesse au travail agricole et permet aux jeunes de choisir, et non de subir, ce métier qui produit des richesses pour leurs familles et pour leur pays ; et propose une vision pour l'Afrique de « villes rurales vertes ».

La « grande muraille verte » est un cadre politique et stratégique adopté par les chefs d'États et de gouvernement de la communauté sahélo-saharienne en 2005 pour améliorer les conditions de vie des populations locales à long terme. Le but est de leur permettre de vivre sur leurs terres en les gérant de façon durable, tout en augmentant leurs revenus et en assurant leur sécurité alimentaire. Dans ce cadre, des réseaux de partenariat se constituent entre des ONG locales et européennes pour développer des compétences en agroécologie, comme la régénération naturelle assistée. Celle-ci consiste à restaurer les arbres et arbustes à partir des pousses naturelles et des repousses des souches présentes dans les parcelles cultivées. Ainsi on améliore la structure des sols, leur capacité à retenir l'eau et leur fertilité.
C'est au Sénégal que ce projet avance le mieux : depuis dix ans, ils ont planté 6 000 hectares de forêts par an et en protègent autant pour qu'elles se régénèrent naturellement. Ils mettent aussi en place 1 000 kilomètres de pare-feu par an pour lutter contre les feux de brousse qui détruiraient les jeunes plantations.
Les collectivités locales sont motivées, car elles bénéficient de la production des arbres : les acacias fournissent de la gomme arabique, ainsi qu'un fruit appelé « soump » qui sont commercialisés. Et ils mettent en place des « jardins polyvalents villageois », gérés par des groupes de femmes, qui permettent de produire des fruits et des légumes malgré l'aridité et génèrent des revenus non négligeables.

Ces projets sont porteurs à la fois de résilience personnelle (meilleures alimentation et santé), communautaire (possibilité d'une vie économique locale), sociale (effet de stabilisation sociale et de meilleure sécurité, moins d'exode rural) et globale (arrêt de la désertification, plus de stockage de carbone, moins de migrations).

La permaculture est tellement une vision d'espoir et de résilience que ses fondateurs, les agronomes australiens Bill Mollison et David Holmgren, ont proposé d'étendre ses principes à toutes nos installations humaines. « La permaculture est une boîte à outils intelligente pour créer des modes de vie sobres en carbone ; c'est une méthode pratique pour développer des systèmes écologiquement harmonieux, efficaces et productifs, pouvant être utilisés par tous, partout[233] ». Ses 3 valeurs fondamentales, prendre soin de la Terre, prendre soin des hommes, et partager justement, se déclinent en 12 principes.

Focus. Les principes de la permaculture, avec quelques exemples d'applications plus larges sur les plans personnel, collectif ou national

1. Observer et interagir : c'est aussi l'enjeu d'une information objective et d'indicateurs de développement fiables (autres que le PIB) pour orienter nos décisions.

2. Collecter et stocker l'énergie : c'est l'importance de la phase de préparation de notre résilience collective.

3. Obtenir des résultats, créer une production : c'est le réalisme économique.

---

4. Appliquer l'autorégulation et accepter la rétroaction : vous y reconnaissez les principes de gestion des biens communs !

5. Utiliser et valoriser les ressources et services renouvelables : cela a des implications pour nos choix de consommation et d'investissement.

6. Ne pas produire de déchets : c'est le principe de l'économie circulaire.

7. Concevoir en partant du général pour aller vers les détails : cela correspond à la gestion d'une entreprise ou d'un groupe humain, qui pose un cadre de sécurité et une vision, un sens et un but partagés, puis qui laisse se déployer l'intelligence collective, la liberté et la responsabilité aux différents échelons.

8. Intégrer plutôt que séparer : c'est aussi l'objectif de la thérapie ou de la communication non violente.

9. Utiliser des solutions lentes et à petite échelle : de multiples réseaux interconnectés et redondants sont plus résilients qu'un seul « gros tuyau » pour l'approvisionnement en eau, énergie, alimentation, etc., d'une collectivité locale ou d'une région

10. Utiliser et valoriser la diversité.

11. Utiliser les interfaces et valoriser les bordures, ce sont des zones riches en biodiversité : ces 2 derniers principes rejoignent la richesse du dialogue interculturel et la fécondité des coopérations ouvertes.

12. Utiliser le changement et y répondre de manière créative : c'est le principe même de la résilience !

Ce projet de « culture permanente » résonne avec celui d'une civilisation vraiment durable, où l'épanouissement des êtres humains se fait en harmonie avec la biosphère.

Comment changer de paradigme ?

Comment pouvons-nous soutenir ce changement de paradigme, de modèle de développement, de valeurs et de désirs, nécessaire à notre résilience ? Nous voyons bien un horizon désirable, et nous avons conscience qu'il faut changer rapidement et à grande échelle, mais comment y arriver ?
Les chercheurs du GIEC, qui y aspirent autant (voire plus) que vous et moi, ont réfléchi à cette question et ont identifié trois sphères en interaction, où des transformations vers un monde durable peuvent être initiées[234]. Pour que le changement devienne « transformateur », c'est-à-dire ait un impact structurant à grande échelle, il faut qu'elles agissent en synergie :
- Sur le plan personnel, ce sont nos croyances, valeurs, paradigmes et visions du monde.
- Sur le plan politique, ce sont les systèmes et structures définissant les règles et les limites à l'action, à différents niveaux (du local au global).

Sur le plan pratique : ce sont les limitations et les incitations économiques et sociales, et les réponses techniques qui soutiennent les changements de comportements pour préserver nos biens communs.

Figure 17 : Le changement transformateur[235]

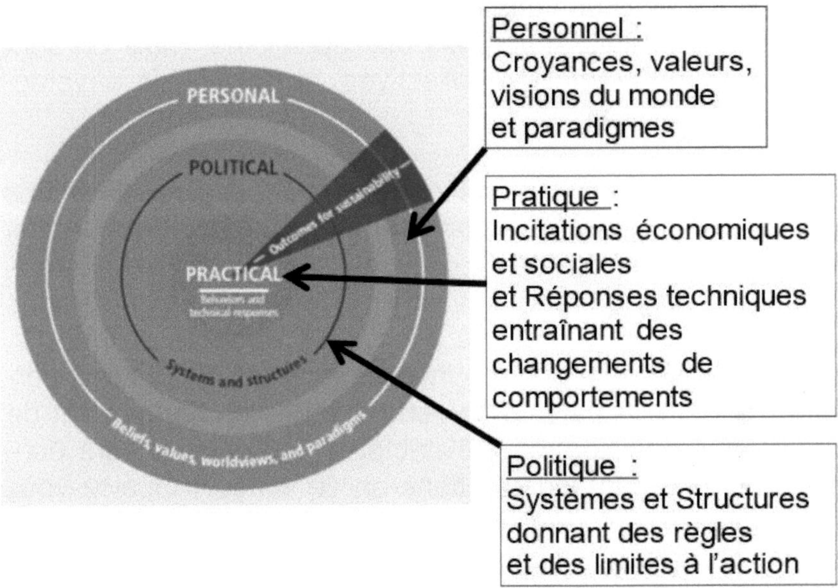

Nous avons vu aux chapitres 3 et 4 les changements collectifs et les régulations politiques nécessaires, nous allons maintenant en quelque sorte « fermer la boucle » de ce livre et approfondir les enjeux de transformation personnels.

De même que les systèmes complexes comme le climat peuvent avoir des points de bascule et des rétroactions en spirale négative, je crois que nos sociétés peuvent aller vers des spirales de rétroactions positives pour basculer vers un nouveau modèle de développement. J'ai été heureusement impressionné, en écoutant les débats organisés au Parlement pour les 24 heures du Climat[236], d'entendre un vrai consensus sur la nécessité d'une transformation urgente de notre modèle économique. Il y avait des représentants de l'État et d'agences gouvernementales, des parlementaires, des syndicalistes, des représentants des entreprises et des ONG.

Bien sûr, il y avait des désaccords, notamment sur la nécessité de changements structurels du capitalisme, mais on sent que, dans nos mentalités collectives, le modèle de développement évolue vraiment.

Il peut (il va ?) y avoir une convergence des mobilisations individuelles en tant que consommateurs (qui sélectionnent les produits qu'ils achètent), citoyens (qui votent, manifestent, s'engagent pour protéger le vivant), entrepreneurs ou salariés (qui veulent un travail aligné avec leurs valeurs), et investisseurs (qui sélectionnent des investissements éthiques et porteurs d'avenir). À partir d'un certain seuil, le changement de modèle apparaît comme inévitable, et tous les acteurs économiques orientent leurs actions en ce sens. Rappelez-vous la métaphore de l'arbre en introduction : c'est comme le mycorhize qui relie les racines et les champignons d'une forêt. De façon souterraine, il se construit un immense réseau de prises de conscience, de petites décisions quotidiennes, d'engagements altruistes contagieux. À un moment émerge la partie visible des champignons, les associations de solidarité, le mouvement de la Transition, les éco-lieux. Enfin les changements politiques s'imposeront à tous les échelons, et les citoyens sont de plus en plus lucides et exigeants sur la cohérence entre les paroles et les actes…

Regardons donc de plus près les enjeux de notre transformation : ils sont à la fois cognitifs et émotionnels.

Sur le plan cognitif : changer notre façon de penser

Il nous faut changer de paradigme, remettre en cause notre modèle de progrès, nos valeurs et nos buts. L'humanité est aujourd'hui face à un enjeu vital : arrêter non seulement la course aux armements, qui reste un problème majeur, mais aussi la course à la croissance infinie et au consumérisme, avec ses rejetons que sont le narcissisme, l'avidité, la compétition, les inégalités, les peurs et les frustrations. Notre principale difficulté est souvent, encore plus qu'accueillir les idées nouvelles, d'extirper les idées anciennes qui ont poussé leurs ramifications dans les recoins de notre esprit.

Choisir une bonne boussole pour orienter l'économie

Les médias continuent à nous parler en permanence du PIB (produit intérieur brut) et on a l'impression que c'est encore la boussole qui oriente les politiques. Pourtant, nous savons bien que c'est un très mauvais repère :

- Il mesure uniquement la production, sans prendre en compte la destruction de ressources non renouvelables ; cela reviendrait à mesurer le chiffre d'affaires d'une entreprise sans tenir compte du fait qu'elle liquide ses actifs.
- Il est lié à l'ensemble des activités marchandes, même celles qui sont nocives : par exemple, les accidents de la route augmentent le PIB car ils font travailler les secours, les soignants, les garagistes, les assureurs.
- Son augmentation est perçue comme positive et cela entretient l'idée qu'il faudrait toujours la poursuivre, alors qu'elle est corrélée à un impact négatif sur notre écosystème limité.
- Enfin il y a un découplage entre le PIB et le bien-être des populations dans les pays riches. On voit bien sur le graphique ci-dessous que le PIB continue à monter en France, alors que l'indice de satisfaction de vie stagne depuis les années soixante-dix : donc que toute l'activité économique qui se rajoute n'est pas positive.

Figure 18 : PIB par habitant en France (en milliers de dollars constants, échelle de droite) **et évaluation de satisfaction de vie moyenne** (échelle de gauche, de 1 à 4).[237]

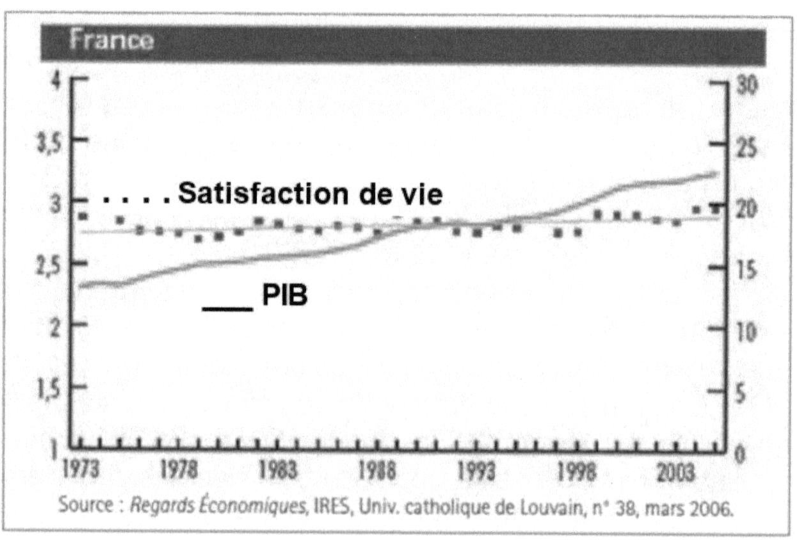

Source : *Regards Économiques*, IRES, Univ. catholique de Louvain, n° 38, mars 2006.

La juste évaluation des politiques menées devrait se faire en considérant non seulement le PIB ou le capital financier, mais aussi le capital culturel, social, et naturel du pays. Comme le dit Thomas Piketty : « Mieux comptabiliser le capital naturel est un enjeu central. La dégradation du capital naturel est un risque autrement plus sérieux que tout le reste. Cela est la véritable dette.[238] »

C'est pourquoi de nombreux indicateurs alternatifs sont proposés, comme l'indice de développement humain (IDH), l'indicateur de santé sociale (ISS) et l'empreinte écologique. Le Bhoutan propose même l'indice du « bonheur national brut », qui intègre la valeur du capital naturel et du capital humain. En France, la loi du 13 avril 2015, impulsée par la députée écologiste Éva Sas, veut faire prendre en compte de nouveaux indicateurs de richesse pour orienter les politiques publiques : des indicateurs d'inégalités, de qualité de vie et de développement durable. Espérons qu'ils deviendront vraiment structurants pour les choix politiques !

Chercher un modèle politique mobilisateur pour l'avenir
Le modèle communiste, en voulant l'égalité au prix de la liberté, a montré sa violence et son échec ; et le modèle néolibéral, où la liberté triomphante a aggravé les inégalités, nous conduit droit dans le mur écologique et social. Nous avons besoin d'un autre modèle politique, où la fraternité serait première, et des intellectuels de plusieurs pays nous proposent le convivialisme[239] : cet art de vivre ensemble est conscient de la finitude des ressources de la planète et refuse l'hubris (la démesure, la toute-puissance) ; il valorise la relation et la coopération, et permet de s'opposer sans se massacrer, en prenant soin des autres et de la nature. Il pose les cinq principes suivants, qui se tempèrent mutuellement :
- Commune naturalité, où les humains ne sont pas possesseurs de la nature, mais sont en interdépendance et ont la responsabilité d'en prendre soin ;
- Commune humanité, car par-delà toutes nos différences, il n'y a qu'une seule humanité, qui doit être respectée en chaque personne ;
- Commune socialité, car notre plus grande richesse, ce sont nos relations ;

- Légitime individuation, pour permettre à chacun de développer ses capacités dans le respect de son interdépendance avec les autres et avec la nature ;
- Opposition créatrice, reconnaissant que l'opposition est légitime si elle ne met pas en danger la commune humanité, commune socialité et commune naturalité ; et si elle met la compétition au service du bien commun.

Sur le plan émotionnel, nous avons un grand chemin à faire

Comme nous l'avons vu au chapitre 1, nous sommes sensibles au contact avec la nature, qui nous ressource psychologiquement et même physiquement, et nous souffrons des altérations d'un environnement familier : c'est ce qu'on appelle la « solastalgie ». L'éco-anxiété définit plutôt l'anxiété anticipatrice, la résonance aux douleurs du monde et aux altérations des écosystèmes dont nous sommes témoins ou que nous anticipons[240].

Il n'est pas facile de regarder en face ces vérités qui dérangent et nous appellent à des changements difficiles. Notre première réaction est souvent le déni, d'autant que nous sommes confrontés à la fois à un impératif moral à agir et à un sentiment d'impuissance douloureux[241]. De façon plus ou moins consciente, nous sommes traversés par des émotions d'angoisse, de tristesse, d'impuissance, de colère, de découragement, qui peuvent nous pousser à fuir dans des addictions aliénantes ou dans des réactions cyniques comme « après moi le déluge ! ». Et quand nous sortons du déni (cela se fait par étapes successives), ces émotions sont souvent très fortes.

Il est donc indispensable de faire un chemin psychologique, voire spirituel. La dimension spirituelle est mobilisée (nous avons vu qu'elle était une ressource de résilience), car nous sommes vraiment confrontés à la question du sens : quel est le sens de notre vie, de l'émergence de notre espèce sur cette planète, si c'est pour détruire les autres formes de vie puis nous auto-détruire ? Quelle est notre place parmi les autres êtres vivants ? De nombreux courants de pensée bouillonnent dans cette jeune discipline qu'on appelle écopsychologie[242], écospiritualité, ou collapsosophie[243] (sagesse permettant de traverser la perspective des effondrements). Certains les caricaturent comme des « trucs new age de bobos », mais je pense que c'est la question majeure de notre époque : il faut chercher tout ce qui peut aider, puis bien sûr faire le tri.

Aux États-Unis, une « alliance des psychiatres pour le climat[244] » recense les recherches dans les domaines suivants : les impacts des catastrophes majeures, les facteurs psychologiques liés à la menace de perturbations climatiques et aux impacts environnementaux, les déterminants sociaux et les populations vulnérables. Un bon article de synthèse[245] conclut que les risques et les impacts du changement climatique sur la santé mentale s'accélèrent déjà rapidement, affectant de manière disproportionnée ceux qui sont les plus marginalisés ; et que les interventions pour lutter contre le changement climatique et son impact sur la santé mentale doivent être coordonnées et ancrées dans un espoir actif afin de s'attaquer au problème de manière holistique.
Qu'est-ce que l'espoir actif ? Il comporte plusieurs aspects, que j'ai au fond tenté de soutenir au fil de ce livre : la réalité et l'ampleur du problème sont reconnues telles qu'elles sont ; l'intention de résoudre le problème est posée ; et des actions

sont engagées, permettant de montrer un chemin possible et de mobiliser les communautés locales et les politiques publiques.

Voici donc les pistes que je vous propose pour soutenir ce chemin émotionnel :

Délimiter les contours de la crise et de notre responsabilité (cf. chapitre 4)

Cela nous permet de ne pas être submergés et de concentrer notre attention sur ce que nous avons le pouvoir de faire ici et maintenant. Nous ne sommes pas responsables du passé, nous n'avons pas de prise sur lui, mais ne lâchons pas notre vie présente ! J'apprécie la célèbre *Prière de la sérénité*, qui nous encourage à avoir ce recul : « Dieu, donne-nous la grâce d'accepter avec sérénité les choses qui ne peuvent être changées, le courage de changer celles qui devraient l'être, et la sagesse de les distinguer l'une de l'autre ».

C'est aussi l'importance de **limiter notre exposition aux informations** et de sélectionner des sources fiables, indépendantes d'intérêts particuliers, et surtout orientées vers des solutions au lieu de sélectionner ce qui aura le plus fort impact émotionnel : le mouvement du « journalisme de solutions » ne consiste pas à ne sélectionner que des informations positives, mais veille à toujours associer aux informations préoccupantes des pistes d'action envisageables.

Ne pas perdre la saveur du présent à cause des peurs du futur

Les exercices de méditation évoqués au chapitre 1 peuvent nous y aider : il est particulièrement bon de renforcer les ressources positives que sont la gratitude et l'émerveillement. La peur pousse à la sidération ou au repli individualiste. Les motivations qui nous mobilisent sont plutôt l'amour, l'émerveillement et le désir de prendre soin que la nature nous inspire ! C'est ce qui fait l'intérêt de films comme *Sacrée croissance !* (de Marie-Monique Robin) ou *Demain*[246] (de Cyril Dion et Mélanie Laurent), qui montrent des exemples de réalisations positives et enthousiasmantes : ils nous permettent de sortir de l'impuissance, de retrouver le goût du présent et de projets partagés.

Renforcer nos liens

Comme nous y invite la permaculture, nous pouvons nous inspirer de la nature pour développer un écosystème relationnel résilient : « Créons des lieux de vie autonomes, fertiles et résilients, ils constitueront autant de bouées de sauvetage si demain tout bascule. À condition que nous sachions favoriser l'émergence, autour de chaque jardin, de chaque ferme, de chaque quartier, d'une communauté solidaire, liée par les liens invisibles du partage et du sens de l'intérêt général [...]. Nous sommes de plus en plus nombreux à prendre conscience qu'une vision matérialiste de l'existence nous ampute d'une part essentielle de nous-mêmes. Prendre soin de la vie sous toutes ses formes, se sentir relié à la nature, à ses sœurs et à ses frères humains, à son être profond, donner le meilleur de soi pour une cause qui nous dépasse : n'est-ce pas là l'essence de toutes les formes de spiritualité ?[247] »

Prenons d'abord soin de nos liens familiaux, si nous avons la chance d'en avoir ; puis rejoignons d'autres qui portent cette vision, que ce soit dans le mouvement de la Transition, dans des engagements associatifs, politiques, ou simplement dans notre travail ou notre voisinage. Plus nous aurons de liens, plus nous serons résilients, et plus cela soutiendra la résilience de notre communauté locale ! Souvenez-vous aussi de l'effet d'entraînement, de contagion positive, qu'ont les comportements altruistes, et que, comme dans les forêts, une synergie se développe en profondeur, et fructifiera de façon étonnante quand les conditions seront favorables.

Accepter de traverser les émotions douloureuses et le faire avec d'autres

Ne restons pas dans un conflit intérieur pour refouler nos émotions douloureuses, ne les étouffons pas par des addictions, n'ennuyons pas vos proches de façon répétée (l'éco-anxiété peut mettre en difficulté les couples, qui peuvent être en décalage), mais cherchons un contexte où nous pourrons les partager et les traverser.

Voici une grande joie dont ma pratique de l'EMDR me permet de témoigner : quand nous pouvons partager des émotions douloureuses en sécurité, en nous sentant vraiment compris et en restant dans notre fenêtre de tolérance, un chemin de résilience s'ouvre, et de façon parfois totalement inattendue !

Enfin, si ces émotions résonnent avec des traumas du passé non digérés, je vous encourage à les traiter : rappelez-vous que l'expérience d'avoir traversé des épreuves avec succès renforce notre résilience ! Et si vous traitez vos blessures des liens d'attachement, cela vous aidera dans vos relations actuelles.

Sans aller jusqu'à une démarche thérapeutique, voici des ressources associatives et groupales qui me paraissent intéressantes :

Les 5 portes du deuil

« Un lieu où règne la douleur est terre sainte. » (Oscar Wilde)
Mon amie et collègue Laetitia de Schoutheete est vraiment
une belle personne, qui a longtemps travaillé pour Médecins
sans frontières dans des situations de catastrophes ou pour
des communautés défavorisées. En retournant au Rwanda
quinze ans après son premier séjour à la suite du génocide,
elle a « pris une claque énergétique » (je la cite) de voir la
résilience de ce peuple. Avec d'autres amis néo-ruraux engagés, elle m'a invité à participer à un « rituel des 5 portes du
deuil » pour renforcer notre résilience face à différents deuils,
et notamment face à l'éco-anxiété. Cette pratique vient du
psychothérapeute canadien Francis Weller, qui a beaucoup
travaillé sur le deuil et a montré l'importance de la dimension
communautaire pour soutenir l'accueil et la traversée des
émotions douloureuses intenses, des ressources qui tendent
à se perdre dans nos sociétés individualistes. Or la traversée
de cette brisure du cœur nous ouvre à une plus grande profondeur, maturité et humanité. Pour soutenir ce processus, il
a mis au point un rituel pré-religieux ou trans-religieux
s'inspirant des pratiques chamaniques des peuples premiers.

Focus. L'expérience du rituel des 5 portes du deuil

Nous sommes arrivés un soir, sous les falaises du Vercors,
sur un chemin éclairé de lumignons, et avons été chaleureusement accueillis, ainsi qu'une vingtaine de personnes, par
un couple qui y restaure une ancienne bergerie et y a installé
une yourte. Après un temps de présentation, le rituel s'est
déroulé entre deux espaces : un lieu symbolisant le village,
l'espace de la vie, de la fête, de la fraternité, avec un feu de
bois dans un brasero autour duquel nous chantions des
chants répétitifs, rythmés par des percussions ; et un lieu

d'intériorité, la yourte, où étaient disposés 5 autels correspondant aux 5 portes :

Porte 1 : tout ce que nous aimons, nous le perdrons.

Porte 2 : les endroits en nous qui n'ont pas connu l'amour.

Porte 3 : les douleurs du monde (l'éco-anxiété).

Porte 4 : le soutien communautaire que nous étions en droit d'espérer, mais que nous n'avons pas reçu.

Porte 5 : nos deuils ancestraux, transgénérationnels.

Quand l'un de nous se sentait prêt à traverser sa peine, il levait la main pour qu'un autre l'accompagne dans la yourte, devant l'autel correspondant. Il pouvait alors exprimer toutes ses émotions comme il le souhaitait, l'accompagnant étant une présence soutenante. Puis il revenait autour du feu et était accueilli chaleureusement par le groupe. Ce dernier aspect m'a beaucoup touché : faire l'expérience d'une fraternité humaine dans la compassion et l'espoir, être soutenu et appelé à s'ouvrir à la joie plus profonde que la douleur… Cela m'a donné confiance en l'humanité !

Dans la beauté de la nuit étoilée, dans le silence ponctué par la cloche d'un village lointain, nous avons terminé en partageant quelques mots qui avaient du poids, et vécu un instant de communion, d'éternité…

Renforcer nos liens avec la nature : le Travail qui Relie
Nous avons à apprendre des peuples premiers, qui ressentent une profonde relation avec tous les êtres vivants. Cela leur permet de vivre en équilibre dans leur écosystème, où ils ont soin de ne prélever que les « intérêts du capital naturel ».

Les écopsychologues nous proposent de renforcer notre conscience d'être partie intégrante de la nature, du vivant, et non des « exploitants hors-sol ». De même que le contact avec la nature est bon pour notre santé, ils font l'hypothèse que nous souffrons des dommages que nous lui infligeons. Cette perspective systémique élargie ouvre aussi l'espoir que des ressources émergeront de nos interactions.
La pratique la plus diffusée est le « Travail qui Relie », que Joanna Macy[248] propose depuis une trentaine d'années. Il est présenté comme une spirale où quatre temps principaux peuvent se rejouer :

- Nous enraciner dans l'émerveillement et la gratitude.

- Accueillir nos émotions (notamment le désespoir) et honorer notre peine pour le monde. Partager cette douleur avec les autres nous permet de la valider, de ressentir notre connexion, notre interdépendance et d'accéder à des ressources de compassion et de guérison.

- Changer de perspective, aller vers une vision du temps long, « profond » : explorer notre connexion aux générations passées et futures, ainsi qu'avec tous les êtres vivants et le monde au-delà de l'humain ; arriver à un « point de bascule », d'élargissement de la conscience, où nous percevons que notre douleur – et notre pouvoir – sont enracinés dans notre interdépendance avec la « toile de la vie » : nous faisons partie du vivant, qui a tellement de ressources !

- À partir de nos aspirations, passer à l'action : développer des visions et engager des projets. Des jeux de rôles aident à clarifier des objectifs, des étapes réalistes, en mobilisant l'intelligence collective et le soutien émotionnel.

Figure 19 : Le travail qui relie (Joanna Macy)

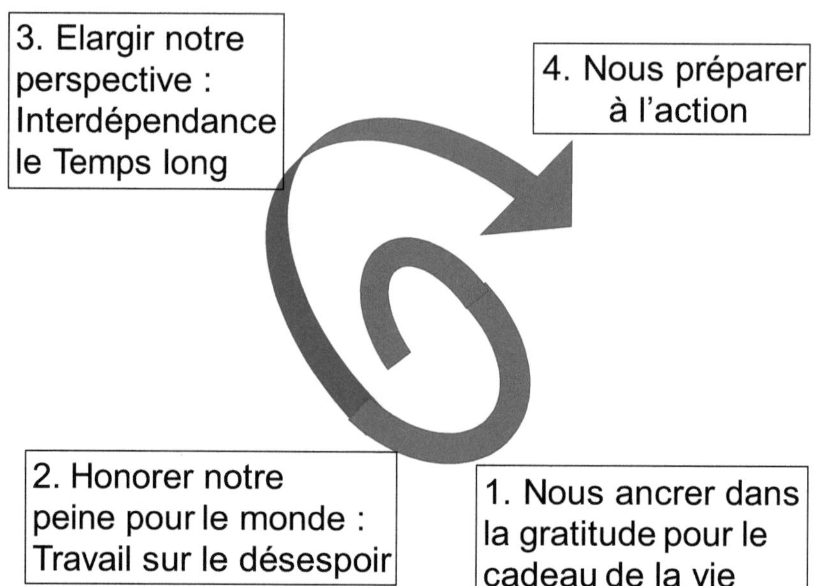

Nous avons déjà parlé de la gratitude au chapitre 1, et de la traversée des émotions avec le rituel des 5 portes du deuil. Je vous propose maintenant un exercice de la troisième étape du Travail qui Relie pour élargir notre perspective.

Exercice. Un voyage vers le passé lointain, pour nous souvenir de qui nous sommes (d'après J. Macy)

Placez votre main sur votre cœur, sentez ses battements et écoutez-les. Et suivez cette pulsation en remontant le temps très longtemps… Jusqu'au tout premier feu au commencement du temps, à la naissance ardente de l'Univers il y a environ quinze milliards d'années. Les cellules de notre corps consument aujourd'hui la même énergie. Tout a commencé

264

avec de grandes spirales brûlantes de gaz et de particules dansantes.

Notre galaxie s'est formée, puis des générations d'étoiles apportant leurs atomes fertiles dans le terreau galactique ; puis notre Soleil, et enfin, il y a quatre milliards et demi d'années, notre Terre. Elle s'est lentement refroidie, il a commencé à pleuvoir, et les océans sont nés. Dans ces mers chaudes, de cette danse entre la roche et l'air, l'eau et le feu, la vie est apparue.

Nous allons maintenant parcourir l'histoire de la vie sur terre en nous mettant à l'échelle de l'existence d'un homme, qui naîtrait au début de la vie, il y a 3,8 milliards d'années et aurait 88 ans au moment de la fin du système solaire dans 5 milliards d'années (1 an équivaut à 100 millions d'années : nous aurions donc 38 ans).

Pouvez-vous vous souvenir de votre naissance sous forme de créature unicellulaire, flottant dans la mère océan ? À peine entouré d'une fine membrane, vous êtes une bactérie qui se nourrit de ce bouillon salé. Chaque cellule de nos corps descend de ces toutes premières-là…

Il faut attendre 23 ans pour que les premières cellules à noyau apparaissent, grâce à l'endosymbiose entre 3 petites créatures, archée, bactérie et virus. Certains d'entre nous apprennent à utiliser directement l'énergie du soleil, avec des chloroplastes, et deviennent des plantes. Nous-mêmes avons appris à puiser notre énergie avec des mitochondries, en mangeant les autres, et nous devenons des animaux. Mais nous vivons toujours en symbiose avec les bactéries de notre intestin[249].

Vers 28 ans, grâce à la reproduction sexuée, des créatures uniques commencent à exister, pour vivre, se reproduire à leur tour, et puis mourir. Continuez à flotter et souvenez-vous de cette alliance avec d'autres êtres unicellulaires. En nous joignant à d'autres, nous devenons éponge, ou peut-être méduse. Quelles sont nos sensations quand nous dérivons dans les mers chaudes ?

Pouvez-vous vous souvenir d'avoir été, vers 33 ans, une fine créature argentée de quelques centimètres de long ? Sentez vos muscles, depuis votre tête jusqu'au bas de votre corps. Sentez la structure qui se solidifie peu à peu, et qui devient au cours des âges un chapelet de vertèbres sur toute la longueur de votre corps. Sentez comme vous nagez à merveille grâce à vos nageoires, tandis que l'eau s'écoule et passe à travers vos branchies.

Vers 34 ans, nos branchies se transforment lentement en poumons. Nous commençons à respirer l'air et à sortir sur la terre ferme. Nous retournons dans les eaux pour pondre, et nos petits y débutent encore leur vie. Vous souvenez-vous d'avoir levé les yeux vers le soleil depuis l'eau, comme nos cousins amphibiens ?

Vers 35 ans, nous apprenons à transporter l'eau nécessaire à nos petits dans les coquilles de nos œufs reptiliens. À présent, nous pouvons vivre tout le temps sur la terre ferme. Nous avons développé des membres pour nous déplacer. Certains de nos cousins deviennent d'immenses dinosaures qui dominent la terre. D'autres voient leurs membres devenir des ailes, leurs écailles des plumes, et leurs enfants sont maintenant des oiseaux.

Avec nos cousins mammifères, nous laissons nos petits se former en nous, afin de les garder au chaud et en sécurité.

Nos enfants survivent mieux, bien qu'ils aient besoin de plus de soins. Nous nous déplaçons agilement entre les arbres immenses, en quête de nourriture, prêts à fuir les grandes mâchoires. Souvenez-vous du retour à la tanière souterraine où vous vous êtes blottis pour dormir tous ensemble au chaud.

À 37 ans et 4 mois, une météorite frappe la terre et les dinosaures s'éteignent, et nous autres mammifères pouvons alors occuper plus d'espace. Certains cousins reviennent vers l'eau et deviennent des dauphins ou de grandioses baleines. D'autres, comme nous, restent sur terre et deviennent des gazelles ou des lémuriens, des kangourous, des souris ou des grands fauves. Nous essayons des milliers de formes différentes, et celles qui réussissent se perpétuent. Nous sommes maintenant entourés de réserves de sagesse partagées avec ces cousins.

Nous poursuivons notre propre chemin. Nous grimpons dans les grands arbres, nous courons le long des branches et nous nous y balançons. Nos doigts sont sensibles, capables de tester la maturité d'un fruit ou de panser un ami. Nous sommes curieux, joueurs et aventureux. Certains de nos proches cousins conservent encore ce mode de vie. La nuit tombe, nous nichons dans les arbres.

Depuis 22 jours, nos forêts se transforment progressivement en prairies. Dans la savane qui s'étend à perte de vue, nous apprenons à marcher debout et à regarder au loin. Nous sommes plus vulnérables aux grands prédateurs, mais nous sommes inventifs, adaptables. Nous émettons des sons qui nous permettent de nous organiser en groupes.

Depuis 7 jours, nous apprenons par grandes avancées, une découverte menant à une autre : les outils, le langage, le feu, les arts, les récits. Nous enterrons nos morts avec des fleurs, en orientant leurs têtes vers l'est, dans l'attente d'une renaissance.

Depuis 1 jour, nous avons la forme qui est la nôtre aujourd'hui. Notre esprit et notre cœur évoluent, tandis que nous sommes des chasseurs-cueilleurs pendant des milliers de générations. Vous souvenez-vous ? Voyez-vous les visages des grands-mères et des grands-pères éclairés par le feu du soir, entendez-vous leurs chansons et leurs histoires, sentez-vous vos corps se blottir contre le leur, sentez-vous leurs bras autour de vous ? Beaucoup a été oublié, beaucoup a été transmis.

Depuis 1 heure, il y a quatre cents générations seulement, nous commençons à cultiver notre nourriture sur la terre. Tout cela est arrivé si vite. L'agriculture, la propriété, les animaux domestiques, les villes, les marchés, les temples, les gouvernements, l'écriture… Certains d'entre nous commencent à croire que nous sommes séparés de notre monde, des êtres à part.

Nous ouvrons les yeux en humains modernes, dans un monde plein de machines : les automobiles et les autoroutes, les avions, les ordinateurs, les supermarchés remplis de nourriture transformée. Que sentons-nous, touchons-nous, voyons-nous, et entendons-nous ? Nous nous frayons un chemin dans les rues encombrées. Nous n'avons pas touché la terre, ni un cousin sauvage, depuis des semaines. Les forces que nous avons libérées assombrissent l'air, remplissent les océans de plastique, coupent et brûlent les forêts, et nous font suffoquer. Tout cela est arrivé si vite. Et pourtant, nous sommes ceux qui peuvent se souvenir… Nous pouvons nous rappeler que nous sommes reliés à toutes choses…

Et nous savons être plus encore : nous sommes le rire d'un enfant, la force de la compassion, la rencontre au clair de lune, le frisson de la poésie, la mélodie d'une chanson. Nous sommes la part de ce monde qui peut être saisie par l'émerveillement, être émue aux larmes et imaginer ce qui peut survenir. Nous sommes les témoins et les adorateurs, ceux qui ont l'esprit en ébullition et les mains agiles, ceux qui peuvent aimer et ceux qui peuvent détruire.

Laissons-nous aller à rêver. Pouvons-nous imaginer les capacités qui attendent de s'exprimer en nous, à travers nous ? Cette fois, en nous réveillant, apportons avec nous ces pouvoirs et cette abondance issus de notre voyage évolutif, et imaginons que nous pouvons contribuer à recréer un monde de célébration de la vie... Nous avons vécu en harmonie avec la Terre pendant des millions d'années, et ce savoir ne s'est pas perdu. Il est temps à présent de faire revivre cette mémoire et ces forces, pour laisser émerger de nouvelles approches, pour que la danse de la vie puisse continuer.

Dans le livre cité, Joanna Macy donne d'autres exercices pratiques que vous pouvez reprendre, mais la dimension du groupe est très importante pour les vivre. Ces exercices commencent souvent par une méditation et alternent activités verbales et non verbales, position assise et mouvement, travail en petit et en grand groupe. Je suis sensible à plusieurs points de convergence avec le chemin de résilience que propose l'EMDR :

- On intègre les aspects cognitifs, émotionnels et corporels de l'expérience.
- On commence par renforcer des ressources positives.

- C'est dans des relations soutenantes qu'on traverse les vécus douloureux.
- C'est en accueillant nos émotions, et non en nous en coupant, que nous allons guérir.
- Cette guérison s'accompagne d'une perception renouvelée de nous-même, de nos liens aux autres et de nos valeurs fondamentales.
- Et c'est quand ce changement intérieur se traduit à l'extérieur, par des changements de comportements et de relations, qu'il s'installe en profondeur.

Avoir une vision positive du futur, réaliste et dans laquelle nous pouvons nous projeter, ainsi que nos enfants éventuels, renforce notre résilience

Même si nous serons confrontés à des catastrophes naturelles, à d'autres pandémies, à une « grande descente énergétique » ou à des effondrements de notre modèle économique, à des crises sociales et des migrations, ce sont des épreuves que beaucoup d'humains ont traversées avant nous, et que beaucoup traversent déjà dans les pays du Sud. Nous pouvons aussi voir cela comme la métamorphose nécessaire d'un mode de vie qui détruit notre planète et crée des inégalités insupportables.

Le bonheur dans la sobriété, dans « plus de liens, et moins de biens » n'est pas qu'un vœu pieux, c'est une réalité dont témoignent déjà ceux qui ont osé un changement de vie. Si cela vous paraît vraiment loin de vous, consultez les projections dans le futur du Shift Project (chapitre 4). Dans ces perspectives réalistes, nous ne sommes pas retournés dans les cavernes et notre avenir est vraiment désirable : plus de liens humains, plus de contact avec la nature et la beauté, un rythme de vie plus apaisé, et plus de sens.

Nous engager dans l'action
Cela nous permet de sortir de la douleur du figement dans l'impuissance. Tout ce que nous mettons en place est comparable à des semences qui feront émerger le « monde d'après ». Partager et faire avec d'autres nous fait du bien, une dynamique collective se met en place et nos actions prennent plus de poids. Quelle que soit l'importance de l'impact que nous aurons, il est bon de nous sentir en cohérence et de nous projeter dans ce qui a du sens (rappelez-vous Viktor Frankl dans les camps de concentration !).
L'action collective est la voie finale commune du travail sur l'éco-anxiété : elle permet à nos émotions de jouer leur rôle mobilisateur, elle nourrit nos liens et notre confiance dans l'humanité, et l'espérance a besoin de se concrétiser !

Réaliser l'évolution de la conscience de l'humanité et chercher des ressources spirituelles
Notre résilience est soutenue par notre lien à nous-même, aux autres, et à la nature. L'ampleur des problèmes et des mutations nécessaires pour l'humanité nous pousse à chercher des ressources de sens dans diverses spiritualités, et un lien à la transcendance, à ce qui nous dépasse : quel est le sens de notre présence sur cette planète, de cette vie si rare dans cet Univers si grand, de cette évolution explosive de notre espèce, de sa conscience et de ses réalisations, pour le meilleur et pour le pire ?

Sébastien Bohler, neuroscientifique, souligne que notre cerveau s'apaise si nous croyons à un cadre d'interprétation de la réalité à la fois global et stable[250]. Nous sommes passés du sens cosmique des chasseurs-cueilleurs au sens social, appuyé sur des normes morales et des rituels, au moment du néolithique et de l'émergence de grandes cités. Nous sommes en situation de perte de sens collectif, accentuée par l'incertitude, l'accélération, la compétition et l'individualisme. L'argent, Dieu moderne, ne comble pas ce vide de sens, et les replis sur des identités groupales fermées risquent de nous opposer. Il propose de nous rassembler autour d'un sens écologique, avec comme valeur sacrée indiscutable la préservation de l'habitabilité de la planète ; comme valeurs morales la sobriété et la préservation des écosystèmes ; comme sacrifice, le renoncement aux émissions de carbone ; et des rituels à inventer.

Cyril Dion, qui est agnostique, le formule ainsi : « Nous faisons intégralement partie du vivant, c'est un fait. Nous devrions donc avoir une partition à jouer. Je ne peux pas croire que nous existions uniquement pour détruire et disparaître. Nous sommes une espèce très spécifique : des mammifères doués de conscience, de langage, qui, grâce à ces qualités, peuvent engager la coopération de millions d'individus pour réaliser des prouesses. Comment mettre ces qualités au service de la restauration des écosystèmes et d'une nouvelle alliance du vivant, incluant l'être humain ?[251] »

Joanna Macy est bouddhiste et met particulièrement l'accent sur le dépassement de la vision d'un Ego séparé et sur la compassion entre humains mais aussi avec les êtres qui ne sont pas humains. Elle nous invite à accueillir tout ce que la conscience d'un amour bienveillant unissant tous les êtres peut nous apporter : la liberté par rapport à la peur, l'avidité et la haine, et le courage de « composter nos douleurs » pour en tirer de l'énergie et nous engager de façon juste.

Saint François d'Assise a été un précurseur de cette « fraternité cosmique universelle », et le pape François s'inscrit à sa suite : « Si nous nous approchons de la nature et de l'environnement sans cette ouverture à l'étonnement et à l'émerveillement, si nous ne parlons plus le langage de la fraternité et de la beauté dans notre relation avec le monde, nos attitudes seront celles du dominateur, du consommateur ou du pur exploiteur de ressources, incapable de fixer des limites à ses intérêts immédiats. En revanche, si nous nous sentons intimement unis à tout ce qui existe, la sobriété et le souci de protection jailliront spontanément[252] ». « Aujourd'hui, la voix alarmée de la création nous exhorte à retourner à une juste place dans l'ordre naturel, à nous rappeler que nous sommes une partie, et non pas les patrons, du réseau interconnecté de la vie. La désintégration de la biodiversité, l'augmentation vertigineuse des désastres climatiques, l'impact inégal de la pandémie actuelle sur les plus pauvres et les plus fragiles sont des sonnettes d'alarme face à l'avidité effrénée de la consommation[253] »

Le pape cite aussi le paléontologue jésuite Pierre Teilhard de Chardin[254], qui propose une vision du temps long, où l'on observe une évolution de la matière puis de la vie vers de plus en plus de complexité, avec de nouvelles propriétés émergentes comme la conscience. Il imagine ce processus de « complexification-conscientisation » aller vers encore plus d'interconnexion et d'harmonisation, jusqu'à un « point omega » christique d'unification de l'humanité et du cosmos.

Même sans nous élever à ces hauteurs mystiques, nous pouvons réaliser à quel point notre conscience collective tolère de moins en moins les violences, les injustices et les discriminations qui paraissaient normales à beaucoup assez récemment. Nous avons vu avec Steven Pinker qu'à long terme, on observe une nette tendance à la baisse de toutes les formes de violence. Même s'il n'est pas sûr que cela continuera toujours, cette vision positive de l'évolution de la conscience de l'humanité de Steven, athée convaincu, a des points de rencontre étonnants avec celles de Cyril, François, Pierre ou Joanna…

Faisons le point

Nous avons accepté de regarder en face la crise de notre écosystème planétaire et nous réalisons que nous pouvons soit continuer à engendrer des effondrements systémiques, soit choisir des chemins de résilience. Nous sommes donc convoqués à un changement majeur, transformateur, pour préserver un espace juste et sûr pour l'humanité sur cette planète.

Il est vital et urgent de nous limiter pour laisser de l'espace aux autres êtres vivants, cette magnifique biodiversité dont la destruction nous met en danger ! L'IPBES estime que l'impact économique des pandémies est cent fois supérieur au coût estimé de leur prévention. Les forêts et les coraux, mais aussi les mangroves, les zones humides et tant d'écosystèmes si variés sont nos trésors les plus précieux.

Ce changement passe également par l'exigence de justice, d'une économie distributive et régénérative, pour renforcer en même temps la résilience sociale et écologique.
L'enjeu est de soutenir les communautés locales dans la bonne gestion de leurs biens communs, ces principes millénaires de gestion communautaire confirmés par les recherches actuelles. Ils peuvent nous inspirer pour mettre en place des régulations fines dans nos relations sociales et pour soutenir la coopération de tous.

La permaculture est source d'espoir et d'inspiration : elle quitte la culture de la démesure et du déchet pour renouer une alliance avec le vivant et la beauté. Je suis émerveillé de voir toutes les synergies et fécondités qui se développent alors : elles permettraient de nourrir l'humanité tout en restaurant les écosystèmes !

Nous sommes appelés à mobiliser tous les leviers pour faire basculer le système en changeant les régulations politiques et les incitations pratiques aux changements de comportements, et en changeant aussi nos modèles de pensée personnels et collectifs.

L'éco-anxiété, si répandue chez les jeunes, nous pousse à faire ce travail psychologique, émotionnel, pour notre résilience personnelle et collective : délimiter notre responsabilité, garder la saveur du présent, renforcer nos ressources intérieures et nos liens, accepter de traverser avec d'autres des émotions douloureuses, nous projeter dans une vision positive et réaliste du futur et nous engager dans une action collective.

Ce chemin peut mobiliser une dimension spirituelle : il s'agit en effet d'une réévaluation radicale de nos valeurs et de ce qui donne sens à nos vies, pour aller vers une vision large de la fraternité, une conscience de notre interdépendance avec tous les êtres vivants.

Nous pouvons alors espérer une spirale de synergies positives entre les changements individuels, les mobilisations collectives, les entreprises et les politiques !

Figure 20 : la résilience de l'écosystème Terre

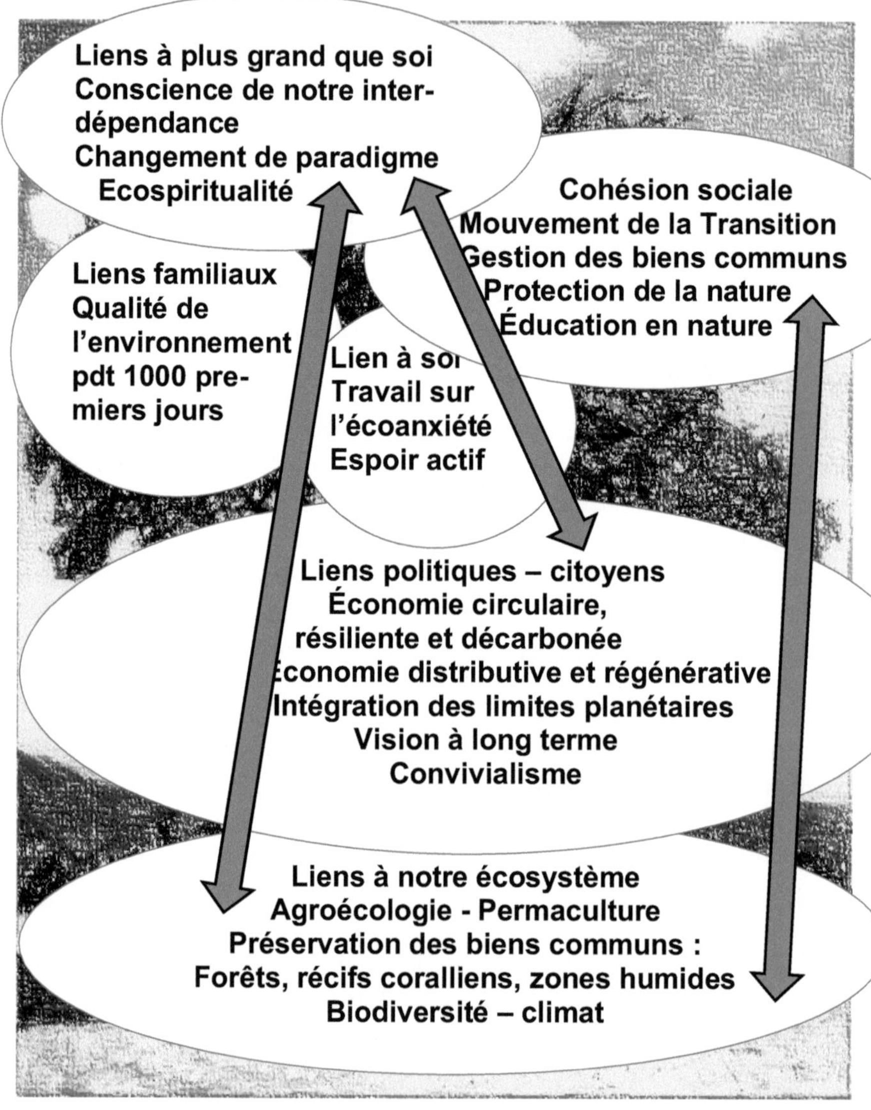

Conclusion

L'avenir de l'homme ?
Ici, maintenant, entre nos mains.
Exaltant, non ?

Laurent Contamin[255]

Nous arrivons au terme de notre voyage en résilience. Pour sentir la profonde cohérence de ses enjeux dans les différents cercles, aux différents niveaux des systèmes socio-écologiques, je vous propose de reprendre quelques « fils rouges ».

Le temps et le besoin de ralentir

Le temps est le premier besoin des enfants pour construire un attachement sécure à leurs parents, qui est la base essentielle de la résilience ; et c'est aussi le premier besoin des couples.

La méditation de pleine conscience nous aide à ralentir, à rester dans notre fenêtre de tolérance et à renforcer nos ressources intérieures. Tandis que l'accélération va de pair avec l'énervement, l'éparpillement, l'excitation addictive.

Il faut aussi du temps pour construire des liens de confiance dans une collectivité et développer le dialogue et la résolution non violente des confits, la coopération et la gestion durable des biens communs.

La juste dimension[256] des espaces et des groupes

De même que l'attachement permet l'oscillation entre une base de sécurité et l'exploration du monde, c'est la sécurité de l'enracinement dans une famille, un groupe humain, une région, un pays et une culture que nous aimons, qui nous permet de nous ouvrir aux autres.

Cette juste dimension permet ce qu'Orwell appelle la « *common decency* » : les liens de confiance, de réciprocité et la régulation mutuelle permettent de gérer les biens communs, de développer les circuits courts et la solidarité ; et l'amour de notre territoire nous engage à le préserver.

Les liens sont plus importants que les biens

Pour bien vivre ensemble, et pour préparer notre résilience collective, nous devons nourrir la richesse et la diversité de nos relations sociales de voisinage, la solidarité, et préparer la transition vers un nouveau modèle de développement.

C'est pourquoi notre travail psychologique, en particulier sur les liens d'attachement, la communication non violente (CNV) et la « transition intérieure », sont si importants. Les liens à la nature et à la dimension spirituelle sont aussi très précieux. Cela nous rendra plus heureux que le narcissisme et l'avidité !

Le refus de la démesure, de l'avidité addictive, de la toute-puissance, ce que les grecs appelaient l'hubris
C'est un travail individuel pour améliorer notre hygiène de vie, notre régulation émotionnelle et renforcer nos valeurs fondamentales.
Et c'est aussi un travail politique pour réduire les inégalités scandaleuses, les investissements destructeurs et l'idéologie consumériste, et renforcer les valeurs convivialistes. Oui, la sobriété n'est pas que la condition de notre survie : elle est heureuse, et c'est une vraie révolution pour nos croyances culturelles !

La diversité et l'importance des connexions entre les organismes renforcent la résilience des écosystèmes
Les atteintes massives que nous infligeons à la biodiversité augmentent le risque de pandémies, et il est vital pour notre résilience socio-écologique de préserver des espaces naturels protégés.
La permaculture nous apprend que les zones de bordure (haies, bords des étangs) sont particulièrement fécondes, et cela s'applique aussi aux espaces de dialogue interculturel.

Valoriser la coopération plus que la compétition
La coopération « fermée », dans un groupe, a été un moteur de notre évolution. La coopération ouverte, au-delà de notre groupe d'appartenance, a favorisé l'exogamie, le brassage culturel, la diffusion des connaissances, l'innovation, la capacité d'adaptation et la flexibilité mentale, qui ont soutenu notre développement et notre résilience.
Nous percevons bien la tension qui traverse nos sociétés : nous devons articuler notre enracinement, notre ancrage identitaire, avec une coopération ouverte, pour prévenir le risque des « national-populismes » ou des communauta-

rismes. Leur moteur est la coopération fermée qui exclut ou discrimine tous ceux qui ne relèvent pas du « nous », d'une même identité collective.

La coopération largement ouverte, la compassion et l'altruisme tournés vers les plus pauvres, l'amour du prochain capable de rejoindre les plus « lointains », me paraissent les valeurs humaines les plus fondamentales. Elles sont portées par toutes les figures-ressources qui inspirent et aident mes patients dans leur traversée des traumatismes.

La compétition aussi a toute sa valeur, elle nous pousse à donner le meilleur de nous-même, mais elle doit être mise au service du bien commun. Elle est exacerbée par l'idéologie consumériste, qui stimule les désirs mimétiques, les narcissismes et les hiérarchies sociales.

La coopération doit être soutenue dès l'école, mais ne pourra se développer que si nous réduisons les inégalités sociales. C'est redire l'importance des régulations politiques de la finance et de l'économie pour construire une société résiliente !

Résumons cela dans une « fenêtre de résilience », inspirée de la fenêtre de tolérance émotionnelle

Cette fenêtre reprend les ressources qui soutiennent nos processus de résilience, individuelle et collective, dans la traversée des chocs : l'encadré de gauche dans la figure ci-dessous rappelle les ressources internes, développées au chapitre 1 ; celui du milieu les ressources relationnelles, qui ont une place centrale dans la résilience ; et celui de droite la vision positive du futur. L'enjeu est de réintégrer ce qui déborde cette fenêtre en haut et en bas, c'est à dire de réguler les excès et d'intégrer les parties exclues, tant à l'intérieur de nous que dans nos groupes sociaux.

Pour notre chemin de résilience personnelle, nous devons rester dans notre fenêtre de tolérance émotionnelle, mobiliser nos ressources internes, nos forces du Moi et nos liens d'attachement, pour pouvoir retrouver du sens et un espoir actif. Si nous avons des traumas d'attachement, nous devrons non seulement réguler nos émotions débordantes, mais aussi reparenter nos enfants intérieurs pour un « attachement sécure gagné » : nous pourrons alors exprimer nos capacités d'altruisme, de compassion, de communication non violente, et développer des cellules familiales résilientes (chapitre 2)

.

Pour notre résilience collective, la cohésion sociale correspond aux forces du Moi : elle implique de conjuguer justice sociale (réduction des inégalités), écologie et dialogue interculturel, pour pouvoir réintégrer les parties exclues ou clivées du corps social. Les mêmes ressources nous aident à bien coopérer dans nos communautés locales ; et les politiques doivent soutenir les 1 000 premiers jours, les pédagogies innovantes, le pacte du pouvoir de vivre, les initiatives de transition, et un grand changement de cap de la finance, de l'économie, de l'agriculture, de l'urbanisme, etc.

La résilience socio-écologique dépend aussi de notre pleine conscience de l'urgence, et de notre enracinement dans la gratitude et un lien émotionnel à notre écosystème, pour permettre un changement de paradigme : alors nous pourrons aller vers un modèle convivialiste, capable de bien gérer les biens communs, et tisser des socio-écosystèmes résilients s'inspirant des principes de la permaculture, pour une santé planétaire.

Ce chemin ne se fera pas sans conflits, mais l'évolution nous montre que le vivant finit par trouver des solutions dans la symbiose et la coopération[257] : chez nous autres humains, son moteur est la compassion.

Figure 21 : Fenêtre de résilience : à tous les niveaux du système !

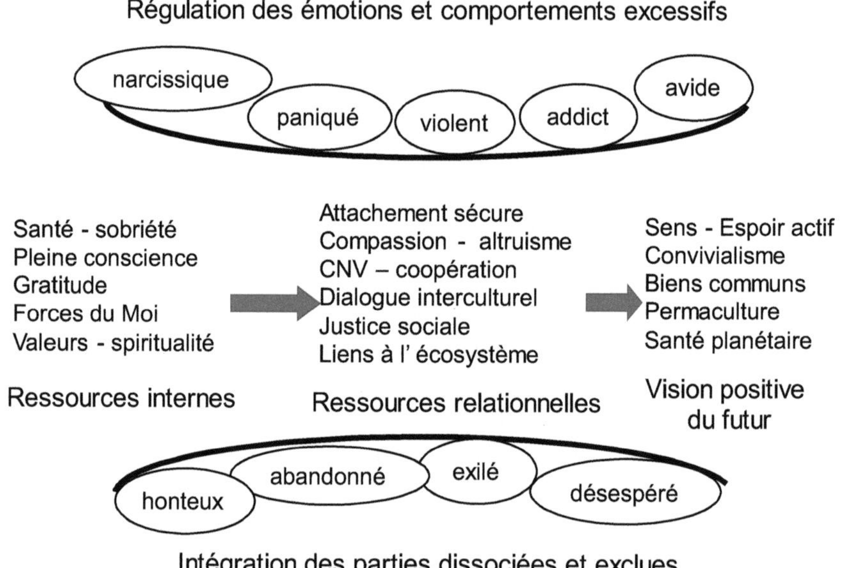

Une question de fond est posée à notre espèce, à la fois dans nos relations entre nous, et dans nos relations aux autres êtres vivants

Après avoir été des super-compétiteurs, des super-prédateurs qui causent la sixième extinction de masse des espèces, après avoir dévoré les ressources d'énergie fossile accumulées au cours d'ères géologiques et créé l'anthropocène[258], allons-nous détruire les conditions mêmes de notre vie ? Ou saurons-nous trouver une nouvelle façon de cohabiter sur notre Terre ?

L'astrophysicien Hubert Reeves[259] propose un conte philosophique. Toute civilisation qui se développe sur une planète serait confrontée à un « examen de passage », dont l'énoncé serait : « Parviendrez-vous à coexister avec votre propre puissance et à ne pas vous auto-éliminer ? » En supposant que ces civilisations extraterrestres sont nombreuses, on trouverait, en se baladant dans le cosmos, deux types d'exoplanètes. D'une part, celles des êtres qui auraient réussi cet examen, des exoplanètes vertes, où les « exo-humains » auraient continué à développer leur créativité ; et d'autre part, les exoplanètes dont les habitants auraient échoué à leur examen de passage, couvertes de débris radioactifs et devenues inhabitables.

Considérant notre pouvoir et notre avidité, il appelle homo sapiens « l'Énorme ». Il remarque lui aussi l'émergence d'une importante évolution des mentalités, qu'il appelle le « réveil vert » et dont il voit la source dans la compassion : « Avec le cadeau de la compassion, Dame Nature a donné à l'Énorme un moyen et un espoir de cohabiter avec sa propre puissance ».

« *Sapiens* » signifie « intelligent », mais surtout « sage, prudent, raisonnable » : et si nous participions à l'émergence d'un homo sapiens vraiment « *sapiens* » ?

Nous sommes conscients d'être à une époque cruciale de notre histoire, où plusieurs visions de l'avenir cohabitent

Pour certains, il n'y a rien de nouveau sous le soleil, l'humanité a toujours été de progrès en progrès, et les promesses de la technique résoudront tous les problèmes, jusqu'à supprimer la mort. Donc, « *business as usual !* ». Si vous partagez ce point de vue, merci de tout cœur de m'avoir lu quand même jusqu'ici, et bravo, continuez : votre flexibilité mentale sera facteur de résilience !

Pour ceux qui font confiance aux observations scientifiques, les deux visions principales sont :

– pour les optimistes, « le grand changement de cap », où nous arriverons à temps à faire une grande transition vers un nouveau modèle de civilisation, plus juste, plus durable et respectueux de la vie ;

– pour les pessimistes, les effondrements successifs aboutiront à un effondrement systémique, à une mortalité massive par guerres, famines, épidémies, voire à une apocalypse nucléaire.

J'ai tendance à partager le point de vue des Hervé-Gruyer : « Nous pouvons cultiver l'optimisme – c'est bon pour la santé ! – sans être naïfs pour autant : la transition de la civilisation industrielle vers une nouvelle civilisation fondée sur le respect de la vie ne se fera pas sans crises majeures. Il s'agit d'un cycle de mort et de renaissance, à l'échelle de la planète tout entière. Il est hautement probable que nous-mêmes, nos enfants et nos petits-enfants traverserons des temps troublés, des décennies de grande précarité, voire de violence, durant lesquelles nous devrons apprendre à subvenir à nos besoins essentiels à partir des ressources biologiques et renouvelables locales, tout en développant des solidarités nouvelles au sein de communautés fondées sur le partage équitable.[260] »

Que nous soyons optimistes ou pessimistes, l'important est d'être déterminés et de cultiver notre résilience à tous les niveaux. C'est d'ailleurs le point commun des deux visions : que ce soit pour soutenir le grand changement de cap ou pour nous adapter aux effondrements, elles identifient comme priorité le renforcement de notre résilience collective.

Si le mot « effondrement » paraît trop dur à certains, si les mots « développement durable » paraissent trop mous à d'autres, nous pouvons nous accorder et nous engager pour la résilience. C'est non seulement une nécessité, mais un enjeu existentiel : il s'agit de notre cohérence intérieure et de notre dignité, de nos valeurs et du sens de notre vie. Notre force intérieure vient de notre consentement au réel, de notre acceptation de traverser des émotions douloureuses, et de notre engagement vers notre désir le plus profond.

La transition sera d'autant plus facile que nous la choisirons rapidement plutôt que de la subir, et nous y trouverons dès aujourd'hui du sens, de la joie, des liens précieux.

Quel que soit le niveau d'efficacité de nos actions, tout ce que nous ferons contribuera à notre résilience personnelle et collective. Il y aura un effet d'entraînement positif, de contagion, comme le montrent les études sur les comportements altruistes. Et des effets de synergie, de rétroactions positives et d'accélération des changements se développeront à partir d'un certain seuil.

Quelles que soient les épreuves à traverser, souvenons-nous que la résilience est toujours possible, et qu'elle peut nous amener à un avenir meilleur... J'espère de tout cœur que vous aurez trouvé dans ce livre des pistes pour renforcer votre résilience personnelle, et le désir de vous engager pour renforcer notre résilience collective !

Chgt de paradigme
Valeurs - Sens -Vision du futur
Dialogue interreligieux
Ecospiritualité

Hygiène de vie
Flexibilité mentale,
Forces de caractère
Régulation des émotions
Gratitude, compassion
Compétences sociales
Altruisme

2 parents,
Qualité des relations
Cohérence éducative
Appartenance, rituels
Partage des émotions
Sécurité de l'attachement
Ressources suffisantes
Besoin de temps !
Les 1000 premiers jours
Soutien aux familles
vulnérables

École
Liens sociaux
Relations de voisinage
Mvt de la Transition
Solidarités
Pouvoir de vivre
Cohésion sociale
Groupes d'EMDR
Protection de la nature

Liens politiques – citoyens
Régulations fiscales, financières et économiques
Économie circulaire, résiliente et décarbonée
Mobilisation des entreprises pour la Transition
-Lutte contre les inégalités et discriminations
Préservation du patrimoine naturel
Intégration des limites planétaires
Vision à long terme
Convivialisme

Liens à notre écosystème
Ecosystèmes – biodiversité – climat
Préservation des biens communs
Agroécologie - permaculture

Remerciements

Merci
À Françoise, ma femme et collègue,
qui m'a soutenu et a accepté de me partager avec l'écriture
de ce livre.

À Viviane du Guiny, ma première éditrice, qui a eu l'idée de
ce livre, et m'a accompagné avec bienveillance et rigueur tout
au long de son enfantement.

À Lauriane et Raphaël Contamin, pour leur relecture et leurs
conseils précieux.

À mes formateurs, aux collègues que je supervise et qui eux
aussi m'enseignent.

Et à mes patients, qui – comme le dit Winnicott – m'ont payé
pour m'instruire.

Notes

[1] D'après le Stockholm Resilience Centre, URL : https://www.stockholmresilience.org/research/research-news/2015-02-19-what-is-resilience.html/.

[2] Organisation mondiale de la santé, *Évaluation et prise en charge des affections spécifiquement liées au stress : module Guide d'intervention mhGAP*, Genève, OMS, 2013.

[3] Ce qui m'a poussé à écrire *Guérir de son passé avec l'EMDR et des outils d'autosoin*, Paris, Odile Jacob, 2017.

[4] HOPKINS R., *Manuel de transition : de la dépendance au pétrole à la résilience locale*, Montréal, Écosociété, 2010. Je développe ce thème au chapitre 3.

[5] World Health Organization, Convention on Biological Diversity, *Connecting Global Priorities: Biodiversity and Human Health: a State of Knowledge Review* [en ligne], WHO Press, Genève, 2015, URL : https://www.cbd.int/health/SOK-biodiversity-en.pdf/.

[6] IPBES (Plateforme intergouvernementale scientifique et politique sur la biodiversité et les services écosystémiques), "Échapper à l'ère des pandémies : les experts mettent en garde contre de pires crises à venir ; options proposées pour réduire les risques", communiqué de presse, 2020, URL : https://ipbes.net/sites/default/files/2020-11/20201029%20Media%20Release%20IPBES%20Pandemics%20Workshop%20Report%20FR_Final_0.pdf

[7] WHITMEE S. *et al.*, « Safeguarding human health in the Anthropocene epoch: report of The Rockefeller Foundation–*Lancet* Commission on planetary health », *The Lancet*, 386, 2015, p. 1973-2028, DOI : http://dx.doi.org/10.1016/S0140-6736(15)60901-1.
COOK R. A., KARESH W. B., OSOFSKY S. A., *Conference summary: one world, one health: building interdisciplinary bridges to health in a globa-*

lized world. One world, one health [en ligne], 29 septembre 2004, URL : https://www.oneworldonehealth.org/sept2004/owoh_sept04.html/.

[8] Horton et al, « From public to planetary health: a manifesto », *The Lancet*, vol. 383, n° 9920, 6 mars 2014, p. 847
Schéma d'après Millennium Ecosystem Assessment, *Ecosystems and Human Wellbeing: Health Synthesis*, Washington D.C., Island Press, 2005.

[9] WOHLLEBEN P., *La Vie secrète des arbres*, Paris, Les Arènes, 2017.

[10] KHALIL GIBRAN G., *Le Prophète*, Paris, Casterman, 1956.

[11] CYRULNIK B., *Un merveilleux malheur*, Paris, Odile Jacob,1999.

[12] ANAUT M., « Le concept de résilience et ses applications cliniques », *Recherche en soins infirmiers*, 82 (3), 2005, p. 4-11, DOI : https://dx.doi.org/10.3917/rsi.082.0004. BEKAERT J. *et al.*, « Élaboration et validation de l'inventaire des facteurs de résilience (IFR-40) », *Neuropsychiatrie de l'enfance et de l'adolescence*, 60 (3), 2012, p. 176-182, DOI : https://doi.org/10.1016/j.neurenf.2011.12.005.

[13] Paris, Odile Jacob, 2017.

[14] Organisation mondiale de la santé, *Maladies non transmissibles* [en ligne], 2018, URL : https://www.who.int/mediacentre/factsheets/fs355/fr/.

[15] WILLETT W. *et al.*, « Food in the Anthropocene: the EAT–*Lancet* Commission on healthy diets from sustainable food systems », *The Lancet*, 393, 2019, p. 447-492, DOI : https://doi.org/10.1016/S0140-6736(18)31788-4.

[16] National Institute on Aging, *What do we know about healthy aging?* [en ligne], 2018, URL : https://www.nia.nih.gov/health/what-do-we-know-about-healthy-aging/ : ces données viennent de la plus longue étude épidémiologique sur le vieillissement, qui a commencé à Baltimore en 1958 et continue toujours.

[17] ULRICH R. S., « View from a window may influence recovery from surgery », *Science*, 224 (4647), 1984, p. 420-421, DOI : https://dx.doi.org/10.1126/science.6143402.

[18] WILLIAMS F., *The Nature Fix: Why Nature Makes Us Happier, Healthier, and More Creative*, Washington D. C., W. W. Norton, 2017.

[19] ALBRECHT G., « "Solastalgia". A new concept in health and identity », *Philosophy Activism Nature*, 3, 2005, p. 45.

[20] DESMURGET M., *TV Lobotomie : la vérité scientifique sur les effets de la télévision*, Paris, Max Milo, 2011.

[21] HANCOX R. J. *et al.*, « Association of television viewing during childhood with poor educational achievement », *Archives of Pediatrics and Adolescent Medicine*, 159 (7), 2005, p. 614-618, DOI : https://dx.doi.org/10.1001/archpedi.159.7.614.

[22] Le site Internet https://www.ornish.com fournit gratuitement (en anglais malheureusement) des séances guidées de méditation, de yoga, des recettes de cuisine et menus, et anime une communauté en ligne (et vous y trouverez les études scientifiques évoquées). En français, de nombreuses ressources sont accessible sur le site de l'Inpes (Institut national de prévention et d'éducation pour la santé) : https://www.santepubliquefrance.fr/ et notamment https://www.mangerbouger.fr/.

[23] URMAN V. *et al.*, *La révolution épigénétique. Votre mode de vie compte plus que votre hérédité*, Paris, Albin Michel, 2018.

[24] C'est la partie du système nerveux qui régule l'état de notre corps (systèmes cardiovasculaire, respiratoire, digestif, etc.). Il comporte deux grandes parties : schématiquement, le système sympathique a un rôle d'accélérateur, permettant de mobiliser de l'énergie pour l'action, et le système parasympathique a un rôle de frein, pour récupérer de l'énergie.

[25] BOHLER S., *Le bug humain : pourquoi notre cerveau nous pousse à détruire la planète et comment l'en empêcher*, Paris, Robert Laffont, 2019.

[26] CONTAMIN E., *Prenons soin de nous. Techniques d'auto-thérapie* Larousse, 2023.

[27] Vous en trouverez une description approfondie ainsi que de nombreux exemples de thérapies dans mon ouvrage *Guérir de son passé avec l'EMDR et des outils d'autosoin*, Paris, Odile Jacob, 2017.

[28] *Prenons soin de nous ! Techniques d'auto-thérapie*, Larousse, 2023. Vous y trouverez une quarantaine d'exercices, avec des scripts pour guider leur pratique.

[29] Par exemple : https://www.epsm-lille-metropole.fr/programme-de-therapie-base-sur-la-pleine-conscience.

[30] ANDRE C., *Méditer, jour après jour*, Paris, L'Iconoclaste, 2011.

[31] ROSA H., *Accélération. Une critique sociale du temps*, Paris, La Découverte, 2010.

[32] DAVIDSON R., *Les profils émotionnels*, Paris, Les Arènes, 2018.

[33] EMMONS R., *Merci !*, Paris, Belfond, 2008.

[34] ZESSIN U. *et al.*, « The relationship between self-compassion and well-being: a meta-analysis », *Applied Psychology: Health Well Being*, 7 (3), 2015, p. 340-364. DOI : https://dx.doi.org/10.1111/aphw.12051.

[35] DAHLSGAARD K., PETERSON C. et SELIGMAN M. E. P., « Vertu partagée : la convergence des forces humaines à travers une valeur culturelle et historique », *Revue de psychologie générale*, 9 (3), 2005, p. 203-213.

[36] FREDRICKSON B. L. *et al.*, « What good are positive emotions in crises? A prospective study of resilience and emotions following the terrorist attacks on the United States on September 11th, 2001 », *Journal of Personality and Social Psychology*, 84 (2), 2003, p. 365-376.

[37] FRANKL V., *Découvrir un sens à sa vie avec la logothérapie*, Montréal, Les Éditions de l'Homme, 1988. Ce petit livre, publié pour la première fois en 1946, a été traduit en 22 langues et vendu à plus de 3,5 millions d'exemplaires...

[38] HILLESUM E., *Une vie bouleversée : Journal 1941-1943*, Paris, Éditions du Seuil, 1985.

[39] DELAGE M., *La Vie des émotions et l'attachement dans la famille*, Paris, Odile Jacob, 2013.

[40] L'UNICEF met en avant la période des « 1 000 premiers jours » (la grossesse et les 2 premières années), voir le chapitre 3.

[41] URL : https://www.mon-coaching-peppsy.com/mag/confinement-moins-de-stress.

[42] Notamment Isabelle Filliozat et Rébecca Shankland qui ont fait partie de la commission des 1 000 premiers jours.

[43] J'ai gardé volontairement les fautes d'orthographe et maladresses d'expression.

[44] LE CAMUS J., *Le Vrai Rôle du père*, Paris, Odile Jacob, 2000. Voir aussi MILJKOWITCH R. et PIERREHUMBERT B., « Le père est-il l'égal de la mère ? Considérations sur l'attachement père-enfant », *Cahiers critiques de thérapie familiale et de pratiques de réseaux*, 35 (2), 2005, p. 115-129.

[45] Par exemple, en ce qui concerne l'impact épigénétique du stress post-traumatique, le gène du récepteur au cortisol dans l'hippocampe.

[46] FELITTI V. J. *et al.*, « Relationship of childhood abuse and household dysfunction to many of the leading causes of death in adults: The Adverse Childhood Experiences (ACE) Study », *American Journal of Preventive Medicine*, 14 (4), 1998, p. 245-258, DOI : https://doi.org/10.1016/S0749-3797(98)00017-8. Voir aussi le site Internet https://www.adversechildhoodexperiences.org/. Voir par ailleurs :

VAN NIEL C., « Adverse events in children : predictors of adult physical and mental conditions », *Journal of Developmental & Behavioral Pediatrics*, 35 (8), 2014, p. 549-551, DOI : https://doi.org/10.1097/DBP.0000000000000102.

[47] Une amitié forte pourrait sans doute jouer ce rôle, mais le système de l'attachement est particulièrement activé quand nous éprouvons notre vulnérabilité et notre dépendance, et cela se rejoue inévitablement dans les relations de couple, où nous engageons notre intimité et le choix de traverser les épreuves dans la durée, autant que nous le pourrons…

[48] Vous trouverez plusieurs récits de thérapie dans *Guérir de son passé avec l'EMDR et des outils d'autosoin*, Paris, Odile Jacob, 2017.

[49] Vous trouverez des scripts détaillés d'exercices dans CONTAMIN E., *Prenons soin de nous. Techniques d'auto-thérapie*, Larousse, 2023.

[50] Journaliste et féministe états-unienne.

[51] LECOMTE J., *Guérir de son enfance*, Paris, Odile Jacob, 2010.

[52] GUENARD T., *Tagueurs d'espérance*, Paris, Presses de la Renaissance, 2003.

[53] Ces exercices sont détaillés dans CONTAMIN E., *Prenons soin de nous. Techniques d'auto-thérapie*, Larousse, 2023

[54] SCHWARTZ R., *Système familial intérieur : blessures et guérison*, Issy-les-Moulineaux, Elsevier Masson, 2009.

[55] CONTAMIN E., *Prenons soin de nous. Techniques d'auto-thérapie,* Larousse, 2023

[56] DELAGE M., *La Vie des émotions…, op. cit.*

[57] Les anglo-saxons parlent même du « *grandmothering* » ; voir HAWKES K. *et al.*, « Grandmothers and the evolution of human sociality », dans *Emerging Trends in the Social and Behavioral Sciences*, KOSSLYN S., SCOTT R. A. (éd.), Hoboken, John Wiley & Sons, 2015, p. 1-11.

[58] HRDY S. B., *Mothers and others: The Evolutionary Origins of Mutual Understanding*, Cambridge (Massachusetts), Belknap, 2009.

[59] SIEGEL D., BRISON T. P., *Le Cerveau de votre enfant*, Paris, Les Arènes, 2015.

[60] ROSENBERG M. B., *Les mots sont des fenêtres (ou bien ce sont des murs)*, Paris, La Découverte, 1999.

[61] URL : https://www.cnvformations.fr.

[62] DELAGE M., *La Vie des émotions…, op. cit.*

[63] « Résilience narrative » [en ligne], dans *Résilience et culture, culture de la résilience*, JOURDAN-IONESCU C., IONESCU S., KIMESSOUKIE-

OMOLOMO É., JULIEN-GAUTHIER F. (éd), Québec, CRIRES, 2018, p. 13-21, URL : https://lel.crires.ulaval.ca/oeuvre/resilience-et-culture-culture-de-la-resilience.

[64] Sermon fait le 31 mars 1968 à la cathédrale nationale de Washington.

[65] *Social Capital and Cohesion: Rubric Implementation Guide and Sample Handouts for Self-Assessment and Action* [en ligne], URL : https://www.copewellmodel.org/resources/COPEWELL-SocialCapitalandCohesion-ImplementationGuide.pdf.

[66] KLIMECKI O.M. *et al.*, « Differential pattern of functional brain plasticity after compassion and empathy training », *Social Cognitive and Affective Neuroscience*, 9 (6), 2014, p. 873-879, DOI : https://doi.org/10.1093/scan/nst060.

[67] BISCHOH-KÖHLER D., « The development of empathy in infants », dans *Infant Development. Perspectives from German-speaking Countries*, LAMB M. *et al.* (éd.), Hillsdale, Erlbaum, 1991, p. 245-273.

[68] MAIN M., GEORGE C., « Responses of young abused and disadvantaged toddlers to distress in agemates », *Developmental Psychology*, 21 (3), 1985, p. 407-412, DOI : https://doi.org/10.1037/0012-1649.21.3.407.

[69] ANDERSON C. A. *et al.*, « Violent video game effects on aggression, empathy, and prosocial behavior in Eastern and Western countries: a meta-analytic review », *Psychological Bulletin*, 136 (2), 2010, p. 151-173, DOI : https://doi.org/10.1037/a0018251.

[70] SALEEM M. *et al.*, « Effects of prosocial, neutral, and violent video games on children's helpful and hurtful behaviors », *Aggressive Behaviour*, 38 (4), 2012, p. 281-287, DOI : https://doi.org/10.1002/ab.21428.

[71] Voir les excellentes synthèses de LECOMTE J., *La Bonté humaine*, Paris, Odile Jacob, 2012 ; RICARD M., *Plaidoyer pour l'altruisme*, Paris, NiL éditions, 2013 ; TOMASELLO M., *Why We Cooperate*, Cambridge (Massachusetts) - Londres, MIT Press, 2009 ; SERVIGNE P. *et al.*, *L'Entraide, l'autre loi de la jungle*, Paris, Les Liens qui libèrent, 2019.

[72] WILSON E. O., *La Conquête sociale de la Terre*, Paris, Flammarion, 2013.

[73] WARNEKEN F., TOMASELLO M., « Extrinsic rewards undermine altruistic tendencies in 20-month-olds », *Developmental Psychology*, 44 (6), 2008, p. 1785-1788, DOI : https://doi.org/10.1037/a0013860.

[74] AKNIN L. B. *et al.*, « Giving leads to happiness in young children », *PLoS One*, 7 (6), 2012, DOI : https://doi.org/10.1371/journal.pone.0039211.

[75] FEHR E. *et al.*, « Egalitarianism in young children », *Nature*, 454, 2008, p. 1079-1083.

[76] BEAR A., RAND D. G., « Intuition, deliberation, and the evolution of cooperation », *PNAS*, 113 (4), 2016, p. 936-941, DOI : https://doi.org/10.1073/pnas.1517780113.

[77] FEHR E. *et al.*, « Altruistic punishment in humans », *Nature*, 415, 2002, p. 137-140.

[78] RAND D. *et al.*, « Positive interactions promote public cooperation », *Science*, 325 (5945), 2009, p. 1272-1275, DOI : https://doi.org/10.1126/science.1177418.

[79] DUNN E. W. *et al.*, « Spending money on others promotes happiness », *Science*, 319 (5870), 2008, p. 1687-1688.

[80] FOWLER J. H., CHRISTAKIS N. A., « Cooperative behavior cascades in human social networks », *PNAS*, 107 (12), 2010, p. 5334-5338, DOI : https://doi.org/10.1073/pnas.0913149107.

[81] SILVER K. L., SINGER P. A., « A focus on child development », *Science*, 345 (6193), 2014, p. 121, DOI : https://doi.org/10.1126/science.1257424.

[82] Anthony Lake, directeur exécutif de l'UNICEF, 2016.

[83] Keith Hansen, vice-président, chargé du développement humain à la Banque mondiale, 2016.

[84] LECOMTE J., *Guérir de son enfance, op. cit.*

[85] BOSSINI L. et *al.*, « Evaluation study of clinical and neurobiological efficacy of EMDR in patients suffering from post-traumatic stress disorder », *Rivista di psichiatria*, 47 (2 suppl), 2012, p. 12-15.

[86] *Rapport de la commission des 1 000 premiers jours* [en ligne], 2020, URL : https://solidarites-sante.gouv.fr/IMG/pdf/rapport-1000-premiers-jours.pdf.

[87] GUEDENEY A. *et al.*, « The ADBB and the M-ADBB in the French CAPEDP prevention study », *Infant Mental Health Journal*, 34 (6), 2018, p. 594-601.

[88] TREMBLAY R. E., *Prévenir la violence dès la petite enfance*, Paris, Odile Jacob, 2008.

[89] DURLAK J. *et al.*, « The impact of enhancing students' social and emotional learning: a meta-analysis of school-based universal interventions », *Child development*, 82, 2011, p. 405-432, DOI : https://doi.org/10.1111/j.1467-8624.2010.01564.x.

[90] FLOOK L. *et al.*, « Promoting prosocial behavior and self-regulatory skills in preschool children through a mindfulness-based kindness curriculum »,

Developmental Psychology, 51 (1), 2015, p. 44-51, DOI : https://doi.org/10.1037/a0038256.

[91] ALVAREZ C., *Les Lois naturelles de l'enfant*, Paris, Les Arènes, 2016.

[92] URL : https://www.celinealvarez.org.

[93] FAVRE D., *Transformer la violence des élèves : cerveau, motivations et apprentissage*, Malakoff, Dunod, 2019, 2e édition.

[94] Voici encore quelques ressources qui peuvent vous être utiles :

– l'association SynLab fait des ponts avec la recherche et propose sur son site Internet (URL : https://syn-lab.fr/publications-scientifiques/) des synthèses intéressantes, comme « Développer les compétences émotionnelles, sociales et civiques » ou « Collaboration et réussite des élèves » ;

– le programme « éco-école » (URL : https://www.eco-ecole.org) veut aider les élèves à mieux comprendre le monde qui les entoure pour s'y épanouir et y participer. Il propose une méthodologie et une riche boîte à outils pour déployer le développement durable, de la maternelle au lycée. Il repose sur la mobilisation de l'ensemble des acteurs d'un établissement scolaire (élèves, enseignants, direction, personnels administratifs et techniques) mais également du territoire (collectivités, associations, parents d'élèves, etc.). Les enfants sont souvent des messagers importants de la prise de conscience écologique auprès de leur famille !

[95] URL : https://campus-transition.org/.

[96] HOLT-LUNSTAD J. *et al.*, « Social relatioships and mortality risk: metaanalysis review », *PLoS Medicine*, 7 (7), 2010, DOI : https://doi.org/10.1371/journal.pmed.1000316.

[97] URL : http://www.accorderie.fr/. Une **accorderie** développe l'échange de services et la coopération entre ses membres, ainsi que des activités collectives d'échanges et des services d'intérêt général. Elle vise l'amélioration de la qualité de vie de tous ses membres et le renforcement des solidarités pour lutter contre la pauvreté et l'exclusion.

[98] URL : https://www.france-parrainages.org ou https://www.parrainsparmille.org/.

[99] URL : https://www.bbbs.org/.

[100] Une description plus détaillée est donnée dans VANISTENDAEL S. et LECOMTE J., *Le bonheur est toujours possible : construire la résilience*, Paris, Bayard, 2000. Voir également le site Internet : https://www.home-start.org.uk/.

[101] HOPKINS R., ASTRUC L., *Le pouvoir d'agir ensemble, ici et maintenant*, Arles, Actes Sud, 2015.

[102] URL : https://www.entransition.fr/.

[103] URL : https://www.afd.fr/fr/carte-des-projets/des-serres-photovoltaiques/.

[104] BONNEAU M., « Comment les monnaies locales réhabilitent le multiplicateur keynésien » [en ligne], *La Tribune*, 16 février 2019, URL : https://www.latribune.fr/opinions/tribunes/comment-les-monnaies-locales-rehabilitent-le-multiplicateur-keynesien-807681.html/.

[105] « COVID-19 : un mois de mobilisation des makers » [en ligne], Solidarum : base de connaissances pour l'invention sociale et solidaire, URL : https://www.solidarum.org/sante/covid-19-mois-de-mobilisation-des-makers.

[106] URL : https://www.monepi.fr/.

[107] URL : https://transition-citoyenne.org/.

[108] *Le Guide essentiel de la transition* [en ligne], Réseau Transition.be, 2019, URL : https://reseautransition.be/wp-content/uploads/2019/05/Le_Guide_Essentiel_de_la_Transition_HQ_Mai2019.pdf.

[109] Mens, Terre vivante, 2019.

[110] Barreto A, *Thérapie Communautaire pas à pas*, traduction française : Jean-Pierre Boyer, Nicole Hugon, Christiane Fénéon, Edition AETCI - A4V, 2010, Edition Dangles 2011

[111] Gasibirige S, et al, Santé mentale Communautaire et justice pénale. Le cas des violences sexuelles massives, *Criminologie*, 2015, 48(1), 143-163

[112] JARERO I., ROQUE-LOPEZ S. *et al.*, « L'apport d'un traitement du trauma à composants multiples, fondé sur l'EMDR, à des enfants victimes de traumas interpersonnels graves », *Journal of EMDR Practice and Research*, 7 (4), 2013, p. 74-86.
ROQUE-LOPEZ S. et al, « Mental health benefits of a 1-week intensive multimodal group program for adolescents with multiple adverse childhood experiences », *Child Abuse & Neglect* 122 (2021) 105349
Susana est en train d'écrire un livre pour partager son expérience.

[113] KALIMAN P. et al, « Epigenetic impact of a 1-week intensive multimodal group program for adolescents with multiple adverse childhood experiences », *Scientific Reports* 2022 Oct 20;12(1):17177. doi: 10.1038/s41598-022-21246-9

[114] Communications à la journée de formation de l'association EMDR-France du 22/3/2022 d'Aline Lancian Mise en place de séjours thérapeutiques en protection de l'enfance « Séjours ressources », EPDA Le Village Du Fier – Marignier – Haute-Savoie, du 21 au 26/10/2018 et du 18 au 23/10/2020 ; et de Christelle Méry et Elisabeth Bonastre : Juillet 2018, Premier séjour thérapeutique réalisé en France pour 12 adolescents scolarisés en IME

[115] Vignaud P, Contamin E, et al, Relevance and Feasibility of Group Traumatic Episode Protocol delivered to Migrants : A Pilot Field Study *Int. J. Environ. Res. Public Health* 2023, 20, 5419. https://doi.org/10.3390/ijerph20075419

[116] YURTSEVER A. *et al.*, « An eye movement desensitization and reprocessing (EMDR) group intervention for Syrian refugees with posttraumatic stress symptoms: results of a randomized controlled trial », *Frontiers of Psychology*, 9 (493), 2018, p. 1-8, DOI : https://dx.doi.org/10.3389/fpsyg.2018.00493. JARERO I., GIVAUDAN M., OSORIO A., « Randomized controlled trial on the provision of the EMDR integrative group treatment protocol adapted for ongoing traumatic stress to female patients with cancer-related posttraumatic stress disorder symptoms », *Journal of EMDR Practice and Research*, 12 (3), 2018, p. 94-104, DOI : https://dx.doi.org/10.1891/1933-3196.12.3.94.

[117] Dozio E, Bizouerne C et al, Dispositif de prise en charge psychologique de groupe : expérience clinique avec les enfants traumatisés de Centrafrique, Neuropsychiatrie de l'enfance et de l'adolescence 67 (2019) 89–98

Pupat A. et al, Global Initiative for Stress and Trauma Treatment - Traumatic Stress Relief Training for Allied and Paraprofessionals to Treat Traumatic Stress in Underserved Populations : A Case Study, *European Journal of Trauma and Dissociation*, 2021, https://doi.org/10.1016/j.ejtd.2021.100229

[118] CARRIERE R. C., « Scaling up what works : using EMDR to help confront the world's burden of traumatic stress », *Journal of EMDR Practice and Research*, 8 (4), 2014, p. 187-195, https://dx.doi.org/10.1891/1933-3196.8.4.187.

[119] Contamin E, Prenons soin de nous. Exercices d'auto-thérapie inspirés de l'hypnose, l'EMDR, etc, Larousse, 2023

[120] https://emdrecopsychologie.wordpress.com/

[121] Macy J, Ecopsychologie pratique et rituels pour la Terre, Labor et Fides

[122] Weller F, The Wild Edge of Sorrow: Rituals of Renewal and the Sacred Work of Grief, 2015

[123] Très bien synthétisées par LECOMTE J., *La Bonté humaine*, Paris, Odile Jacob, 2012. Il reprend les études du centre de recherches sur les catastrophes de l'université du Delaware ; ou SOLNIT R., *A Paradise Built in Hell. The Extraordinary Communities that Arise in Disaster*, New York, Penguin, 2009.

[124] Notamment lors de l'ouragan Katrina à la Nouvelle-Orléans : à la suite d'une contre-enquête, le chef de la police, Jim Compass, qui avait contribué à répandre ces rumeurs, a dû démissionner et déclarer publiquement : « Nous n'avons d'information officielle sur aucun meurtre, aucun viol, aucune agression sexuelle. » (cité par J. Lecomte, *La Bonté humaine, op. cit.*, p. 24).

[125] URL : https://www.copewellmodel.org.

[126] Commissariat général au développement durable, Direction de la recherche et de l'innovation, *La résilience des territoires aux catastrophes* [en ligne], 2017, URL : https://www.ecologie.gouv.fr/sites/default/files/Théma - La résilience des territoires aux catastrophes.pdf.

[127] SINAÏ A. *et al.*, *Petit traité de résilience locale*, Paris, éditions Charles-Léopold Mayer, 2015.

[128] KLEIN N., *La stratégie du choc*, Paris, Babel, 2013.

[129] PIEYRE M. et VILAR C., Gouvernance de l'adaptation. Evolution climatique des territoires et préservation de la démocratie, INET, dialogues de la recherche, 2015

[130] SINAÏ A. *et al.*, *Petit traité de résilience locale, op.cit.*

[131] *Faire sa part ? Pouvoir et responsabilité des individus, des entreprises et de l'état face à l'urgence climatique* [en ligne], Carbone 4, 2019, URL : http://www.carbone4.com/wp-content/uploads/2019/06/Publication-Carbone-4-Faire-sa-part-pouvoir-responsabilite-climat.pdf.

[132] Nos GEStes climat, URL : https://ecolab.ademe.fr/impactcarbone.

[133] DIAMOND J., *Bouleversement : les nations face aux crises et au changement*, Paris, Gallimard, 2020.

[134] DE CHANTERAC M. *et al.*, « Pour une comptabilité sociale et environnementale », dans *Vingt propositions pour réformer le capitalisme*, GIRAUD G., RENOUARD C. (dir.), Paris, Flammarion, 2012, p. 310-327.

[135] STIGLITZ J., *Le prix de l'inégalité*, Paris, Les Liens qui libèrent, 2012.

[136] « Entre 1998 et 2015, le patrimoine double, mais diminue pour les 20 % les moins dotés » [en ligne], Insee, URL : https://www.insee.fr/fr/statistiques/3549485.

[137] « En 2018, les inégalités de niveau de vie augmentent » [en ligne], Insee, URL : https://www.insee.fr/fr/statistiques/4659174.

[138] Vous pourrez trouver les références des travaux évoqués dans le livre de deux chercheurs britanniques qui ont passé leur carrière à étudier le sujet : PICKETT K., WILKINSON R., *Pour vivre heureux, vivons égaux*, Paris, Les Liens qui libèrent, 2019.

[139] Une étude de 28 universités dans 40 pays a montré la corrélation entre le niveau des inégalités et le désir d'un leader nationaliste et populiste : SPRONG S. et al, « our country needs a strong leader right now : economic inequality enhances the wish for a strong leader », *Psychol Sci* 2019, 30,1625-37, cité par BOHLER S., *Où est le sens ?*, Robert Laffont, 2020

[140] KEMPF H., *Comment les riches détruisent la planète*, Paris, Éditions du Seuil, 2007.

[141] « Combattre les inégalités des émissions de CO_2 » [en ligne], Oxfam France, URL : https://www.oxfamfrance.org/climat-et-energie/combattre-les-inegalites-des-emissions-de-co2.

[142] MOTESHARI S. *et al.*, « Human and nature dynamics (HANDY): modeling inequality and use of resources in the collapse or sustainability of societies », *Ecological Economics,* 101, 2014, p. 90-102.

[143] KESSLER R. C. *et al.*, « Prevalence, severity and comorbidity of 12-month DSM-IV disorders in the national comorbidity survey replication », *Archives Of General Psychiatry,* 62 (6), 2005, p. 617-627, DOI : https://dx.doi.org/10.1001/archpsyc.62.6.617.

[144] DITTMAR H. *et al.*, « The relationship between materialism and personal well-being: a meta-analysis », *Journal of Personality and Social Psychology,* 107 (5), 2014, p. 879-924, DOI :https://doi.org/10.1037/a0037409.

[145] Si on additionne chômage, sous-emploi et les personnes qui ne cherchent pas mais souhaitent travailler, on est passé de 23 % à 31 % de la population active entre 2003 et 2015 : source Insee, citée par TIMBEAU X., « Peur sur le salariat », *Revue Projet,* 349, 2015, p. 39-47.

[146] TOSI H. *et al.*, « How much does performance matter? A meta-analysis of CEO pay studies », *Journal of Management,* 26 (2), 2000, p. 301-339.

[147] GORDON C. *et al.*, « As unions decline, inequality rises » [en ligne], Economic Policy Institute, 2012, URL : http://www.epi.org/publication/unions-decline-inequality-rises/. Cette étude

aux USA montre des courbes quasi inverses entre le taux de syndicalisation et la part des revenus qui va aux 10 % les plus riches.

[148] WILSON D. S. *et al.*, « Survival of the selfless », *New scientist*, 196 (2628), 2007, p. 42-46.

[149] Présenté par SINGER T. et par BLOOM P. dans le documentaire de GILMAN S., DE LESTRADE T., *Vers un monde altruiste ?*, Arte France, 2015.

[150] SERVIGNE P. *et al.*, *L'Entraide, l'autre loi de la jungle, op. cit.*

[151] GREENE J., « Emotion and cognition in moral judgment: evidence from neuroimaging », dans *Neurobiology of Human Values*, CHANGEUX J.-P. *et al.* (dir.), Berlin - Heidelberg, Springer, 2005, p. 57-66.

[152] SHERIF M., *The Robbers Cave Experiment: Intergroup Conflict and Cooperation*, Middletown, Wesleyan, 1988 [1961], cité par RICARD M., *Plaidoyer pour l'altruisme, op. cit.*

[153] Nos cerveaux préfèrent éviter les informations qui contredisent nos croyances, qui créent ce qu'on appelle une « dissonance cognitive », et privilégient celles qui nous confortent dans nos convictions.

[154] URL : https://www.coexister.fr/.

[155] URL : https://www.peacebuilding.eu/.

[156] *Le pacte du pouvoir de vivre*, URL : https://www.pactedupouvoirdevivre.fr/le-pacte-en-bref/.

[157] SERVIGNE P., STEVENS R., CHAPELLE G., *Une autre fin du monde est possible : vivre l'effondrement, et pas seulement y survivre*, Paris, Éditions du Seuil, 2018.

[158] PINKER S., *La Part d'ange en nous*, Paris, Les Arènes, 2017.

[159] *La contribution de la Convention citoyenne pour le climat au plan de sortie de crise*, URL : https://www.conventioncitoyennepourleclimat.fr/2020/04/09/la-contribution-de-la-convention-citoyenne-pour-le-climat-au-plan-de-sortie-de-crise/.

[160] BIHOUIX P., *L'Âge des* low tech : *vers une civilisation techniquement soutenable*, Paris, Éditions du Seuil, 2014.

[161] ROSA H., *Accélération. Une critique sociale du temps*, Paris, La Découverte, 2010.

[162] GIRAUD G., RENOUARD C. (dir.), *Vingt propositions pour réformer le capitalisme*, Paris, Flammarion, 2012.

[163] Oxfam, *Une économie au service des 1 %* [en ligne], 2016, URL : https://www.oxfamfrance.org/sites/default/files/file_attachments/une_economie_au_service_des_1_oxfam_-_vf.pdf.

[164] CHAPERON I., *Le Figaro,* 10 octobre 2010.

[165] GIRAUD G., RENOUARD C. (dir.), *Vingt propositions…, op. cit.,* p. 229.

[166] *Le Journal du Dimanche*, 13 novembre 2011.

[167] World Economic Forum, *The Future of Nature and Business* [en ligne], 2020, URL : http://www3.weforum.org/docs/WEF_The_Future_Of_Nature_And_Business_2020.pdf.

[168] Agence du gouvernement français, anciennement Agence de l'environnement et de la maîtrise de l'énergie, maintenant nommée Agence de la transition écologique.

[169] The Shift Project, *Vers un plan de transformation de l'économie française en faveur du climat et de la résilience* [en Ligne], 2020, URL : https://theshiftproject.org/wp-content/uploads/2020/07/Rapport-davanvement_Vision-globale_V0_PTEF_Shift-Project.pdf.

[170] Source : The Shift Project.

[171] URL : https://www.negawatt.org/.

[172] URL : https://afterres2050.solagro.org/a-propos/le-projet-afterres-2050/.

[173] On parle aussi des critères ESG : environnement, social, gouvernance.

[174] HERAUD B., « La RSE, facteur de résilience et de compétitivité des entreprises face à la crise du COVID-19 » [en ligne], *Novethic*, 2020, URL : https://www.novethic.fr/actualite/entreprise-responsable/isr-rse/la-rse-facteur-de-resilience-et-de-competitivite-des-entreprises-face-a-la-crise-148814.html.

[175] CHAPERON I., « Finance durable : BlackRock attendu au tournant » [en ligne], *Le Monde*, 12 mai 2020, URL : https://www.lemonde.fr/economie/article/2020/05/19/finance-durable-blackrock-attendu-au-tournant_6040114_3234.html.

[176] FAUVER L. *et al.*, « Does good corporate governance include employee representation? Evidence from german corporate boards », *Journal of financial economics*, 82 (3), 2006, p. 673-710, DOI : https://doi.org/10.1016/j.jfineco.2005.10.005, cité dans PICKETT K., WILKINSON R., *Pour vivre heureux, vivons égaux, op .cit.*

[177] KRUSE D., « Does employee ownership improve performance? », *IZA World of labor*, 2016, p. 311, cité dans PICKETT K., WILKINSON R., *Pour vivre heureux, vivons égaux, op .cit.*

[178] NCEO (National Center for Employee Ownership), *Employee ownership and corporate performance: A comprehensive review of the*

evidence, 2004. https://www.nceo.org/Employee-Ownership-Corporate-Performance/pub.php/id/50

[179] Voir pour un exemple le mouvement Colibris, URL : https://www.colibris-lemouvement.org/mouvement/une-gouvernance-novatrice/en-savoir-plus-gouvernance-en-details.

[180] HURSTEL D., « Organiser la société commerciale à partir du projet d'entreprise plutôt qu'à partir du profit », dans *Vingt propositions…*, GIRAUD G., RENOUARD C. (dir.), *op. cit.*

[181] YUNUS M., *Vers un nouveau capitalisme*, Paris, Lattès, 2008.

[182] URL : https://www.adie.org/.

[183] URL : https://www.mobilwood.com et https://www.ulteria.fr/.

[184] URL : https://www.demain-lefilm.com/apres-demain/.

[185] URL : https://fellows-2020-fr.ashoka.org/fr.

[186] REY O., *Leurre et malheur du transhumanisme*, Paris, Desclée de Brouwer, 2018.

[187] ADEME, *Combien d'emplois grâce à la transition écologique ?* [en ligne], URL : https://www.ademe.fr/sites/default/files/assets/documents/infographie-emplois-transition-ecologique-2019.pdf.

[188] ADEME, *L'évaluation macroéconomique des visions énergétiques 2030-2050 de l'ADEME* [en ligne], 2013, URL : https://www.ademe.fr/sites/default/files/assets/documents/evaluation-macroeconomique-visions-energetiques-2030-2050-med00090136.pdf.

[189] The Shift Project, *Vers un plan de transformation de l'économie française en faveur du climat et de la résilience* [en Ligne], 2020, p. 271-272, URL : https://theshiftproject.org/wp-content/uploads/2020/07/Rapport-davanvement_Vision-globale_V0_PTEF_Shift-Project.pdf.

[190] *Dans la lumière et les ombres : Darwin et le bouleversement du monde*, Paris, Fayard, 2008.

[191] MEADOWS D. et al., *The Limits to Growth; A Report for the Club of Rome's Project on the Predicament of Mankind*, New York, Universe Books, 1972.

[192] Cité dans RIPPLE W. et al., « World scientists' warning to humanity: A second notice », *BioScience*, 67 (12), 2017, p. 1026-1028, DOI : https://doi.org/10.1093/biosci/bix125.

[193] ROCKSTRÖM J. et al., « A safe operating space for humanity », *Nature*, 461, 2009, p. 472-475.

[194] RIPPLE W. *et al.*, « World scientists' warning to humanity: A second notice », *op. cit.*

[195] « Alors que la planète brûle, un million d'espèces dans l'écosystème mondial menacées d'extinction » [en ligne], 2020, URL : http://ipsnews.net/francais/2020/02/18/alors-que-la-planete-brule-un-million-despeces-dans-lecosysteme-mondial-menacees-dextinction/.

[196] LENTON T. M. *et al.*, « Climate tipping points-too risky to bet against », *Nature*, 575, 2019, p. 592-595, DOI : https://doi.org/10.1038/d41586-019-03595-0.

[197] MORIN E., *La Voie : pour l'avenir de l'humanité*, Paris, Fayard, 2011.

[198] DELUMEAU J., LEQUIN Y. (dir.), *Les Malheurs des temps*, Paris, Larousse, 2020 [1987].

[199] IONESCU S. *et al.*, « Socio-political context, risk factors and scores on Resilience scale » [en ligne], dans *Résilience et culture, culture de la résilience*, JOURDAN-IONESCU C., IONESCU S., KIMESSOUKIE-OMOLOMO É., JULIEN-GAUTHIER F. (éd), Québec, CRIRES, 2018, p. 152-160, URL : https://lel.crires.ulaval.ca/oeuvre/resilience-et-culture-culture-de-la-resilience.

[200] RAWORTH K., *Doughnut Economics: Seven Ways to Think Like a 21st Century Economist*, White River Junction, Chelsea Green publishing, 2017.

[201] Source : Doughnut Economics Action Lab, URL : https://doughnuteconomics.org/about-doughnut-economics.

[202] Source : GIEC, *Changements climatiques 2014 : incidences, adaptation et vulnérabilité. Résumé à l'intention des décideurs* [en ligne], 2014, URL : https://www.ipcc.ch/site/assets/uploads/2018/03/ar5_wgII_spm_fr-2.pdf.

[203] HARRIS W., « Bois et déboisement dans la méditerranée antique », *Annales. Histoire, sciences sociales*, 1, 2011, p. 105-140.

[204] BOURGUIGNON C. et L., *Le Sol, la Terre et les Champs : pour retrouver une agriculture saine*, Paris, Sang de la Terre, 2015.

[205] PLATON, *Critias*, cité par CALAME M., *La tourmente alimentaire. Pour une politique agricole mondiale*, Paris, éditions Charles-Léopold Mayer, 2008.

[206] DIAMOND J., *Effondrement : comment les sociétés décident de leur disparition ou de leur survie*, Paris, Gallimard, 2006.

[207] Accumulation de déchets près d'un ancien lieu d'habitation.

[208] Bregman R., *Humanité – une histoire optimiste*, Seuil, 2020

[209] Boutaud A.-S., « La Terre, un modèle unique dans l'Univers ? » [en ligne], *CNRS - Le Journal*, 2020, URL : https://lejournal.cnrs.fr/articles/la-terre-un-modele-unique-dans-lunivers.

[210] Je vous propose de méditer par exemple sur ces photographies : https://www.esa.int/esearch?q=photo+terre.

[211] Ostrom E., *Gouvernance des biens communs : pour une nouvelle approche des ressources naturelles*, Bruxelles, De Boeck, 2010.

[212] Casari M., « Group size in social-ecological systems », *PNAS*, 115 (11), 2018, p. 2728-2733, DOI : https://doi.org/10.1073/pnas.1713496115.

[213] Wilson D. S. *et al.*, « Generalizing the core design principles for the efficacy of groups », *Journal Economic Behavior and Organization*, 90, 2013, p. S21-S32, DOI : https://doi.org/10.1016/j.jebo.2012.12.010.

[214] Lam W. F., *Governing Irrigation Systems in Nepal: Institutions, Infrastructure, and Collective Action*, Oakland, ICS Press, 1998, cité dans Poteete A., Janssen M., Ostrom E., *Working Together: Collective Action, the Commons, and Multiple Methods in Practice*, Princeton, Princeton University Press, 2010.

[215] *Ibid.*

[216] Delabre I. *et al.*, « Unearthing the myths of global sustainable forest governance », *Global Sustainability*, 3, 2020, p. 1-10, DOI : https://doi.org/10.1017/sus.2020.11.

[217] Breteau P., Dagorn G., « Le principe de compensation carbone est-il efficace ? [en ligne] », *Le Monde*, 6 mars 2019, URL : https://www.lemonde.fr/les-decodeurs/article/2019/03/06/le-principe-de-compensation-carbone-est-il-efficace_5432105_4355770.html.

[218] Thomson I., « Biodiversité, seuils de tolérance des écosystèmes, résilience et dégradation des forêts », *Unasylva*, 238 (62), 2011 ; Thomson résume un rapport de la Convention sur la diversité biologique dont il est co-auteur.

[219] Plus les arbres sont vieux, plus ils captent de carbone : voir l'étude de Stephenson N. L. *et al.*, « Rate of tree carbon accumulation increases continuously with tree size », *Nature*, 507, 2014, p. 90-93, DOI : https://doi.org/10.1038/nature12914.

[220] URL : http://www.loi-alur.fr/habitat-participatif/.

[221] Pour une agriculture du vivant, URL : https://agricultureduvivant.org/project/soutien-de-letat-de-116-million-deuros-pour-le-projet-de-plateforme-digitale/.

[222] RIGOLOT É., LEFEVRE F., « Une forêt méditerranéenne multifonctionnelle et résiliente dans un contexte changeant : de la théorie à la pratique », communication aux rencontres Foresterranée 2016, Saint-Martin-de-Crau.

[223] MCLEOD E. *et al.*, « The future of resilience-based management in coral reef ecosystems », *Journal of Environmental Management*, 233, 2019, p. 291-301.

[224] « Kellogg's to buy only sustainably sourced palm oil », *The Guardian*, 19 février 2014.

[225] JANCOVICI J.-M., « Combien de gaz à effet de serre dans notre assiette ? » [en ligne], 2017, URL : https://jancovici.com/changement-climatique/les-ges-et-nous/combien-de-gaz-a-effet-de-serre-dans-notre-assiette/.

[226] Voir : Commission européenne, Carbon Farming Roundtable, URL : https://ec.europa.eu/clima/events/2nd-carbon-farming-roundtable_fr.

[227] En Amazonie, les anciens Amérindiens utilisaient du charbon de bois intégré au sol, ce qui donnait une terre noire d'une grande fertilité (*terra preta*) ; ce « biochar » ou charbon de bois, permet de valoriser sur place les déchets végétaux.

[228] SELOSSE MA., *Nature et préjugés*, Actes Sud, 2024

[229] BŒUF G., « La biodiversité, la seule assurance-vie », *Revue M3*, 9, 2015.

[230] HERVE-GRUYER P. et C., *Vivre avec la terre*, Arles, Actes Sud - Ferme du Bec-Hellouin, 2019.

[231] *Idem.*

[232] SOHY V. *et al.*, « Influence des pratiques de la ferme du Bec-Hellouin sur la fertilité et la matière organique du sol » [en ligne], Agro-Bio Tech - Université de Liège, 2017, URL : https://www.fermedubec.com/wp-content/uploads/2018/01/Novembre-2017-_Influence-des-pratiques-de-la-ferme-du-Bec-Hellouin-sur-la-fertilit%C3%A9-et-la-mati%C3%A8re-organique-du-sol.pdf.

[233] MOLLISON B., HOLMGREN D., *Permaculture. 1, une agriculture pérenne pour l'autosuffisance et les exploitations de toutes les tailles*, Paris, Debard, 1986.

[234] DENTON F. *et al.*, « Climate-resilient pathways ; adaptation, mitigation, and sustainable development », dans *Climate change 2014 : Impacts, Adaptation, and Vulnerability*, FIEL C. B. *et al.* (dir.), New York, Cambridge University Press, 2014.

[235] Source : *ibid.*

[236] Chaîne Youtube des 24 heures du Climat : https://www.youtube.com/channel/UCt7hRVa6AxHLtakJTD0W8QA/videos .

[237] Source : *Regards économiques*, université catholique de Louvain, 38, mars 2006, p. 3.

[238] PIKETTY T., « La dette publique est une blague ! La vraie dette est celle du capital naturel » [en ligne], *Reporterre*, entretien publié le 2 juin 2015, URL : https://www.reporterre.net/La-dette-publique-est-une-blague.

[239] Internationale convivialiste, *Second manifeste convivialiste*, Arles, Actes Sud, 2020.

[240] SEARLE K., GOW K., « Do concerns about climate change lead to distress? », *International Journal of Climate Change Strategies and Management*, 2 (4), 2010, p. 362-379.

[241] NORGAARD K., *Living in Denial: Climate Change, Emotions, and Everyday Life*, Cambridge, MIT press, 2011.

[242] EGGER M. M., *Écopsychologie : retrouver notre lien avec la Terre*, Archamps, Jouvence, 2017.

[243] SERVIGNE P., STEVENS R., CHAPELLE G., *Une autre fin du monde est possible…, op. cit.*

[244] Climate Psychiatry Alliance, URL : www.climatepsychiatry.org.

[245] HAYES K. *et al.*, « Climate change and mental health: risks, impacts and priority actions », *International Journal of Mental Health Systems*, 2018, 12 (28), DOI : https://doi.org/10.1186/s13033-018-0210-6.

[246] URL : http://www.demain-lefilm.com/.

[247] HERVE-GRUYER P. et C., *Vivre avec la terre…, op. cit.*, p. 1003.

[248] MACY J., *Écopsychologie pratique et rituels pour la terre*, Gap, Le Souffle d'Or, 2018 [1998].

[249] SELOSSE M.-A., *Jamais seuls : ces microbes qui construisent les plantes, les animaux et les civilisations*, Arles, Actes Sud, 2017.

[250] BOHLER S., *Où est le sens ?*, Robert Laffont, 2020

[251] DION C., « Postface » dans *Une autre fin du monde est possible…*, SERVIGNE P., STEVENS R., CHAPELLE G., *op. cit.*

[252] Pape François, *Lettre encyclique* Laudato si' *sur la sauvegarde de la maison commune*, § 11, 2015.

[253] Pape François, *Message pour la célébration de la journée mondiale de prière pour la sauvegarde de la Création*, § 2, 2020.

[254] TEILHARD DE CHARDIN P., *Œuvres complètes*, Paris, Éditions du Seuil, 1955, t. 11, p. 231-236.

[255] *Cent haïkus pour le climat*, Paris, éditions du Cygne, 2017.

[256] REY O., *Une question de taille*, Paris, Stock, 2014.

[257] SERVIGNE P. *et al.*, *L'Entraide, l'autre loi de la jungle, op. cit.*

[258] Ère géologique caractérisée par toutes les modifications qui se sont produites depuis que les activités humaines ont une incidence globale significative sur l'écosystème terrestre.

[259] REEVES H., *Là où croît le péril ... croît aussi ce qui sauve*, Paris, Éditions du Seuil, 2013.

[260] HERVE-GRUYER P. et C., *Vivre avec la terre...*, *op. cit.*, p. 16.

[254] TEILHARD DE CHARDIN P., *Œuvres complètes*, Paris, Éditions du Seuil, 1955, t. 11, p. 231-236.

[255] *Cent haïkus pour le climat*, Paris, éditions du Cygne, 2017.

[256] REY O., *Une question de taille*, Paris, Stock, 2014.

[257] SERVIGNE P. *et al.*, *L'Entraide, l'autre loi de la jungle, op. cit.*

[258] Ère géologique caractérisée par toutes les modifications qui se sont produites depuis que les activités humaines ont une incidence globale significative sur l'écosystème terrestre.

[259] REEVES H., *Là où croît le péril … croît aussi ce qui sauve*, Paris, Éditions du Seuil, 2013.

[260] HERVE-GRUYER P. et C., *Vivre avec la terre…, op. cit.*, p. 16.